紛争終結後のカンボジア

牧田 満知子
MACHIKO MAKITA

国軍除隊兵士と社会再統合

世界思想社

目 次

序 章 *1*

I カンボジア国軍除隊兵士自立支援プログラム

第1章 カンボジア国軍除隊兵士自立支援プログラム
 (CVAP, Cambodia Veterans Assistance Program) の概要 *12*
 1 CVAP の概要 *12*
 2 CVAP の研究概要 *25*

第2章 内戦の中のカンボジア近・現代史 *38*
 1 カンボジアの独立 *38*
 2 クメール共和国 (The Khmer Republic, ロン・ノル政権) 時代:1970〜1975年 *41*
 3 民主カンプチア (The Democratic Kampuchea, ポル・ポト政権) 時代:1975〜1979年 *43*
 4 カンプチア人民共和国 (The People's Republic of Kampuchea):1979〜1989年 *47*
 5 カンボジア連立政権国と UNTAC:1989〜1993年 *49*
 6 カンボジア王国 (The Kingdom of Cambodia):1993年〜 *50*
 7 KR 裁判と新しいカンボジア (1999年〜) *52*

第3章 研究の枠組みと方法 *55*
 1 戦略分析の枠組み *57*
 2 分析の手法 *57*
 3 三水準による概念化 *58*
 4 仮説の設定 *62*

i

目次

  5　調査　*64*

II　事例分析

第4章　カンボジア社会の概観　*70*
  1　カンボジア社会の概観　*70*
  2　カンボジアの貧困　*73*
  3　シアムリアプ州の現況　*78*

第5章　シアムリアプ州における除隊兵士の調査(1)　*81*
  1　除隊兵士61人に対する聞き取り調査　*81*
  2　考察　*91*

第6章　シアムリアプ州における除隊兵士の調査(2)　*96*
  1　脆弱性の定義　*96*
  2　STP受講除隊兵士に対するアンケート調査　*98*
  3　考察　*124*
  4　貧困の問題点　*133*

第7章　シアムリアプ州における除隊兵士の調査(3)　*139*
  1　ヴァリン郡既卒兵3事例の聞き取り調査　*141*
  2　アンコールトム郡既卒兵2事例の聞き取り調査　*152*
  3　考察　*157*
  4　その後の除隊兵士たちと家族　*172*
  5　まとめにかえて　*179*

III 社会再統合とソーシャルキャピタル

第8章 リファラル・システム　　*182*

1. リファラル・システムの概要　*184*
2. リファラル・システムの課題　*189*
3. 仏教による救済　*192*

第9章 社会再統合過程におけるソーシャルキャピタル　　*195*

1. ソーシャルキャピタルの定義　*195*
2. 村落におけるソーシャルキャピタル　*198*
3. 地域コンフリクト　*199*
4. まとめ　*204*

第10章 チャク・チュウ・ニィアン・コミューンの事例　　*205*

1. 社会再生モデルの考え方　*205*
2. CBVDとチャク・チュウ・ニィアン・コミューンの概要　*206*
3. 社会再生モデルの展開　*209*
4. コミュニティ型インフラ整備事業　*213*
5. まとめ　*217*

結　論　　*219*

1. 政策課題達成の検証　*219*
2. CVAPの支配システムの検証　*222*
3. 社会再統合の検証　*225*
4. 開発途上国に内在する課題　*226*
5. ソーシャルキャピタルの構築に向けて　*228*

目　次

あとがき　*231*
註　*237*
参考文献　*255*
Appendix　*277*

序　章

「貧困とは社会システムに参加できないことである」
アマルティア・セン
(Sen, Amartya, *Poverty and Famines: An Essay on Entitlement and Deprivation*, Oxford Univ. Press 1981.)

　筆者がはじめてカンボジアに足を踏み入れたのは 2002 年 3 月である。首都プノンペンからメコン川を渡った，カンダール州のアレクサ村が最初の調査地だった。プノンペン市街を一歩出れば，豊かな土壌と熱帯モンスーンのおかげで四毛作も可能だといわれるカンボジアの農村地帯が広がる。雨季にはしばしば氾濫をおこすメコン川も，川魚の貴重な漁場となる。しかし村の人々はいつ労働をしているのだろうといぶかられるくらい，日中に農作業をしている人の姿を見かけない。カンボジア人は怠け者だと冗談半分に揶揄されるが，それくらい人々の生活はゆっくりしたテンポで繰り返されている。農村には首都プノンペンの喧騒や饐えたような路地裏の悪臭はないが，赤土の地面から上る熱気はその風土に慣れていない者には堪え難く，夏のさなかにサウナにいるような息苦しさを感じさせる。日陰でペットボトルの水を飲みながらクローマ（カンボジア特産のマフラー）で汗をぬぐう。屋台で買ったばかりの串刺しの焼き魚をほおばると，かすかな塩分が体にしみわたる。目の前の人の姿がかげろうのようにゆらめいて見える。そんな村にある日，汚れた布袋を肩にかけた初老の男がふらっと現れた。村人たちは彼をさけ，ポル・ポトの除隊兵士だと陰で噂しあった。その男にとってこの村が故郷だったのかどうかはわからない。しかし彼に声をかける者はいなかった。片腕は肘の上あたりから失われていた。報道を

通して知らされてきた内戦の歴史がよみがえってきた。むろん筆者はそれをカンボジアで体験したわけではない。だから内戦が終結し，1998年のポル・ポトの死をもってカンボジアは実質的に新生国家になったと理解していた。しかし目の前の孤立した元兵士の存在は，この国にまだ継続して修復していかなければならない負の遺産があるという現実をつきつけてくるものだった。それがCVAP（Cambodia Veterans Assistance Program，カンボジア国軍除隊兵士自立支援プログラム）の研究との出会いだった。

　CVAPとは20年余にわたる長い内戦を経て1993年に新憲法を公布し，「カンボジア王国」を発足させた新生カンボジアに対し，国際機関（2機関3ヵ国）が紛争終結後の復興支援計画として策定したものであり，この政策の目標は，文民統制による平和構築と除隊兵士の地域社会への再統合である。しかしそれは可能なのだろうか。先に見た兵士の孤立がこの研究を進めていくにしたがって何度も蘇ってきた。自分は何を明らかにしようとしているのか，どんな意味のある解決策を提示できるというのだろうか。疑問とも困惑ともつかない思いに自問自答を繰り返す日々が続いた。

　この苛立ちに似た感情は次のように説明できる。まず，従来の紛争終結国支援に関する研究の偏りである。国際紛争や内戦は常に大々的に論じられ，紛争後の難民問題，被災者救済，貧困や衛生問題などについても一般の認知度は高く，支援や，外部機関・NPO・NGOなどの協力体制も得られやすい。しかし実際に紛争を経験してきた当事者である兵士たちのその後に関しては，現地で活動する少数のNGO，NPOからの情報を除いて，ほとんど知られていないのが現状である。さらにその後の兵士たちとその家族の生活の実態，地域住民とのさまざまな確執に関して，外部者が知ることはまずない。むしろその実態把握とそれに基づいた継続的支援こそが紛争終結国支援の要であるはずなのだが，国の研究助成金等を受けての調査は，経済発展，公衆衛生，教育などいきおい成果が見えやすい分野に集中しがちであり，夥しい報告書や論文がこうした分野を中心に蓄積されてきた。そのことの意義はもちろん重要であり評価したい。しかし隔靴掻痒の感を免れなかった。背後に押しやられてきた当事者たちはいったいどう

なったのだろう。疲弊した兵士たち，貧困にあえぐ村人たちの生活実態はそれで改善したのだろうか。むしろ逆に，国際支援によって，開発途上国は総貧困社会から一握りの富裕層が潤う極端な格差社会へと移行したに過ぎないのではないのか。

　もう一点は，紛争終結国の，あるいは紛争終結国支援の国際プロジェクトの政策策定，施行におけるグレーゾーンの問題である。これまで筆者は，人間と社会の間に生じる軋轢をいかに政策として調和させていくかという視点から社会問題を研究してきたが，政策の持つ両刃の剣というべき二面性について，考えさせられることが多かった。生活保護受給者と低所得労働者の関係を例にとるとわかりやすい。制度を確立しその規制を強化することによって不公平な受給はある程度排除できるが，線の引き方一つで，救済されたかもしれない境界線上の多くのグレーゾーンが生み出される。つまり線をどう引こうがこの問題は生み出され続けることになるのだ。では，グレーゾーンという解決困難な課題への対策はないのだろうか。それが自立支援政策である。本書では三つの観点からCVAPの「自立支援」を議論している。
　一つは技能訓練である。除隊兵士たちにとって受講する技能訓練は元来の職にふさわしいものであるのか，その仕事で生計が立てられるのかという点を検証した。二つ目は，マイクロクレジットなどの可能性を探った。本人の能動的な働きかけが必須だが，社会環境としてこうした制度があるのか，困窮する除隊兵士にとって利用しやすい制度となっているのかという点から考察した。そして最後にRS (Referral System, リファラルシステム)を取り上げた。RSはCVAPの計画の一環として施行されたもので，帰還した後，貧困に陥った除隊兵士に経済的支援を行うべくその地域の資源を集めて申請者に分配供給するシステムである。しかし，資金源は互助組織，NPO，篤志家等からの寄せ集めであるため不安定で，申請者全てに供給できるわけではない。ここでは選考過程における透明性，RSそのものの持続性について課題点を議論した。
　結果として，自立に成功している除隊兵士もいればそうでない除隊兵士

もおり，完全な処方箋はなかった。さまざまな要因が総合的に絡む問題であることが改めて浮き彫りにされた形だが，その検証の過程で筆者を懸念させたのは，選択肢としてある制度ではなく自立支援に内在する「自立イデオロギー」と呼び得る概念であった。それは，「自立」を過剰評価するあまり，「そうならなかった者（自立支援政策があるにもかかわらず自立に失敗した者）」に対し，さらなる差別を生み出しかねないスティグマとなる。実際，CVAPにおける社会再統合過程で自立支援はキーワードになっており，計画の意図するように軟着陸を果たせなかった層は自立に失敗した兵士とカウントされ，その失敗は人間としての脆弱性に帰せられる。そうだろうか。問われなければならないのは，むしろ復興支援という名の救済策が支援の手の届かない多くの除隊兵士たちを生み出しているという現実であり，困窮する除隊兵士たちが，年金受給権を二束三文で売買してしまうような犯罪を許す社会環境ではないのか。

　本書はこうした問題意識に立ち，CVAPという復興支援政策を解明しようと試みたものである。解明の方法として組織社会学を援用した。その意図は，組織社会学における行為者とシステムの関係を除隊兵士とCVAPに置き換えて対峙させ，「個人は構造化された場で合理的な行動をとる」という命題を軸に多面的に検証することで，致命的とも言える欠陥を明らかにできるのではないかと考えたからである。
　しかし組織社会学の理論によってCVAPの問題点を解明したからといっても，それは研究上の課題達成に過ぎず，根本的な問題である困窮する除隊兵士の問題が解決するわけではない。救済されなかった兵士，あるいは救済を待つ過程におかれているグレーゾーンの多くの除隊兵士やその家族は取り残されたままである。さらに除隊兵士ばかりでなく，カンボジアでは今も多くの人々の生活が貧困線上にある。それらの人々に手を差し伸べることができるのは誰であり何であるのだろうか。
　本書ではそこに，彼らにとってもっとも身近な社会，地域の人々の存在を認めることになる。もっとも，ポル・ポト政権時代に村落が分断され，従来の地縁血縁が断ち切られたばかりか，密告という制度によって人間同

士の紐帯すらもが危機にさらされてきたこの国にとって，はたして自分を取り囲む身近な社会とのつながりは再生できるのか，未知数の部分は否めない。語られなかった怨恨は今も深く人々の心に刻まれ忘れられることはないだろう。さらに，ポル・ポト時代に度重なる集団行動（集団給食，集団会合，集団結婚等）を強いられてきた彼らにとって，「集団（組織）」は忌避すべき対象でこそあれ容易に受け入れられるものとは考えられていない。そうであっても，敢えて地域における新しい相互支援のつながりに希望を託したい。それは決して結論を急いでいるからではない。そうした萌芽を，フィールド調査を行っていく中で筆者自身が感じ取ってきたからである。

　長い戦禍を乗り越えて人々が生きていくためには，外部からの人・モノ・金による支援や，地域活性化の方法論を取り込みながら，カンボジア独自の文化を内在化し，地域社会を中心に，カンボジア人自身によるつながりを構築していくこと，相互扶助に根ざした社会関係資本と呼べるものが醸成されていくことが必要である。それこそが今もっとも望まれるカンボジア社会のあり方ではないかと思われるのである。

　本書は2006年から2007年にかけて行われた除隊兵士の技能訓練における現地調査，および，すでに技能訓練を終えて居住地域で暮らす除隊兵士の生活調査を中心に，その後の，2008年から2011年にかけて行われた補足調査と，地域再統合の実態調査の結果も合わせてまとめたものである。しかし，筆者がCVAPに関わってから執筆までにすでに10年が経過しており，この間に地名や制度の変更，物価の高騰などによる記述内容の変更も少なからずあった。本書では，できるだけそれらに忠実に注釈を加えるなどして対応したつもりである。また「あとがき」でも述べているように，複数の学術研究を目的とした研究助成金を得て行われた調査でもあり，そうした意味において，中立的な視座からCVAPの実態を描くことは，筆者に課せられた使命でもあった。

　本書の構成は，3部10章および序章と結論から成る。

第Ⅰ部においては，CVAP の概要，および研究の位置づけと背景，そして CVAP の研究分析ツールとしての社会学理論について述べ，この研究を包括的にとらえる視点を提示する。

　まず第 1 章では，DDR（Disarmament, Demobilization and Reintegration）の経緯および CVAP の位置づけ，除隊システムとその課題点を述べる。次に先行研究を取り上げ，CVAP を日本において研究する意義について概説する。取り上げるのは，2001 年の除隊希望兵士登録開始年の小向絵理の報告論文，疫学的データ分析を行った東佳史論文，および 2003 年から CVAP に関わり除隊兵士の技能訓練プログラムを実質的に指導してきた多田眞規子の論文である。第 2 章では，CVAP の背景として重要な意味を持つカンボジアの歴史を，近代，そして特に政権の興亡の激しい現代へとたどる。大国フランスの思惑に翻弄されながらも，被保護国としてしたたかに植民地時代を生き抜いてきたカンボジア王国は，独立後は今度は隣国ベトナム，さらにその背後にあり決定的な操作を行うアメリカ，中国との確執から，内戦を激化させてゆく。20 世紀を震撼させたカンボジアの悲劇以降も，20 年以上に渡って繰り広げられた泥沼の内戦はどのような経緯を辿ったのか，その混迷する政権の歴史を明らかにする。

　第 3 章では，ポストコンフリクト国の国軍除隊兵士の問題を構造的に捉えることを意図し，E. フリードベルグらの組織における戦略分析の方法論を援用する。まず，組織社会学の概要を述べ，方法論としての妥当性を議論する。そのために CVAP を「社会体制」「基本制度」「個別計画」という三つの水準で捉え，それらの相互作用を分析していくという手順をふむ。それぞれの水準はマクロからミクロへ，上位から下位の水準へとその内容を制御するシステムとして機能するものであるが，この方法論を CVAP に敷衍して考えると，武装解除は国防省の管轄でありマクロな「社会体制」の部分にあたる。ここで CVAP の最も根本的な問題点につながる「誰が除隊されるのか」という除隊兵士の選別と武装の解除が行われることになる。次に除隊が完了するまでの過渡期的状態としての動員解除の段階があり，ここでは CVAP の基本計画にもとづいて除隊パッケージなどが交付される。したがって「基本制度」と位置づけられる。そして

除隊兵士が各地域へ帰還した後の支援が社会再統合であり，これは兵士個々人の「個別計画」の過程であると捉えられる。本書では，三つの水準が相互に作用しあうものであるととらえる動態的な視点を提示し，それぞれの概念の制御関係の位置関係を転換させることによって，問題点を明確化するという方法をとる。

第Ⅱ部では，第Ⅰ部で議論した仮説および分析方法論に基づいて，現地調査による事例の検証を行う。本書の主題となる部分にあたり，第4章から第7章の四つの章によって構成している。

第4章ではカンボジアのおかれている現状，さらに本書で対象とするシアムリアプ州に焦点をしぼって，除隊兵士の帰郷する地域の問題を議論している。とりわけポル・ポト政権下での強制移住政策による村落の解体，仏教寺院の破壊など，国を支える基盤としての国民の紐帯機能の欠如に着目し，除隊兵士の地域での受け入れに関する問題の重みを考察する。

第5章から第7章では聞き取り調査等によって得られたデータに基づいて事例を分析し，検証を行う。第5章では「仮説(1) CVAPはDDR計画として整合的な戦略であり，リストラを意図して行われたものではない」を，当該除隊兵士の疫学的な特徴，実際の技能訓練の実施状況などの基本的事実をふまえ，フォーカスグループ調査（実際に戦闘に関わった除隊兵士61名への半構造化された聞き取り調査）によって論証する。第6章では「仮説(2)『除隊兵士の自立の失敗』すなわち『貧困への転落』は，『兵士の脆弱性』の問題ではなく政策の問題である」を，アンケートによる構造化された調査（バンテアイ・チェス小学校での除隊兵士126名が対象）によって論証する。第7章では「仮説(3)『自立』が成功している除隊兵士とそうでない除隊兵士の違いはソーシャルキャピタル（社会関係資本，SC）の有無である」を，自由な聞き取り調査（シアムリアプ州のヴァリン郡，アンコールトム郡の2地域において，除隊し技能訓練を受講した後，地域社会で暮らしている5名の元兵士〔1名はその妻〕が対象）における会話によって論証する。

第Ⅲ部では，第Ⅱ部の結果から社会再統合の大きな要因が家族や地域での相互扶助にあることが見出されており，この議論を事例に沿ってさらに展開し，深めていくことを試みる。

第8章において，CVAPに内在化されているリファラル・システム（Referral System, RS）の概要とその課題点を考察する。これまでカンボジアでは社会福祉活動というものは家族，親族などによるボンディング（結合型）な社会的つながりと，仏教寺院等を中心とした「施与」によって担われてきたが，一部ではあるものの，村々で篤志家らによる福祉制度が存続してきた。そうした社会資源を活用し，そこに継続的なシステムを構築したのがRSである。しかし，当然であるが被救済者の選定における問題，さらに選定する側の公平性の担保など実行前から懸念はあり，さらに，除隊兵士の支援のために構成されたCVAPの立ち位置の課題も遂行過程において浮上してきた。本章では，こうした制度上の問題を吟味し，除隊兵士より困窮度の高い多くの住民の救済をめぐる，CVAPとカンボジア政府の貧困政策の確執を検証する。第9章では近年のソーシャルキャピタル（以下SC）についての議論を整理し，カンダール州のコミューンでの取り組みを事例としてSCの新たな展開を議論する。第8章で検証したRSは，主導的に牽引してきた日本が撤退したことによって短期で潰えたが，類似の制度は，チャク・チュウ・ニィアン・コミューンに見られるような発展的な広がりをもって継承されている。発展的な広がりとは，政府や外部NGO，NPOとの連携である。そうでなければ経済的基盤を磐石にすることはできない。その上で村落，コミューンレベルでのブリッジング（接合型）なSCを構築することこそが，生活困窮者の救済装置としての役割ばかりでなく，自発的，意欲的に生活を展開していこうとする人々の自立支援を実現する可能性をもつものであるという知見を提示する。第10章ではCVAPの目標である増大する軍事費の削減による経済的効果の実現と除隊された兵士たちの社会再統合を，「課題達成の成否」という視角から検証し，その政策上の問題点，除隊兵士の自立支援およびSCの関係を総括する。本書で援用した組織社会学の方法論は，CVAPを一つの組織と見立ててその戦略の成否を主要な要因に分けて分析していく手法で，途上国のDDR政策を議論する際にも有効であるばかりか，そうした視点からの分析がこれまでになかったという意味においても貴重な試みであると思われる。とりわけ下位の水準に位置づけられる「個別計画」において，除

隊兵士をシステム全体と対峙させ，個々人は「構造化された場（本論文においては除隊兵士のおかれた地域環境）」の中で方向づけられているが，その中で一定の「自由な選択範囲」を持って行動するものであると捉える視点からは，CVAPのシナリオから落伍し窮乏化していく除隊兵士への別の目線，言い換えれば，その行動が個々人の判断による「合理性」に基づいてとられており，したがって，それを政策として計画の中に組み入れられなかったのは政策策定上の問題であるという結論が導き出せる。このように「構造化された場」「自由な選択範囲」という視角を持ち込み分析していくことで，その場に今，生きている人間に向ける眼差しを理論化して考える知見を提示できたのではないだろうか。そして今後のポストコンフリクト国における貧困削減と自立支援に関する提言と研究上の課題を示し，本書を締めくくる。

I　カンボジア国軍除隊兵士自立支援プログラム

　長い内戦を経てきたカンボジアは，1993年の新政権樹立後も国を二分する紛争を引きずり，国家としての基盤は脆弱である。ここに文民主導による平和構築を行うべく，国際社会の支援を受けて組織されたのがCVAPである。それはどのような活動だったのか。第1章ではCVAPの組織構成と機能について，先行研究を読み込みながら概略を述べ，第2章ではその背景として，アンコール時代からの近隣諸国との確執を経て混迷の近現代へと至るカンボジアの歴史をたどる。そして第3章において組織社会学の視点から論点を整理し，CVAPを分析していく上での3つの仮説を導き出して議論する。

第1章　カンボジア国軍除隊兵士自立支援プログラム
　　　　（CVAP，Cambodia Veterans Assistance Program）の概要

　本章ではカンボジアの国軍除隊兵士支援プログラム（Cambodia Veterans Assistance Program, CVAP）における除隊兵士の社会再統合問題を中心に，CVAPが策定されるに至った背景および本研究の目的，方法，意義，先行研究，および日本との関連等，政策としてのCVAPの全体像について概観する。

1　CVAPの概要

(1)　CVAPの背景

　カンボジア王国（以下，カンボジア）は1970年以降20年以上にわたる長い内戦の後，1991年の「カンボジア紛争の包括的な政治的解決に関する協定」（パリ和平協定）と，それに続く1993年の総選挙を転換点として復興プロセスを実現してきた。1998年にはフン・センを首相とする新政権が発足し，現在では平和な再建段階にあるが，民族を引き裂いた内戦の残滓はいまだに国内に多くの亀裂を残している。そうした意味で，カンボジアは国際社会の中で再生の途上にあるダウンサイドリスクの国であることを免れない。ダウンサイドリスクとは，人々の状況が悪化する危険性と定義されるが，とりわけカンボジアのように国家としての基盤が磐石でないような国においては，些細な問題さえもが再び国民を危険に陥れてしまう可能性が高いことを意味している。[1] 中でも貧困と軍事費の削減はカンボジアにとって喫緊の課題であった。こうしたことから，カンボジア政府はこれまでも国際社会に対し協力の要請を行ってきた。

経時的に追ってみよう。パリ和平協定成立直後の6月，最高国民評議会議長に就任したシハヌークは，軍事費の削減が懸念材料であることを挙げ，国際社会の協力を要請した。シハヌークの要請を受けてUNTAC（国連カンボジア暫定統治機構 United Nations Transitional Authority in Cambodia）が設立され，1993年，クメール・ルージュ（KR）派を抜きにした議会選挙が行われた。選挙の結果，カンボジアに連立政権が発足し，UNTACによるPKO活動の一環として，肥大した軍事部門のリストラによって社会経済開発の財源を確保するDDR（Disarmament, Demobilization and Reintegration）が立案された。DDRは武装解除，動員解除，社会再統合の3過程より成っており，紛争終結国において平和構築を実施する際の普遍的なプロセスとして知られる。カンボジアの復興に向けてのDDR事業は，世界銀行（以下，世銀）をはじめ国際社会の注目を集めるところとなったが，1993年にUNTACが撤退した後，選挙結果を不服とするKR派の拒否により頓挫することになった。KR派など残存勢力を交えた政情不安な状況はそれ以降も続いていくが，翌1994年には「国家復興開発計画」が策定され，さらに1996年には5カ年の国家計画である「第一次社会経済開発計画」（Socio-Economic Development Plan, SEDP）が策定されるなど，カンボジアは徐々に国家として，社会経済の健全化を目指した政策路線を歩みはじめることとなった。しかし，依然として膨大な軍事費は財源を圧迫していた。

　こうしたカンボジアの窮状は国際社会に支援の必要性を強く喚起し，1996年，世銀を中心に支援ドナー国・機関によって，国軍兵士1万人を除隊させ職業訓練を受講させる計画がカンボジア政府に提案された。これがカンボジア国軍除隊兵士自立支援プログラム（Cambodia Veterans Assistance Program, CVAP）である。しかし，まだ，この時点でCVAPは計画段階に留まっていた。

　CVAPの当初の計画は，除隊兵士1人あたり1200ドルの退職金を与えるというもので，当時のカンボジアの生活レベルから推測すると破格の提示であった[2]。しかし，この破格の提示ゆえに，政府のモラルの荒廃が露見することになった。すなわち，政権にある人民党（CPP）および「独立・中立・平和・協力のカンボジアのための民族統一戦線」（フンシンペック）

I　カンボジア国軍除隊兵士自立支援プログラム

は，退職金目当てに兵士数を水増しし，正確な兵士数が不明になるという結果を招いたのである（東 2004: 330；多田 2009）。ドナー国・機関のカンボジア政府に対する信頼感は揺らぎ，以前から根強くあった疑惑をさらに増大させる結果になった（東 2004: 333）[3]。これは CVAP にとって大きな傷痕として記憶されることとなった。

　1998 年になると第一次フン・セン首班連立政権が発足した。すでにポル・ポトの死去に伴い KR 派などの勢力が一掃されたため，カンボジアははじめて政治的に安定した状態で新政権を機能させる環境が整うことになった。これを機に，カンボジア政府は CVAP 実現に向けた見直しを行うことを目的に，1999 年 2 月に東京で開催されたカンボジア支援国会合（CG）において，「新版 CVAP」の策定を提案した。この提案は，世銀の主導の下，FAO およびオランダ，スウェーデンそして日本という五つのドナー国・機関の賛同を得て，2001 年から実施されることになった。これが本書で議論する CVAP である。すでに 1991 年に兵員の削減議論が提起されてから，10 年の頓挫の期間を経ての実現であった。

(2)　平和構築の特徴

　除隊兵士の問題が浮上してくる 1990 年代，カンボジアは政治的には紛争後の平和構築段階にあった。これは 1992 年に国連事務総長である B. ガリが『平和への課題 Agenda for Peace』の中で提示した「平和構築」概念にあたり，「紛争後の平和構築（Post-conflict Peace-building）」，あるいは「復興支援（Post-conflict Reconstruction）」とも定義されるが，いずれにしても紛争が終結した国をポストコンフリクト国と捉え，一連の復興プロセスによって再建と平和構築を方向づけようとする概念である。ガリの「平和構築」概念は，現在では紛争後への対応から一歩進んで，紛争勃発前の「予防外交」から終結後の「平和創造」をも視野に入れた，より包括的な概念として捉える定義が一般的である。そして紛争が終結したばかりのカンボジアには，一連の復興プロセスによって再建と平和構築を方向づける国際支援プログラムの適用が必要とされた。それが DDR 事業である。しかし，カンボジアの場合，DDR 事業が施行されるまでに 10 年の歳月を要

しているため，紛争後の復興が相当進み開発途上国として社会経済発展をにらむ段階にありながら，平和構築支援としてのDDRが同時に施行されることになったという時間のずれを生じており，このことが，後日，カンボジア政府とドナー国・機関の確執につながることになるのである。いずれにしても，こうした複雑な背景を踏まえて，本書ではガリの定義に基づき，カンボジアを紛争後の平和構築プロセスにあるポストコンフリクト国という定義でとらえ，紛争前，あるいは紛争下にある国々と区別してその普遍的な課題をさぐり，政策を検討していく。

　次頁の表は，CVAP策定に至るカンボジア平和構築の経緯と特徴を，政治・経済の変容過程を軸に緊急期，復興期，開発期に分類し，各期の問題点を三つのギャップ，すなわちSecurity Gap（安全保障の欠如），Capacity Gap（行政能力の欠如），Legitimacy Gap（正当性の欠如）に基づいて分析したものである（表1-1）。ここでいうギャップとは「紛争への陥りやすさ」を示している。つまり紛争が生起する背景は多様であるが，紛争に陥りやすい国には共通の特徴があり，その特徴は次の三つの視点から把握される総体として理解される（吉田・山本 2007: 33)[4]。

　まずSecurity Gap（安全保障の欠如）は，政府のもっとも基本的な役割の一つである「人間の安全保障」を含む広義の安全保障が確立されていない状態を指すものである。次にCapacity Gap（行政能力の欠如）は，基本的なサービスを提供する「国家の能力」が欠如している状態を示している。そして最後にLegitimacy Gap（正当性の欠如）は，正当で責任能力を有するとみなされている「制度」が欠如している状態を示すものである。

　CVAPは上の分類表では開発期にあたり，国際的な支援を受けてSecurity GapとCapacity Gapを修復しつつあるが，Legitimacy Gapに大きな課題を残している。これは後述するようにCVAPの遂行に大きく関わってくる問題であるが，ポストコンフリクト国の開発期においては普遍的とも言える課題である。

　一方，CVAPを遂行する上での民心の掌握に視点をおくと，カンボジアの持つ，さらに別の難題が指摘できる。それは，「3年8カ月と20日間」と称されるポル・ポト政権時代の負の遺産である。一つは，1998年

I カンボジア国軍除隊兵士自立支援プログラム

表1-1 カンボジア平和構築の経緯と特徴

		緊急期	復興期	開発期
期　間		1991年10月～ 1993年9月	1993年9月～ 1998年7月	1998年7月～
転換点		パリ和平協定	第一回総選挙 UNTAC撤退	第二回総選挙 第三次連立政権発足
統治主体		カンボジア最高国民評議会/UNTAC	3派連立政権 （2人首相）	人民党・フンシンペック連立政権
三つのギャップ	Security Gap （安全保障の欠如）	慢性的な治安の悪化 KRの武装解除遅延	武力衝突，都市および地方の治安不安定 KRの弱体化・解散	武力衝突の沈静化 急激な経済成長による治安の悪化
	Capacity Gap （行政能力の欠如）	行政能力・人材の不足	国家開発政策の策定 行政能力・人材の不足，援助への依存	行政能力・人材の不足，教育の普及による人材育成
	Legitimacy Gap （正当性の欠如）	選挙を経た政権不在	選挙による新政権 不安定な連立政権	制度改革の遅れ 腐敗や汚職
援助体制		緊急支援体制	無償と技術協力の併用	借款の増加 CVAP, PRSP, MDGs等策定
援助ニーズ		人道支援（帰還難民の再定住，地雷撤去） 生活基盤の復旧	インフラ整備 産業・社会サービス支援，貧困対策	グッド・ガヴァナンス，経済成長，人的資源開発，インフラ・社会サービス，産業の充実，貧困格差是正

出所：吉田・山本（2007：38）を基に一部筆者編集

の新政権発足まで抵抗し続けてきたKR派の残党の存在である。後述するように，先のパリ和平協定において国際社会がKR派の存在を認めたことが，この後の10年間のさらなる政治的混迷をまねくことになった。

　もう一つは，ポル・ポト政権時代に行われた170万人とも200万人ともいわれる民間人の殺戮を通して，人々の心に深く残された怨嗟の感情である。しかも，その怨嗟はポル・ポト政権にのみ向けられるものではなく，その政権下で，親や親族を告発し死に至らしめた自己に対しても向けられる。それゆえにいっそう複雑で，CVAPの社会再統合に向けての遂行を困難にさせることがおこり得る。さらに，この政権下で強制的に行われた村民の入れ替えも，村人の間に相互不信感を植え付け，力を合わせて協働するという理念を失わせた。また強制的な「集団行動（集団給食，集団農業，

集団結婚等)」は,住民間に相互の見張りと密告を常態化させたため,現在も「集団」で行動することに対して忌避の感情を持つ多くの国民を生み出すことになった。[5]

革命政権にとって障壁となる知識階層がことごとく抹殺されたことも,その後のカンボジアの復興にとって大きなマイナス要因となった。次世代を育成する教育者もおらず,病人を治療する医者もいない。法の下に制裁を行う司法も機能しておらず,国の施政を司る役人は,皆「3年8カ月と20日間」の時代に口を閉ざして生き延びてきた人たちで構成されていた。[6] 不安定な軍政が変遷を繰り返しながらも政権を掌握していた間に,施政者の側に蔓延したモラルの荒廃は,こうした背景を考えれば容易に想像がつくと言えよう。内部に巣くった腐敗は目には見えない。しかしそれは十分に社会政策を失敗に導く契機となり得たのである。

(3) 軍事費と兵士数

CVAPは軍事費を削減するというDDRの目標を担い,それをカンボジアにおいてもっとも適切な形で遂行し,さらに社会再統合による除隊兵士の持続可能な生活を保障していこうとするプログラムの総体である。その成功を左右する軍事費は,次のように推移している(表1-2・1-3)。1990年のヘン・サムリン政権下では,まだ内戦が完全には終結していないためデータの信憑性に疑問が残るが,それでも軍事費の割合が経済を圧

表1-2 軍事費の推移(単位:10億リエル/100リエル=約3円〔2008年現在〕)

	1990	1995	2000	2002	2003	2004	2005	2006
総支出	50.2	736.8	1129.0	1565.0	1758.1	1745.2	1967.5	2316.6
軍事費	18.7	456.1	455.0	406.8	411.0	422.8	451.2	520.2

出所:ADB(2007: 198-199)より筆者作成

表1-3 軍事費の総支出に占める割合の推移(単位:%)

	1990	1995	2000	2002	2003	2004	2005	2006
軍事費/総支出比	37.3	61.9	40.3	26.0	23.4	24.2	22.9	22.5

出所:ADB(2007: 198-199)より筆者作成

迫していることが理解できるものとなっている。

1990年代はまだ内戦がいたるところで継続しており，多くの死者が報告されている段階である。当然であるが軍事費は，この間にも費用，割合ともに増大の一途をたどり，1995年にはその割合は61.9パーセントにまで達した。その5年後の2000年は，新政権が動き出してまだ日が浅くCVAPも遂行されていないため軍事費は1995年と変わらないが，総支出が増加したため，割合としては減少している。その後2001年にCVAPが動き始めて武装解除，動員解除が進んでいくにつれ，総支出に占める軍事費は一定の割合に収まるようになった。もっとも，軍事費そのものは横ばいか漸増傾向にあり，カンボジアの財政規模も同時に拡大しているので，割合としては安定しているように見えているに過ぎない。CVAPの遂行は2001年からであるので，その効果が，少なくともデータ上は表れていない結果となっている。

次に兵士数の推移に視線を転じよう。膨大な軍事費の大部分を占めるのが兵士の人件費である。兵士数はCVAP策定の1998年時点で概算14万人余といわれ，それを2期に分けて計約3万人削減する計画が立てられた。本書では第一期の1万5000人削減を対象としている（小向 2001: 316）[7]。

ところで，1998年の新政権発足時に実際に14万人余の正規軍兵士が存在したのか，実数はつかみにくい。本書ではアジア開発銀行（ADB）の資料に拠って，実際に賃金が支払われていたということを根拠に以下の兵士数を正規とみなし，その推移を挙げる（表1-4）。

表からは1998年の国軍兵士のうち14万3300人が賃金支払い対象者であると考えられる。翌1999年の政府発表では，カンボジア国軍総数は13

表1-4 新政権までのカンボジア国軍正規兵士数の推移（単位：1000人）

	1995	1996	1997	1998
正規兵士の数（1＋2の総計）	206.7	191.1	190.9	209.0
1．国軍兵士	138.7	122.8	123.1	143.3
2．公共安全対策公務員	68.0	68.3	67.8	65.7

出所：ADB（2001: 23）より筆者作成

万8000人以上と推定されていたが，12月の段階ではKR派とフンシンペック派が再統合され，増加して14万693人となっている。このうち約8000人の寡婦とその子弟が，国防省管轄から「女性・退役軍人省」管轄へと移管され，そこで年金給付対象となった。また，CVAP遂行に先だってパイロット・プロジェクトが行われ，1500人がその対象として退役した。したがって，先の「女性・退役軍人省」へ移管された8000人と合わせて約1万人分が賃金支払い対象から外れたことになる。この結果，2000年末の段階で13万500人の兵士が正規軍兵士と特定される。[8]このうちの3万人の削減対象兵士のうち，第一期除隊兵士が1万5000人，そして第二期除隊兵士が1万5000人となっている。

(4) 除隊兵士の選定と除隊プロセス

除隊された兵士たちは社会再統合に向けて技能訓練を受ける。それによって（元）兵士たちが自立生活を行い，円滑に地域に溶け込めるようにする計画である（表1-5）。この計画はどのように展開したのか，さらに，除隊兵士とはどういう兵士であったのか，次に検証してみよう（小向2001: 314-320）。

まず除隊が認められた兵士は武装解除され，除隊され，社会再統合に向けて地域に帰還する。通常，兵士は武装解除により武器を回収された翌日に，引き続いて行われる除隊式の場で軍服から私服に着替え，除隊を完了する。その後，「除隊パッケージ」を支給され，トラックに乗せられてそ

表1-5　登録除隊兵士の社会再統合までの過程とその内容

フェーズ	活動内容
除隊	集合，IDの確認，オリエンテーション，健康診断，正式書類の交付，個人情報確認
生活支援	除隊パッケージの配給
	現金（＄240），食料，生活用品（マット・蚊帳・毛布・樽・水タンク・鍬・斧・ナイフ・プラスティックシート・バッグ）など
社会復帰	技能訓練受講券，住宅の修繕

出所：小向（2001: 316）

れぞれの帰還地域に向かい，それぞれの地域において除隊兵士の支援が行われることになる。除隊パッケージは，240ドルの現金と米などの食料，そして生活確立のための機材（ミシン，水揚げポンプ，家屋補修，オートバイのうちから選択）から成る支援物資である。オートバイはカンボジアでは贅沢品であるが，公共交通機関のない村では移動手段が必要であり，牛の調達が不可能（当初は支給が計画されていた）なためオートバイとなった。これに，持続的な生活手段としての技能訓練の受講券が加わる。

除隊を希望する兵士は公募制である。このことはCVAPが，積極的動員解除，すなわち「リストラ」だけでなく，退役兵士に職業訓練を施し，疲弊した国家の生産性を向上させるものとして計画されていることに由来する。しかし現実には，除隊される兵士には大きな偏りがあった。先行研究が問題とするのはまずこの部分である。

先行研究については次節で議論していくが，同じCVAPを対象としながら見解に相違が見られる。研究に見解の相違が見られること自体は珍しいことではない。しかし除隊兵士がどういうプロセスによって選ばれるのかという実態把握においてなぜそうした相違が生まれるのか。

この背景には，政治的な文脈から兵士の除隊プロセスが隠蔽されてきたという事実が指摘できよう。多田眞規子は，外部者の限界として，次のようにその困難さについて述べている（多田 2009: 3-5）。一般に，「紛争終結国におけるDDR実施支援は，武装解除過程における武器の回収と動員解除過程における兵員の除隊によって一国の安全保障を掌る軍を解体するきわめてセンシティブな事項への関与である」ので，支援ドナー（国・機関）が武装解除完了以前の過程に介入することは困難であり，「どのような兵士をどのくらいの規模で削減するかについての最終決定権は当事国政府に委ねられている」。そして当事国政府はその内訳についての説明責任は負わない。

支援ドナーの筆頭は世銀である。世銀は開発国支援においては絶大な力を持つ国際機関であるが，だからこそ過干渉にならないためにさまざまな制約が課せられてもいる。

まず，世銀はDDR実施支援を主導する立場にあっても，加盟国の軍事

に関わる権限は大きく制約されており，武装解除に関わることはできず，資金は軍事改革には用いることができない（World Bank 2006: vii, 1, 2）。したがって世銀に準じるドナー国・機関も，除隊兵士の選定に関して一切関与できないのである。また国軍と支援ドナー間を調整するカンボジアの動員解除委員会（Council of Demobilization of Armed Forces, CDAF）は，あくまで文民として任務を遂行することが要請されており，実際には CVAP の計画段階に参画しているが，兵士登録はもちろん，除隊対象兵士の選定や武装解除の過程に関わる権限は一切ないと規定されている（東 2004: 333）。[9] もっとも初期の，重要な人物選定の段階において，除隊兵士を具体的に支援する側になるドナー国・機関が排除されている構図は，世銀をはじめドナー国・機関を苛だたせた。なぜなら除隊兵士を実際に財政支援するのはドナー国・機関であるので，選定された除隊兵士がはたして救済に値するのか否か，対象兵士の登録・選定に当然神経質にならざるを得なかったからである。すでに，ドナー国・機関には，CVAP 策定当初の兵士数の水増し事件から続くカンボジア政府に対する疑惑が連綿と続いており，武装解除段階での排除の構造によって，カンボジア政府との間の溝はさらに増大していくことになった。

　一方でカンボジア政府にとっては，国軍の機能を低下させず除隊を進めることが重大であった。こうした立場の相違をふまえた上で，カンボジア政府は，「一定の兵員数を減らす」という支援ドナーから求められる削減目標と，「国軍機能維持」との妥協点を模索しなければならない状況におかれていた。その結果「軍籍がありながら実際には戦力として機能していない兵士を除隊させる」という方向性が導かれることになったのである（多田 2009: 3-5）。

　このような方針に基づき対象兵士が選定され，除隊が行われた結果，①身体障害者，②慢性疾患者，③ 56 歳以上の高齢者，のうち，いずれかに該当する除隊兵士が全体の 79.9 パーセントを占めることになった。これらの兵士が「カテゴリー 2」に分類される兵士たちである。[10] これに対して，「カテゴリー 2」の範疇に属さない兵士，すなわち 50 歳未満で傷病も障害もない，戦闘能力のある健常な兵士が「カテゴリー 1」に分類された。[11]

I　カンボジア国軍除隊兵士自立支援プログラム

除隊兵士の約8割を占める「カテゴリー2」の兵士の中でも，①においては「四肢切断や視力喪失などの重度障害」が半数を占めていた。さらに，除隊兵士には1381人（0.98パーセント）の女性が含まれていたが，そのほとんどが戦闘兵ではなく後方職務者であった。

　以上の結果から見るかぎり，カンボジア軍幹部にとって除隊計画は「内部の最悪部分」を「リストラ」するためのものであり，弱者排除につながるという東佳史（2004）の指摘は説得性をもつ見解と考えられる（本章第2節(2)）。[12]

　一方，別の解釈も成り立つ。それは動員解除の段階で，除隊兵士に供与される除隊パッケージの内容に着目したものである。この段階で実際に作業に参画した多田は，むしろ除隊兵士の選定に関しては肯定的な立場をとり，次のように述べている。「『カテゴリー2』を中心とした除隊は，『弱者支援および貧困層支援』の方向性と合致していると見なされ，支援ドナーによって積極的に支持」されていること，さらに「除隊は候補者として軍がリストアップした者に対して，本人に除隊意思の確認を行う形をとった。あらかじめカンボジア国軍によって除隊対象候補者のリストが作成されていたことからすれば，厳密な意味で自発的除隊と言えないまでも，嫌がる兵士を強制的に除隊させたわけではない」（多田 2009: 3-8）。なぜなら，とりわけ除隊候補の大多数を占める「カテゴリー2」の除隊兵士に関しては，「除隊に応じれば，軍にとどまる以上の経済的便益が与えられることが政府によって約束された上で，本人の意思確認がなされた」（多田氏から聞き取り，2009年）からである。

　ここに，カンボジア政府とドナー国・機関との合意形成を見ることができる。カンボジアにとって，もはや軍務をこなし得ない兵士を除隊させるのに「公募」という手段を採用することは望ましい方向であったし，ドナー国・機関にとっても，彼らが持参する公的資金は，障害のある兵士たちの社会統合支援のためにそれぞれの国家予算から供出されたものであり，目的にかなう使用だったからである。

　2001年当時，今以上に貧しいカンボジアの農村で，出身の村に帰還する兵士たちにとって，除隊することに対して示された条件は表1-5にあ

第1章　カンボジア国軍除隊兵士自立支援プログラムの概要

るように破格の処遇であった。まして，戦闘能力においてもはや軍に貢献し得ないと無念の思いを持つ兵士たちにとって，除隊後に保証される豊かな生活は，「肩たたき」というネガティブな認識を超えていたと想像される。実際の除隊兵士のカテゴリー別の資料では，CVAPの除隊兵士全体でも8割が「カテゴリー2」の兵士である。しかし，見方を変えれば，2割の除隊兵士は「カテゴリー1」である。健常で軍務をこなし得るとされる若い「カテゴリー1」の除隊兵士は，「公募制」であるがゆえに除隊できた兵士であるといえる。しかし彼らは「カテゴリー2」の除隊兵士と比較して，年金の受給権がないという意味で，大きな処遇の差をつけられていたのである。

　年金は兵士としての職位，在職年数により異なるが，最低が月12万リエル（Riel）で最高が月20万リエル（いずれも約30〜50ドル。1ドル=4000リエルで計算）となっている（2007年，2009年筆者聞き取り）[13]。

事例　N.T氏（2007年筆者調べ）
　　　　　　　　　　　　（288頁「カテゴリーII除隊兵士年金支給認定証」参照）
　53歳，少尉（Second Lieutenant），第4軍団所属
　最初供与される給付金：除隊月の給与の8カ月分
　年金：112,240.00（月額給与）×80パーセント＝89,792.00 R
　　　　　　　　　　　　　　　　　　　　　　（※　R＝リエル）
　　　　　　　　　最下級軍人給付金＝105,840.00 R
　合計：　　　　　　　　　　　　　　　195,632.00 R

　また両手，両足の損傷や両眼失明などで家族による介護が不可欠な場合には，障害加算金（介護者への給付）月7万リエル＝17.5ドルが支払われる。年金額は州，郡の公務員の給与が参考とされている。それらは月平均で30〜40米ドルである。同様に給付される一時金の240米ドルはおよそ6カ月分の公務員の給与に相当するものだと考えてよいだろう（MOSAVY軍人年金部門長BORA氏から聞き取り。2009年2月10日）。年金は，低所得，貧困

が常態化しているカンボジアでは命綱に等しい重要な役割を持つものである。第Ⅱ部での調査の結果からは，年金の喪失が「カテゴリー2」の除隊兵士の再貧困化への大きな要因となっていることが明らかにされる。

(5) 技能訓練（STP）の概要

動員解除では除隊パッケージが供与される。その中に除隊兵士が受ける技能訓練（Skills Training Program, STP）受講券がある。2003年に開始されたSTPは，除隊した兵士たちが，受講券と身分証明書を提示して自分の希望する技能訓練を受講するシステムであるが，技能訓練の日時や場所，開催期間は限定的で，短期に集中的に行われる。さらに受講できる機会は一度しかない。

この制度は，除隊時に給付される除隊パッケージが一時的な生活支援に過ぎず，持続可能な生活の維持のためには手に職をつける必要があるという「自立支援」政策として設けられているもので，受講するよう除隊時に強く勧められている。しかし除隊時にすでに除隊兵士の約8割が障害者，傷病者，そして高齢者というカテゴリー2の兵士であるため，受講が身体的に困難である場合も多い。またインフラが未整備なため受講場所にアクセスできないという物理的な問題もある。さらに，技術を会得することの意義が理解できず，チャンスを逃している兵士たちも少なくないなど，当初から課題が指摘されていた[14]。

第Ⅱ部で検証することになるバンテアイ・チェス小学校での除隊兵士のSTP調査結果からは，受講率は約67パーセント（受講登録者189名，うち受講生126名，2007年）という結果が得られている。この受講率が高いのか低いのかこれだけでは判断できないが，上記の種々の困難性を考慮した場合，7割近くの除隊兵士が受講したという事実は，自立生活への除隊兵士の意欲の高さを知る手掛かりとなるだろう（未受講生の中には死亡している者も含まれる）。多くが「カテゴリー2」の受講者であること，またカンボジアの特に農村部においては家族単位での生活が基本的であることなども考慮に入れて，STPの受講に関しては，家族（子どもなど若い世代）の代理受講を認めるようにしていることが大きいと思われる。

STP では訓練後の就業・起業指導もその基本理念に掲げられているが，現実の活動はそこまでには至っていない。開講を予定されていた技能訓練は「牛飼育」「鶏・豚飼育」「マッシュルーム栽培・野菜栽培」「魚類養殖」「小型機械修理」「オートバイ修理」「電子機器修理」「縫製」「理容」「コンピューター」の 10 項目であるが，受講者数は「鶏・豚飼育」が圧倒的に多い。これは「鶏・豚飼育」コースでは修了後に鶏と豚がもらえること，広い敷地がいらず比較的飼育が簡単なこと，現物が売りやすいことなどが理由として挙げられる。

授業では鶏・豚の繁殖，エサ，病気への対応などについて，農業省や地方自治体から技官が出向して教える座学と，種畜場での種付け，病気の発見・対応の実習学とが行われる。約 1 週間の訓練を終えると鶏・豚が支給され，実際の飼育によってそれを繁殖させ，経済的な自立と生活の安定をはかってもらおうというねらいがある。もし他の科目も同様に開講され，除隊兵士が自由に自分の意思で技能訓練を受けられるシステムが可能であれば，受講率はさらに改善されたかもしれないが，所与の条件の中でしか「社会再統合」としての技能訓練は行われていない[15]。こうしたことがこれまでの兵士たちの生業（兵士になる前の職業）や農地を所有しているか否かという条件と受講内容との齟齬を生み，その後の持続可能な生活の維持という文脈において課題となってくることになる。

2 CVAP の研究概要

(1) CVAP 研究の目的

CVAP は DDR 事業として，カンボジアの社会・経済開発の課題解決手段を目的に計画されたものである。武装解除の一部（除隊兵士の選定と武装解除）はカンボジア政府の管轄であるため関与しないが，それ以外の武装解除のフェーズ，およびその後の動員解除，そして除隊兵士が各地域へ帰還した後の社会再統合の全過程を担う。

そしてその設立の目的の第一は国家財政の健全化である。これまでの内戦により肥大化した軍事費を削減し，それを社会，経済開発部門に振り分

I　カンボジア国軍除隊兵士自立支援プログラム

けることで経済を活性化させることである。特徴的なのは，そこに第二次社会経済開発計画（The Second Five Year Socio-Economic Development Plan, SEDP II）の最重要課題である貧困削減の観点が盛り込まれている点である。では誰が除隊の対象となり，除隊後の生活保障はどうであるのか。それがCVAPの第二の目標である社会再統合である。

ところで，カンボジアは20年余にもわたる長い内戦の結果，多くの古参兵・傷病兵，そして障害のある兵士たちを生み出してきたが，彼らはもはや軍務に適する人材とは言えなくなっている。しかし，もし除隊勧告の措置がとられるなら，相応の生活保障が必要となろう。さらに，内戦が終結し平和な社会となった今，除隊したいと希望する若い兵士たちも少なからずおり，人道的な観点からは，除隊勧告という方法より希望者を公募するという方法が妥当である。CVAPが公募制を原則としている背景には，国際機関のこうした思惑が反映されていると見るべきであろう。しかし，いずれにしても，公募に応じ登録された除隊兵士を地域社会にセーフランディングさせていくプロセスと実現はCVAPに課せられた重大な使命である。こうしたことから，CVAPは動員解除の過程で除隊兵士には除隊パッケージと一時金，年金などを支給し，さらに技能訓練受講券を与え，帰還後，技能訓練を受講して自立した生活が送れるプロセスを設定している。これが社会再統合である。そしてこの過程で鍵を握るのが「自立支援」である。

自立支援は，①就労自立，②日常生活自立，③社会生活自立と定義され，個人が所得を得，地域社会で人と関わりながら，しかも自ら生活設計を行い暮らしていく過程の総体であるが，除隊兵士の多くが帰還する農村社会においては，家族，親族，そして地域という要素，つまりそこに社会関係資本（Social Capital, SC）が深く関与するだろうという視点ははずせない。本書でも社会再統合を，人間が地域社会の中で他者との相互作用を行いながら自立した生活をおくるプロセスと捉え，その視角から政策としてのCVAPを議論していく。むろん，自立支援政策，およびそれを円滑に動かすSCの存在は決して目新しいものではなく，すでに社会福祉の領域においてはグローバルな方法論として定着している。しかし，本書では「自

立支援」政策のもつ負の側面にも言及し，自立に失敗した少なからぬ除隊兵士たちの分析を通して，政治・経済的な基盤の盤石でないカンボジアでは，就業の手立ては手に入れても就業の機会がないという社会環境があり，この環境因子を考察の対象にしない限り，自立支援政策はむしろ生活困窮者を差別化する切り札になり得るという視点から，危険性を調査によって明らかにしていく。

ところで，カンボジアにはこれまでも福祉と呼びうる制度はあるが，地域ごとにばらつきがあり，多くは家族，親族などによるボンディング（結合型）なSCと仏教寺院を中心とした「施与」によって担われてきている。そうした歴史を是認した上で，否，それを社会資源として活用しながら，さらにコミューン（地域共同体）という新しいSCの役割の中に発展的な広がりを見出すことができるのではないかという視点から検証を加える。発展的な広がりとは，政府や外部NGO，NPOとの連携である。その上で村落，コミューンレベルでのブリッジング（接合型）なSCを構築することこそが，生活困窮者の救済装置としての役割ばかりでなく，自発的，意欲的に生活を展開していこうとする人々の自立支援を実現する可能性をもつものではないだろうかと論じる。

(2) 先行研究

CVAPの先行研究として最も初期のものとしては小向絵理の調査報告書が挙げられる（「地雷除去・被災者支援・除隊兵士支援」2001年）。小向の調査は2000年前後に行われており，CVAP策定に関わる問題点，および武装解除の施行段階における課題点が取り上げられているが，CVAPはその時点では実際の活動を開始しておらず，したがって小向の報告書はCVAPの実態に関しては語られていない。

その後CVAP自体が政治的な混迷を受けて混沌とした状況におかれるなどの問題が生じたが，この間の研究としては，武装解除フェーズにおける疫学調査を丹念に吟味した東の研究が挙げられる（「カンボジア国除隊兵士の人口学・疫学的調査結果に関する一考察」2004年）。また，東とほぼ同時期に，武装解除フェーズにおける登録作業の集計，および動員解除フェーズに関

I　カンボジア国軍除隊兵士自立支援プログラム

わって活動を続けた，多田による DDR 計画の実態と STP 実施の調査報告がある（「カンボジア王国における DDR（武装解除，動員解除，社会再統合）実施支援の検証と評価」2009 年）。いずれも CVAP そのものを扱った貴重な論考であり，一次資料としても優れたものである。

　CVAP はすでに述べてきたように 2001 年から始まり 2008 年にようやく第一期の除隊兵士 1 万 5000 人の動員解除を終了したばかりの新しいプログラムであり，実態に即して政策を吟味し分析した論文は，筆者の渉猟する限りでは東と多田のみである。とりわけ 2005 年に世銀が CVAP から完全撤退し，他のドナー国・機関も撤退する中で，日本のみが唯一カンボジアを支えて動員解除後の社会再統合過程を担ってきた経緯から，CVAPの全容について語れるのは日本人による論稿・報告書に限定される。

　東は疫学調査に関わった当事者としての立場から，入手可能な資料・データを駆使して，CVAP の除隊計画が「内部の最悪部分」を「リストラ」する作業であったと論じている。東の指摘する「内部の最悪部分」とは，年齢，疾病罹患，障害の有無，障害の程度等のデータから，一般のカンボジア人と国軍兵士，さらに国軍兵士内での除隊兵士と留任兵士を比較し，除隊兵士がいかに軍隊内で「不必要な存在」であったのかを立証したもので，ここから，CVAP とは「カテゴリー 2」に属する兵士たちを強制的に除隊させる装置，すなわち「リストラ」を合法的に行う装置として機能しているのだと東は結論している。さらに東は，1998 年の国勢調査のデータをもとに，現役兵員の平均年齢は 32.74 歳であるが，2001 年の退役兵のそれは 42.69 歳であること，調査年月の差（3 年）を差し引いても 7 歳以上も高齢の兵員が除隊している構図が浮かび上がると指摘している。また，1998 年の国勢調査では 39 歳までの兵員が全体の 8 割を占めるのに対して，2001 年に退役した兵員の 8 割近くが 35 歳以上であったことがわかるとして，除隊兵士の公募を「肩たたき型除隊」であると言い切る。性別の点からもこの議論を展開させ，1998 年国勢調査では 3987 名の女性兵員が存在していたが，2001 年にはその 35 パーセントにあたる 1382 名が除隊していること，一方，男性は 10 万 742 名のうち，その 14 パーセントが除隊しているに過ぎないことを挙げ（東 2004: 335）[16]，老齢者と女性がま

第 1 章　カンボジア国軍除隊兵士自立支援プログラムの概要

ず除隊の対象となったと結論づけている。しかし東が何よりも問題としているのは，「CDAF はあくまで，まっ先に除隊させられるのは誰かという疑問には答えず，データも公表していない」という不透明性である。そしてこの CDAF の「沈黙」こそが，「不要」な兵士（老齢者・女性・身体障害者・慢性疾患者・素行不良者等）の「リストラ」の隠蔽だと断定する。なぜなら「カンボジアのように 20 年以上にわたる内戦により高齢化し，疾病を抱えた兵員を内包し，かつ肥大しきった軍事部門を抱える紛争後の政府にとって，除隊希望する者を優先的に職業訓練し社会復帰を促すという余裕はない」ので，「先ず不要な兵士を『リストラ』することにより軍のスリム化と効率化を進める，いわば厄介払いといった除隊計画」は不可避の選択だったと考察している（東 2004）。[17]

一方，多田は JICA の専門家として 2002 年から CVAP の動員解除フェーズの活動を遂行すべく現地に派遣され，以降，世銀やドナーが次々に撤退した後も，カンボジア政府とともにリファラル・システム（RS）を遂行するという稀有な体験をしている。いわば CVAP の成長過程をすべて掌握できる立場にあった多田の報告書および論文は，そうした意味で貴重なエスノグラフィとなっている。

多田の初期の任務は，CVAP の動員解除の過程で，登録された除隊兵士に支援物品が整合的に支給されているか否かをチェックすることであった。いわば監視のような役割ではあるが，だからこそ，240 ドルもの一時金やオートバイ（他にも日用品）などがカンボジアの生活水準からかけ離れた「贅沢品」であり，それを得るために，「リストラ」どころかむしろ希望者が賄賂を使ってまで除隊を希望した事実に気づくことになる（多田 2009: 3-5）。このように，東と多田の見解には相違が見られるが，東の指摘するカンボジア政府の態度の不透明さ，さらにいえば信頼性のなさという点では両者は同様の苛立ち，不信感を持っており，おそらく，それはCVAP に関わるドナー国・機関等も共有するものであったと言えるだろう。

動員解除後，プログラムは社会再統合過程へと移行していったが，この渦中の 2005 年，世銀はカンボジア政府への不信感を理由に突然 CVAP か

I　カンボジア国軍除隊兵士自立支援プログラム

らの全面撤退を発表した。世銀というプレゼンスの大きな支柱がなくなったことで，他のドナー国・機関もいっせいに CVAP から撤退し，CVAP 遂行に深い傷痕が残されることになった。[18]日本は唯一ドナー国として留まったものの，世銀撤退の影響を受けて 2007 年 9 月までの時限支援を決定しており，それ以降は支援活動からの完全撤退を表明することになった。

　日本政府が一人留まって継承したのが社会再統合の最終的なセーフティネットとされる RS であった。この難事業に，カンボジアの地方公務員スタッフとともに，CVAP の制度から落伍してしまった元除隊兵士たちを地域で救済するシステムの構築にあたったのが多田である。RS の礎は一部（タケオ州・コンポンチャム州）で築かれたが，1 万 5000 人に上る除隊兵士の一部を救済できたに過ぎず，しかもシステムとしての RS は 2007 年 9 月の日本政府の撤退とともになくなったため，以降は一部で慣習的に行われていたカンボジアの福祉制度へと継承され，今日に至っている。RS が施行されなかった地域では，貧困のまま取り残されている除隊兵士はまだ数多く見られる。それははたして兵士の脆弱性に起因するものなのだろうか。

　兵士の脆弱性に関しては，二つの見解を示しておこう。まず，多田の指摘は除隊兵士の精神面における脆弱性である。一方，東も除隊兵士が肉体的に脆弱であることを指摘している。本書でも第 II 部でこの問題を取り上げるが，確かに貧困に陥り困窮する除隊兵士には，除隊する時点で多くの問題が指摘されてきたことは事実である。とりわけ土地や家畜という動産・不動産，および兵士を支える戦力になる家族の存在は，これから地域社会で生活していく除隊兵士にとっては生命線である。したがってそうした社会環境要因が除隊兵士個々人にどう関わり，現在の彼らの脆弱性とされる自暴自棄，あるいは衝動的な行動にどうつながってくるのかという問題の解明こそが，除隊兵士の社会再統合を考える際に議論されなければならなかったのではないだろうか。

　カンボジアと同じようにポストコンフリクト国の問題を扱ったものに峯陽一の論文がある（峯 2005a）。30 年以上にわたる熾烈な内戦を経たモザンビークが，選挙による復興プロセスを着実に歩んでいる現在の状態をポス

第 1 章　カンボジア国軍除隊兵士自立支援プログラムの概要

トコンフリクトとし，その復興プロセスがどの程度まで「恐怖からの自由」「欠乏からの自由」を達成しているのかを，人間開発指数や家計調査による物質的貧困指標によって明らかにしたものである。この中で峯は，ポストコンフリクト国もダウンサイドリスクに晒されている以上，まだ「人間の安全保障」の実現過程にあるととらえ，その達成に向けて，今後は広域的な地域共同体に注目し，地方分権を前提とした上で，政府セクターの調整機能を強化する発想が必要であるとしている。

　一方，本書で解明しようとするのは，CVAP が，想定されたように遂行されているのか否か，否であるなら，それはなぜなのかという政策分析である。そのために複数の視点からこれを分析し，議論している。さらに，本書の対象はカンボジア国軍に在籍し，内戦を戦って除隊した兵士たちという限定がある。以上から峯の論文とは大きく異なることは否めないが，結論として，峯が，地域共同体に着目し，それを基盤とした上で政府と地方が相互に協働する国家を提言している点を評価しておきたい。それこそが，本書でも論じることになるソーシャルキャピタルの問題と関連するものであり，結果として地域コミュニティの構築へと帰結していくことになるからである。

　CVAP そのものを扱った先行研究ではないが，天川直子の「農地所有の制度と構造」は，クロムサマキとして知られるカンボジアの土地共同耕作制度が政権の変転によって世帯単位の私的所有へと移行していく経緯を，カンダール州での調査によって明らかにしたものである。本書でこの後取り上げる「土地なし除隊兵士の貧困問題」を議論する際に，その歴史的な所有の展開過程という視点を提供してくれるものとして貴重である（天川 2001d）。

　またカンボジアにおける行政機構の沿革を資料によって丁寧におさえたものとして四本健二の研究が挙げられる（四本 2004a）。四本が主に議論しているのは，1990 年代という現代カンボジア創生期の，行政機構整備をめぐるカンボジア政府と国際機関との確執である。とりわけ 1993 年憲法が近代国家へと脱皮しようとするカンボジアにもたらした意義の検討は重要な論点である。四本は憲法の公布から 10 年を経て，憲法理念の運用に

は多くの懸念が残されているとし，未だに「官報や執務参考用の法令集すら刊行されず，公布，施行された法律が公務員のあいだにおいて周知されていない」こと，「適正であるべき行政を歪める最大の原因である汚職や職権乱用の温床」としての公務員の処遇のあり方を批判的に論じている。

CVAP の遂行にあたっては，前述したとおり，計画時から関わり，1万5000人の除隊兵士の社会再統合過程まで（完全終了1年前の2007年に撤退）支援を続けてきた外部団体は日本政府のみであることから，先行研究では日本語で書かれたものを主に取り上げている。しかしその初期の段階を論証しているものとして，Adams, B. (2001)，Sirirath, S. (2001)，Bainbridge, B. (2001) などプノンペンポスト紙，カンボジアデイリー紙のコラムや寄稿された論文も適宜参照し，偏りが出ないよう心がけた。

⑶　日本の開発援助の沿革と CVAP への関与

東や多田の調査および実践活動による報告からも明らかなように，こうした研究は日本政府の直接，間接の支援を受けて行われており，対カンボジア支援に関して，日本政府が深く関与していたことをうかがわせるものとなっている。ではなぜ日本政府はカンボジアの DDR に関わることになったのだろうか。日本の ODA（開発援助）に関する理念の変遷を追ってみよう。

日本の ODA は，アジア向けに戦後賠償の一環として始まったものである。第二次世界大戦の敗戦国として出発した日本は，その後，驚異的に経済力を回復し，本格的に戦後賠償に乗り出すことになるが，相手国の内政や軍事・安全保障問題への関与は極力避ける政策が採られてきた。主に経済復興と輸出市場の確保という理念に沿って ODA は遂行されてきたのである。こうした事情から，日本の ODA は「アジア重視」と「円借款」によるインフラ整備中心という特色を持つものであったといえよう。しかし，1990年代以降，国際社会が人道的な観点から相手国の人権問題や内戦，独立や自治を求める運動に介入するようになり，そうした援助のあり方が次第に正当性を持つようになると，日本の ODA における従来の姿勢に対して批判的な議論がおこってきた。欧米諸国は，日本の ODA は「自国の

産業振興をはかるための利己的な援助」であると非難し、対策を迫られた日本政府は、ODA による援助を、財政面ばかりでなく貧困削減と紛争予防に向けた技術協力へと大きく転換することを余儀なくされた。

　口火を切ったのが 1991 年 4 月の海部俊樹総理大臣による「開発途上国の軍事支出と我が国政府開発援助のあり方について」における「ODA 四指針」である。これは ODA 供与に際して、相手国の軍事支出や武器の購入や大量破壊兵器の開発の問題とリンクすることを公式に提言したものとして画期的な政策変化となった（稲田編 2004a: 174-175）。以降、日本政府は紛争後の復興支援と平和構築に重点をおき、援助する路線をめざすことになった。その最初の取り組みが、紛争が終結したばかりのカンボジアであった。こうして 1991 年 10 月のカンボジア和平合意の後、日本はカンボジア PKO に参加したばかりでなく、1992 年 6 月に「カンボジア復興閣僚会議 (ICORC)」を東京で開催するなど、カンボジアの復興のための経済支援に積極的に関与していくことになった。[19]

　ところで、紛争後の復興支援と平和構築の考え方は、現在では、紛争前の「予防外交」から「平和創造」までも視野に入れた紛争予防概念として解釈されることが多い。発端は 1992 年の、国連事務総長ガリ（当時）による『平和への課題』である (Boutros-Ghali 1995)。ここにおいて、紛争予防概念は「平和構築」の構成要素として認識されるようになった。それが明確に定義されたのは 8 年後の 2000 年版国連事務総長年次報告書においてである。日本政府はこれを受けて、「紛争予防・平和構築無償とは、平成 14 年度より、開発途上国における元兵士の社会復帰、小型武器回収、民族融和等の紛争予防・平和構築に資するプログラムに必要な資機材、役務を購入するために必要な資金を供与する紛争予防・平和構築無償をノンプロジェクト無償の枠内として実施するもの」と定義し、無償援助の供与を明言している。[20] さらに日本政府は、「『カンボジアにおける平和構築と包括的小型武器対策プログラム』(Peace Building and Comprehensive Small Arms Management Programme in Cambodia) の実施に資することを目的として、4 億 5000 万円の紛争予防・平和構築無償を供与する」こととし、この覚書の中で、紛争予防の核心が、紛争国に生きる人々に存在する「既存の壁」

を乗り越えるきっかけをつくることにあるという重要な点を指摘している。

既存の壁とは「政府対反政府」「国対隣人」「政府対国民」「民族対民族」「企業対従業員」「隣人対自分」といった，すべての関係に存在している壁のことである。そして予防とは，そうした壁を乗り越える環境を整えることであり，そのための施策を考案することであると定義されている[21]。その際の要素として，①和平プロセスの促進，②当事国の国内の安定と治安の確保，③人々の平和な生活の回復（人道・復興支援）が挙げられているが，これらはいずれも長期的な取り組みが必要とされる内容である。こうした国連の報告をふまえて日本政府は，2002（平成14）年から平和の定着を訴え，そのための方法論として包括的アプローチ（Comprehensive Approach, CA）に基づいた活動をその中核として行っていくことが述べられている[22]。

CAとは紛争を生んだ根源的な原因の除去をめざすアプローチであり，仲介・調停という外交手段だけでなく，政治的手段，経済的手段，安全保障手段，人道的手段等，多様な手段を紛争予防のために活用する考え方である。具体的には当事者に武器をおかせ，民主化を促進させるとともに，「既存の壁」を乗り越えさせる行動が必要とされる。そして「その実現には第三者である外部者の力が必要である。なぜなら当事国や当事者では気づきにくい問題点，分野があり，当事国の国家，国民の自浄作用には限界がある」からであるという文言にも見られるように，積極的な外部関与の姿勢をうかがわせるものである。実際に2003年には，日本政府は外務省ODA報告に基づいて，「カンボジアにおける平和構築と包括的小型武器対策プログラム」に対する無償資金協力を答申するなど，本格的にカンボジア国DDR事業への資金供与を行うことを閣議決定し，CVAPへの長い関与が始まることになったのである。

(4) CVAPの課題

平和構築を究極の目的とするDDRの課題点は，その実施が，当事国社会や除隊兵士にもたらした効果，影響というものが包括的に検証され，評価されることがほとんどなかったという点にある。したがって平和構築はきわめて実体性の乏しいものとなっていたことが指摘されている[23]。平和構

築の実体性の乏しさは，何よりもその効果が見えにくいことにある。[24]
CVAP はすでに述べてきたように，カンボジア政府と世銀をはじめとするドナー国・機関との協力体制で行われる国際的な DDR 平和構築計画である。そこで主体となるのはあくまでもカンボジア政府であり，そして課題となるのは，1998 年の新政権発足の時点で経常支出の過半数を占めていた軍・治安関係費の削減である。この，カンボジア経済の大きな負担である膨大な軍事費を削減し，それを社会経済セクターへ転用して経済を活性化させ，同時に軍事費削減のあおりを受ける除隊兵士を地域社会に再統合していくという方法が，ここで目標とされる「平和構築」プロセスであった。以上からは，二つの方向によって実体性の効用を考えることが可能である。

　一つは，計画通りに軍事費が削減され，それによって社会経済が活性化しているのかという視点からこの問題の効用を検証することである。ただしここには飛躍があり，軍事費の削減は必ずしも社会経済の活性化とは連動しない。なぜなら経済活動の活性化にはさまざまな要因が関わっているからで，この立証は困難である。では，軍事費の削減という視点からのみ，CVAP の効果を検証できるだろうか。このことに関しては，本章の軍事費の項目でも述べているように，軍事費は減少するどころか増大し続けていることがわかっており，軍事費にのみ着目した視点からは，CVAP の効用を論じることはできない。

　二つ目は，「社会サービスの質的効果」という方向から，すなわち除隊兵士の地域再統合過程の現状を調査していくことから，CVAP の効果を検証していく方法である。除隊兵士が CVAP のプログラムに沿って社会再統合を果たし，持続可能な生活を維持していることが検証されれば，平和構築の実体的効果はあったと考えてよいだろう。

(5) CVAP の特殊性

　CVAP には長期にわたる内戦のもたらした特殊性と，モラルの荒廃による特殊性が見られる。まず長期の内戦による特殊性は次のように説明できる。

I カンボジア国軍除隊兵士自立支援プログラム

　1991年，和平協定が結ばれ，カンボジアはDDRの遂行が必要な平和構築段階におかれていたが，国内の紛争が継続しているため，DDRは実際には機能しないまま10年が経過した。2001年になってようやくDDR事業がCVAPとして動き出した時，カンボジアはすでに平和構築段階を脱した新生国家としてのスタートラインにあった。すなわち，国家政策としてのSEDP II（カンボジアの第二次社会経済開発計画, The Second Five Year Socio-Economic Development Plan）を施行する段階にあった[25]。つまり，国際プロジェクトのCVAPとカンボジア国のSEDP IIは同時に動き出したのである[26]。

　ここで問題となったのが，SEDP IIの最重要課題である貧困削減である。SEDP IIはカンボジアの社会政策であるので，貧困削減は当然カンボジアが国としての責任をもって遂行していかなければならない。財源もカンボジア政府の負担でなければならない。しかし，貧困削減は，同時並行で遂行される二つのプログラムの中で，CVAPの範疇に入れられることになった。貧困削減政策が何よりも財源を必要とすることから，カンボジア政府の単独遂行には無理があるためであった。さらに，地域に再統合される除隊兵士の生活レベルが地域住民のそれとかけ離れたものであってはならないとする考え方からくるものでもあった。しかし，CVAPの財源は「除隊兵士支援」の目的に使用されるはずのものであるため，国際支援のあり方として特殊性が生じることになった。

　次にモラルの荒廃による特殊性が指摘できる[27]。CVAPはカンボジア政府と五つのドナー国・機関の協力による共同プロジェクトであるが，その遂行の足並みは，最初の段階からかなり不協和音を生じていたことが知られている。CVAPを遂行するに際しての除隊対象兵士選定に係る疑惑がまず挙げられる。東や多田らも繰り返し指摘しているが，軍人登録情報は信頼に足るとは言い難いものであり，また兵士数の不明瞭さの背景には利権をめぐるさまざまな争奪戦があった。こうした不祥事は，メディアによって暴露され，事態を懸念した世銀の強い主張により，軍人登録のデータベース化が行われ，軍人登録情報管理システムが構築されることになった。しかし，これは逆にカンボジア側からは内部干渉に近い提案と受け取られ，

世銀とカンボジア政府との関係が損なわれることにつながっていったのである。

　このように兵士数に関する信頼に足る基本的なデータさえ欠如している状態の下で，提唱機関である世銀とカンボジア政府との確執は深まるばかりだった。さらに，供給した援助資金の紛失や減額問題，そして何よりもカンボジア政府の隠蔽体質など複数の要因がからみ，カンボジア政府へのドナー国・機関の信頼は失われていった。こうした根本的な不祥事に加え，軍事部門の実態把握につながる除隊計画は，その政治性ゆえに政府の情報開示がほとんど行われず，それが解明をより困難にしてきた大きな原因ともなっていた。その結果，2005年，世銀はCVAPからの全面撤退を表明するに至った。世銀という大きなプレゼンスを失ったCVAPは，以降多くの困難に直面することになるのである。

第2章　内戦の中のカンボジア近・現代史

　東南アジア諸国は長い植民地時代の経験をその国家形成のプロセスに生かして成長してきた国々であるが，カンボジアにおいては，その経験は逆に独立後の政治経済の混迷へとつながっていった。それは三方を他国に囲まれた地理的条件とあわせ，隣国ベトナム，タイとの確執，さらにベトナム戦争をめぐるアメリカとの確執によって説明される。これがカンボジアの悲劇の伏線である。

　本章では，カンボジア国軍の形成と変遷をカンボジアの独立時代から説き起こし，さまざまな政権を経る中でカンボジア国軍が肥大化していった経緯を明らかにしていく[1]。新生カンボジアにとって克服されなければならなかった国軍兵士の問題とはどのように引き起こされたものだったのか，政権の変遷と兵士のおかれていた状況を中心に考察する。

1　カンボジアの独立

　クメール民族の国としてのカンボジア（「真臘」）の起源は古く，地理的にはインドと中国の二大文化圏の狭間に位置する「扶南」の属国であったとされる。しかし，6世紀の後半に勢力を強めたカンボジアは，7世紀には現在のカンボジア中央部からタイの南東部までの広大な地域を平定して，イーシャナプラに都をおいた。その後南北に分裂し，一時南部のジャヴァによる支配を受けたが，9世紀初頭，ジャヤバルマン二世の時にジャヴァから解放され，再統一を実現した。これがアンコール王朝の始まりである。アンコール王朝が15世紀半ばに衰退した後，カンボジアはアユタヤ朝（タイ）の支配下におかれ，さらに南部の地域はフエ朝廷（ベトナム）に割

譲され，19世紀半ばには完全にその支配下におかれるなど，民族としての基盤は弱体化していった。しかし，19世紀半ばにフランスがコーチシナ一帯を植民地化すると，両隣国からの強い支配に危機感を抱いていたカンボジアはフランスに保護を求め延命を図ろうとした。フランスはこれを受け，1863年8月にフランス・カンボジア保護条約が調印され，1887年，フランス領インドシナ連邦の成立とともにカンボジアはインドシナ連邦の一行政区画となった。こうしたカンボジアの位置をめぐっては，それに安住する側と，クメール民族の誇りを傷つけるものであると考える側の対立もあったが，その確執が「クメール民族の国家」建設という民族的な気運の高まりへと向かうことはなかった。皮肉なことに独立意識の高まりは，内部からではなく外的要因によってもたらされることになったのである。

　第二次世界大戦期から終戦直後の時期にインドシナ一帯に侵攻した日本軍は，「アジアの解放」を掲げ，1945年3月に3保護国（ベトナム，ラオス，カンボジア）に対し「独立」を付与し，独立意識の発現に決定的な動機づけを行った。日本軍は，さらに「アジア人のアジア」というスローガンの下で欧米の植民地主義批判等を行い，徹底した反西欧思想教育を行った。アジアの一国である日本軍政の勢いは3保護国の国民の心を刺激した。日本軍の行った東南アジア社会の伝統的価値観や文化，植民地化以前の民族の偉大な歴史を鼓舞するような喧伝や教育も，国民に民族としての誇りと自信を植えつけることになった（天川 2001e: 32-36；倉沢 1994: 98-101）。こうした日本軍のプロパガンダは，カンボジアのみならず植民地支配に屈していたインドシナ諸国に独立への大きなインパクトを与えることとなった。

　さらに，カンボジアにとって隣国ベトナムの8月革命（1945年）の成功も，独立を考える上で大きな契機となった。革命後樹立されたベトナム民主共和国はベトナム人による「ベトナム国民の国家」としての立場を明確にしたものとして，また革命はベトナム民主共和国が国としての領域を確定したものとして，近隣諸国に強い影響を与えるものであった。

　こうした動きに危機感を抱いたのはフランスである。第二次世界大戦中，本国が戦場におかれ，植民地支配を断念せざるを得ない状況にあったが，大戦の終結後には第四共和政が発足するなど，再び帝国主義の砦を守るべ

I　カンボジア国軍除隊兵士自立支援プログラム

くインドシナ支配を強化する国策が採られるようになった。しかし，フランスのこの思惑にとってベトナム民主共和国の存在は目ざわりであった。このためフランスは，1946年3月に傀儡政権のコーチシナ共和国（1949年にはバオダイ・ベトナム国）を成立させ，ベトナム民主共和国と戦争を開始した。第一次インドシナ戦争である。その一方で，フランスはインドシナ人民の支持獲得をねらって植民地体制を形式的に廃止する等，民族主義運動に部分的に応えることで戦闘を有利に進めていこうとした。

　フランスの動きと並行するように，カンボジアでは，1945年10月に英国軍がプノンペンに侵攻し日本軍を武装解除した。しかし，当時の国王シハヌークは安全策を求めて1946年にフランスとの保護条約に調印し，カンボジアは再びフランスの保護下におかれることになった。1948年に新たに立ち上げられた「フランス連合」の枠組みの中にはラオスとカンボジアが取り込まれ，「連合内自治区」としてその独立が承認される形となった（藤原 2008: 479-480）[2]。この結果，カンボジアの「国」としての領域の確定は，フランスの保護下で遂行されていくことになった。

　「国」の領域が確定されることでカンボジア人の民族意識は高まり，民族独立の原動力が生まれてくることになった。先に見た保護条約では，カンボジア人の政党活動は基本的に許されていた。したがって政治活動に関してはフランスの干渉を受けることなく，フランスへの抵抗を掲げる自由な政治的動きも見られ，民主党や自由党等の政党が結成されるなど，政治はむしろ活性化していった。中でも常に安定多数を占める与党の民主党は，フランスからの早期完全独立を掲げ，1947年の政憲議会選挙を皮切りに1953年の独立まで国民議会に君臨するほどの勢力を持っていた。しかし，第一次インドシナ戦争の拡大によって社会経済情勢が不安定になる中で，安定した国政をつくり上げることはできなかった。

　ところで，フランスの保護下にありながら，国民国家としての主権の確立が行われるという特異な国家形成過程はどのような経緯をたどったのだろうか。

　まず，1953年8月にフランスから司法権と警察権の委譲が行われ，次いで同年10月に軍事権の委譲が行われた。これによってカンボジアの

「国家」としての枠組みがまず構築された。そして同年11月，カンボジアはシハヌーク国王のもと独立宣言を行った。その翌年の1954年3月に外交自主権が承認され，国際的に承認された独立国家として完成することになったのである（天川 2001e: 21-27）。

こうした国家の枠組みが整備されていくプロセスと前後して，1940年代初めには，後にカンボジア国軍の核となる小規模な軍隊が発足していた。ともにフランス領インドシナ連邦を形成していたベトナム人の主導による，カンボジア人約3500名の軍事訓練である（Carney 1990）。当時インドシナにはクメール・イサラクと総称される抗仏武装勢力が活発な活動を展開しており，ベトナムの軍事訓練の目的は，この勢力の育成にあった。その後，クメール・イサラクの一部の勢力は王国政府側に投降し，カンボジア憲法公布の1947年には正式に国軍として動き出すことになった。クメール・イサラクの残存勢力は，インドシナ共産党の工作によって，1950年にはクメール・イサラク統一戦線に発展し，以後，民族解放闘争を戦いながら勢力を拡大していくことになった。

2　クメール共和国（The Khmer Republic，ロン・ノル政権）時代：1970〜1975年

カンボジアが国家として独立すると，シハヌークは，自ら政治権力を掌握するため1955年3月に退位し，父スラマリットに王位を譲位した後，シハヌークを支持する諸政党を糾合して自らを総裁とするサンクム（Sangkum Reastr Niyum サンクム・レアット・ニュム／人民社会主義共同体，1955年4月設立）を組織した。サンクムは，国家体制の支柱としてカンボジアの伝統である王政と仏教を護持しつつ，一方で計画経済政策を導入するものであった。1955年の設立当初，総選挙でサンクムは83パーセントの票を得て，国民議会の議席をすべて獲得するまでになっていた。シハヌークはサンクム総裁として，また1960年にスラマリット国王が死去してからは国家元首として，カンボジアの政治勢力を独占的に行使することになった（天川 2001e: 35-36）。

I カンボジア国軍除隊兵士自立支援プログラム

　独立後のカンボジアは，政治的には中立政策を掲げこれを維持した。しかし，経済的にはシハヌークの強い統率力の下で，中国に倣った「カンボジア版『自力更正』」路線が強行に推進された（桜井・石井 1985: 336）。さらに，1963 年にはいっさいの外国援助を拒否し，貿易の国営，銀行国有化など主として流通・金融部門の改革が図られた。しかし，1966 年頃にはこの政策は行き詰まりをみせはじめ，財政危機も深まっていった。同年 9 月に行われた選挙では，シハヌーク体制下ではじめて複数の候補者が議席を争うことになり，10 月には国家主席の選任によるのではなく議会投票によって，ロン・ノル内閣が成立した。

　ロン・ノル内閣は翌年に辞任したが，再び 1969 年 8 月，今度はシハヌークがロン・ノルを指名して首相とし，シリク・マタクを副首相とするサンクム第 25 次内閣（「救国内閣」）が組閣された。しかし，このころ経済危機はいっそう深刻化し，さらに北ベトナム共産主義の脅威などの影響によって，政府は外交政策の転換を迫られるようになっていった。

　外交政策の転換の原因は，隣国ベトナムにおけるベトナム戦争である。ベトナム戦争は単に南北ベトナムの内戦という局地的な戦争ではなく，背後に米国とソ連（現ロシア）を擁する，言い換えれば，資本主義と社会主義という二大イデオロギーの覇権を賭けた戦いでもあった。とりわけインドシナにおける共産主義の「ドミノ現象」を恐れた米国は，早くから親米派の南ベトナムを支援し，戦争は「米国軍を中核とする南ベトナム軍」対「南ベトナム民族解放戦線と北ベトナムから南下した人民軍からなる解放勢力」との全面戦争へと展開していった。

　ベトナムに隣接するカンボジアは，解放勢力であるベトナム労働党が解放闘争を遂行するにあたり，戦略上非常に需要な後背地であった。シハヌークは早くから解放勢力側を支援し，カンボジア領内にホーチミン・ルートが通過するのを黙認したのみならず，中国がベトナム解放勢力への無償軍事援助をシハヌークヴィル港経由で運搬することを認める秘密協定を締結するなど，ベトナム解放勢力の軍事遂行に尽力した。さらにコメをはじめとする補給物資の多くもカンボジアで買い付けられていた（天川 2001e: 36-37）。こうしたシハヌークの行動は，親米派のロン・ノル内閣に反旗を

翻すものであったので，ロン・ノル内閣と国会は，政治の混迷を理由にシハヌークに対し不信任を突き付け，シハヌークが北京に外遊中の機会に乗じてクーデターをおこし，1970年に「クメール共和国 The Khmer Republic」の設立を宣言した。

国王であるシハヌークが1970年に追放されたことによって，カンボジアは以降，長い内戦状態に入った。これに比例するように軍事部門は増大の一途をたどることになった。ロン・ノル政権下，政府軍の兵員数は正規の登録者だけでも21万人とされていた。これに対してポル・ポト派の共産主義勢力であるKR派の実数は捕捉されていないが，亡命したシハヌークの支援や親米ロン・ノル政権への反発勢力の支持を得て，KR派は次第に確実に勢力を拡大させていった。

3 民主カンプチア（The Democratic Kampuchea，ポル・ポト政権）時代：1975～1979年

ポル・ポト政権はどのように民衆を掌握し政権を樹立していったのだろうか。話を少し前に戻してみよう。

すでに1968年，実質的に政府の実権を握っていたロン・ノルは，危機に陥ったカンボジアの経済を立て直すべく，アジア開発銀行，世銀，IMF等に加盟し，1969年にはアメリカとの国交も再開する等，対外経済政策の転換に奔走した。その一方，政治的には強硬な反ベトナム政策を採り，アメリカ軍のカンボジア領内への「一時的越境追跡」を承認するなど親米路線を貫き，アメリカの支援を得てクーデターを成功させた。アメリカへの恩義から，クーデター後の1970年4月にサイゴン政権軍のカンボジア侵攻作戦が行われた際，ロン・ノル政権軍は共同作戦としてこれに参画し，サイゴン政府軍とアメリカ軍の攻撃を脇から支える役割を果たした。

しかし，カンボジア侵攻作戦は，ベトナム・カンボジア国境地帯の「聖域」の解放勢力根拠地を攻撃し，あわせて補給路を切断しようと画策されたもので，この作戦によってカンボジアはアメリカ軍による容赦ない爆撃に晒されることになった。自国を危機に晒すことになったこの選択はロ

I　カンボジア国軍除隊兵士自立支援プログラム

ン・ノル政権に致命的な打撃を与え，KR派の台頭を許す契機となった。
　一方，アメリカは，クーデターによって南ベトナム，ラオス，カンボジアの傀儡地上軍を相互補完的に統合し，支援し，アメリカ空海軍機のインドシナでの無差別爆撃活動の体制をつくり上げるなど実質的に利益を得，社会主義ドミノ現象を阻止すべくベトナム戦争に拘泥していくことになった（歴史学研究会編　1983: 24-28）。
　米国依存のロン・ノル傀儡政権は，発足当時からKR派との間に内戦が絶えず，政府としての機能不全が常態化していたため，米国がベトナム戦争の深みにはまりカンボジアへの米国の支援が減少するにつれて政治・経済ともに弱体化していった。一方，シハヌークは，亡命先の北京でベトナム労働党と中国の説得に応じて5項目の声明を発表し，ロン・ノル政府の即時解散と民族統一戦線の結成を宣言するなど，ロン・ノル政権に対する対決姿勢を崩さなかった。ポル・ポトを書記長とするカンボジア共産党は，このシハヌークの呼びかけに応える形で統一戦線に参加し，ロン・ノル打倒の機会をうかがっていた。
　しかし，統一戦線には致命的な問題があった。それは軍事力の欠如である。ロン・ノル政権の米国依存体制は，カンボジア共産党にとって打倒すべき明確な理由を持つものであったが，激しい戦闘と高度な分析・判断力が要求される軍事情勢の下で，その課題を成功裏に推進していくには，カンボジアの解放武装勢力には指揮，指導などをはじめ，各分野での十分な戦闘の蓄積がなかった。これに対してベトナム解放勢力には長い戦闘の経験から得られた武装勢力育成のノウハウが蓄積されていた。さらに，ベトナム労働党は強い反米主義思想を持ち，シハヌーク支配下でのさまざまな支援に対する親シハヌーク感情から，「シハヌークとカンボジア共産党の連合」によるカンボジアの抵抗勢力を構想していた。このようにして，カンボジア共産党とベトナム労働党は，カンボジアの将来的な覇権に関しての認識のずれは見られるものの，クーデターを通して，ロン・ノル政権という「共通の敵」を持つに至り，共同戦線を張ることができるようになったのである。この意味において，クーデターは歴史的転換点とも言える重要な出来事と位置づけられる（天川　2001e）。以降，カンボジア共産党は農

第2章　内戦の中のカンボジア近・現代史

村部を中心に根強いシハヌーク人気を味方につけ勢力を伸ばし，カンボジア共産党の指導とベトナム労働党の全面的な支援を得て，民族解放闘争の遂行にいっそう拍車をかけることになった。

1975年4月，政治的・軍事的な勢力を得たKR派は，ロン・ノルを駆逐し，首都プノンペンを占領した。翌76年に，ポル・ポト率いるKR派は「民主カンプチア（カンプチア・プロチアティパタイ）」の建国を宣告し，ポル・ポトが首相となり，ここに「ポル・ポト政権」が発足した。

この時期に読売新聞社のサイゴン特派員として赴任していた山田寛は，プノンペンでKR派の凱旋に遭遇し，次のように描写している。

> 1975年4月17日，ロン・ノル政府軍はついに完全降伏し，内戦は終わった。（中略）やがてクメール・ルージュの集団が続々と町にやってくる。迎える市民，いわば敗者側の民衆が戦争終了だと歓声をあげて喜んでいるのに，勝者の兵士たちは概して押し黙り，不機嫌そうに入城した。（中略）まもなく全市民の即時強制退去が始まった。
>
> （山田寛 2004: 64-65）[4]

政権を握ったポル・ポトは急進的な共産主義政策を実施し，貨幣制度，市場システム，私有財産制度を廃止し，カンボジア社会の伝統的な仕組みを破壊し，都市住民を地方に強制移住させて農業労働にあたらせ，また知識階級にあたる医師や教師などを殲滅しようとするなど過激な政策を実行していった。1975年から78年にかけて全国的な集団強制移住が3回にわたって断行されたが，地方レベルではいっそう頻繁に強制移動が実施されていた。こうした大規模な人口移動によって，住民と地域の地縁的紐帯は断ち切られていった。しかし，ポル・ポトのこうした政策を支えたのは，実は住民自身でもあった。住民は基幹人民と新人民に分けられ，さらにグレーゾーンが設定され，徹底した階級構造のもと，支配・被支配の関係が構築されていった。

> 都市部や最後までロン・ノル支配下にあった地域から移住させられ

I　カンボジア国軍除隊兵士自立支援プログラム

　　てきた民衆は「新人民」と呼ばれた。(中略) 以前から「解放勢力」地
　　域にいた農民は「基幹人民」である。基幹人民のうち，身内に新人民
　　や処刑された者がおらず，普通に働いている者は「完全な人民」とも
　　呼ばれ，ポル・ポト革命の階級制度の最上層に置かれた。新人民とそ
　　れに加えて基幹人民のうちでも経歴のよくない者は「預けられた人
　　民」と呼ばれ，最下層である。だがその中間に「准完全人民（あるい
　　は完全人民補）」もいた。これは働き具合を末端の地方幹部に評価され
　　て「完全」から降格されたり，「預けられた」から昇格した人々だ。
　　　　　　　　　　　　　　　　　　　　　　　（山田寛 2004: 70-71）

　住民間の密告ばかりでなく知人，友人，親戚や親子間での密告もさかん
に行われた。こうしてポル・ポトの統治時代に約170万人から200万人の
カンボジア人が死亡したと推測されているが，実数は不明である。
　同じころインドシナ半島では1975年に第二次インドシナ戦争が終結し，
カンボジアと隣接するベトナム，ラオスが，それぞれベトナム労働党
（1976年に共産党に改称），ラオス人民革命党による社会主義国家としての道
を歩みはじめた時期である。カンボジアでは民族統一戦線の実権を握って
いたカンボジア共産党が政権の座に就いたが，当初からその政権基盤は脆
弱であった。カンボジア共産党の脆弱性は，何よりも指導部の構成とイデ
オロギーの対立にあった。
　民族統一戦線結成後のカンボジア共産党の指導部は，大きく二つのグル
ープに分けられる（天川 2001e: 38）。
　①　1954年以後も国内に留まった古参活動家と，民族統一戦線の結成
　　を機に北ベトナムから帰国した古参活動家（クメール・ベトミン）
　②　ポル・ポトなど若手活動家からなる党中央
　上記①，②は対立関係にあった。この図式は党の組織体制にも表れ，民
族統一戦線軍と北ベトナム人民軍の支援軍や南ベトナム解放戦線軍との共
闘については，各軍区ごとにその軍区における党中央の人脈や，古参活動
家の影響力あるいはポジションなどとの兼ね合いによってそのあり方が異
なっていた。ポル・ポトが率いる中央党は，とくにベトナム労働党との関

係については考え方を異にする党内勢力を認めないなど，強硬な排外路線を強いていた。換言すれば，党中央は統一戦線方式を維持して国民統合を行うのではなく，異質の勢力を粛清し弾圧することによって権力基盤を固めようとしたのである。

党中央による粛清は繰り返されたが，その最後にして最大のものが1978年半ばに行われた東部軍区幹部の粛清，同軍区への武力攻撃，同軍区の住民の虐殺と強制労働であった。半年後，この時生き延びた人々によって救国民族統一戦線が結成された。それがヘンサムリン東部軍区第4師団司令官をはじめとする東部軍区の中堅幹部たちである。彼らは中国のポル・ポト派（クメール・ルージュ＝KR派）支援に脅威を覚えていたベトナム共産党の支援を得て，1979年1月，約15万人のベトナム軍兵士と約1万5000人の救国民族統一戦線兵士とともにカンボジア領内に侵攻し，KR派を駆逐し，ベトナムの支援の下に「カンプチア人民共和国（ヘンサムリン政権）」を樹立した。これにより，事実上ポル・ポト政権は終わった。しかし，インドシナにおける共産主義国ベトナムによる覇権を恐れる周辺諸国，および西側諸国の思惑も絡まり，ベトナム軍とKR派の戦闘は以後も継続することになった（天川 2001e）。

ポル・ポト政権時代は別名「3年8カ月と20日間」と称される短期政権であるが，本書で対象とする除隊兵士のうち，少なからぬ数の人々が農村部出身の元ポル・ポト兵であり，彼らは，その後に続く内戦時代に転戦や投降を繰り返して「高齢兵」「障害兵」「傷病兵」になっている。こうした経緯に思いをめぐらした時，まさにこの時代こそが「カンボジア国軍兵士」の骨格をつくり上げた時代であったと考えられるのである。

4　カンプチア人民共和国（The People's Republic of Kampuchea）：1979〜1989年

1979年1月7日，「カンプチア救国民族統一戦線」はプノンペンを解放し，人民革命評議会議長ヘン・サムリンが「カンプチア人民共和国」政権を発足させた。同政権は政権樹立に伴って1981年の憲法を改定し，1989

Ⅰ　カンボジア国軍除隊兵士自立支援プログラム

年のカンボジア国憲法において，国名をカンボジア国に改称した。内政においては「国家経済」「集団経済」「家庭経済」に加えて「国家私有合弁経済」と「私有経済」の存在を公認し（第12条），さらに「土地の私的所有」（第15条）および「職業選択の自由」（第33条）を認めるなど市場経済導入への第一歩を踏み出していった（四本 2002: 63）。

しかし，軍事面での泥沼状態は続いていた。1979年1月にポル・ポト政権軍を追走してきたベトナム軍がタイ国境に達した後，戦闘の舞台はカンボジア，タイ国境の山岳地帯に移った。そのおかげでカンボジア中央部の農業地帯では，この時期には比較的安定した生活が行われていた。しかし実はこうした地域はベトナム軍によって守られていたのである。カンプチア人民共和国の樹立宣言後，人民革命党政権では兵士の脱走や規律の乱れや装備の貧弱さのため，人民革命軍にはわずかな骨組しか残っていない状態であった。この危機的な状態から軍事力の編成に向けた新たな取り組みが始められたのは，1979年末から1980年代初頭にかけてのことであった（Carney 1990: 191-202）。[5]

危機的状況が引き起こされた理由は，次の3点に要約できる。第1にKR派が山岳部に撤退するにつれて初期の軍事的熱狂が冷め，兵士の脱走が広範に生じたことである。第2にKR派のねばり強さ，兵数の不足，および追撃には不向きな地形などのためにKR派を掃討しようとするベトナム軍の意欲が削がれてきたことである。そして第3に1979年10月に難民救援活動が始まってタイ，カンボジア国境地帯が国際的な脚光を浴びたために，ベトナム軍はKR派をタイ領内に追走することや，その基地を側面攻撃するために回りこむことを思い止まらざるを得なかったという状況があった。こうしたことから，1980年には国内で歩兵に対する軍事訓練が開始された他，兵士の管理も部分的にはカンボジア側に委譲され，また人民革命軍の幹部によるベトナムやソ連（現ロシア）への訓練派遣も行われた。

カンボジア側の人材を育成するのと並行して，約40人のベトナム軍アドバイザーの指揮を得て，軍隊の編成も進められるようになった。1982年にはヘンサムリン政権側には18万人の正規軍があり，さらにタイ国境

に拠点を構えた KR 派，およびフンシンペック派等を合わせると 3 万 8000 から 4 万 3000 人の正規軍があったと推測されている。兵士としての俸給が得られるのは正規軍の兵士のみであるから，生活のかかった兵士たちはどんどん投降して政府軍に編成され，その数は 22，3 万人に達するほどであった[6]。しかしその多くは薄給で，経済的安定を欠く状態であった (Carney 1990; 東 2004: 328-330)。

5　カンボジア連立政権国と UNTAC：1989～1993 年

　カンボジアの内戦後の混迷と復興の遅れは，大国間のイデオロギー対立の政治的産物でもあった。ベトナム軍と救国民族統一戦線軍がプノンペンに到達する直前，ポル・ポト政権は，国連安全保障理事会（以下，安保理）を緊急に開催するように要請した。これを受けて開催された安保理は，1979 年 1 月の「外国軍」のカンボジアからの撤退の要求と，ポル・ポト政権をカンボジアの唯一の合法政権であるとみなすことを発表した。同年の 9 月に開催された国連総会は，ポル・ポト政権を唯一の代表として承認し，さらに 11 月にはベトナムの対カンボジア介入を非難し，ベトナム軍の撤退を要求する決議を採択した。以降，カンボジアの政情はきわめて不安定な状態におかれ，人民革命党政権が承認されるべきであると主張するベトナム，ポル・ポト政権による反越闘争を支援する中国，および「カンボジア問題」の政治的解決（カンボジア駐留ベトナム軍の撤退と民意を反映した新政権の樹立）を模索しつつポル・ポト政権を承認する ASEAN 諸国という三者間のせめぎあいが続いた。しかし，1982 年 6 月，民主カンプチア連合政府（三派連合政府）の樹立協定の調印をもって，国際化の構図は完成した（天川 2001e: 40-50）。三派連合政府とは，KR 派，クメール人民民族解放戦線（KPNLF，1979 年結成），そして「独立・中立・平和・協力のカンボジアのための民族統一戦線」（フンシンペック，1981 年結成）である。

　1982 年の総会において，1979 年以来毎年ポル・ポト政権に与えられてきたカンボジアの国連代表権が民主カンプチア連合政府に付与された。以後，カンボジアの国連代表権は投票にかけられることなく，1989 年まで

I　カンボジア国軍除隊兵士自立支援プログラム

民主カンプチア連合政府がカンボジアの代表として扱われることになったのである。こうした対立図式を引きずったまま，1990年までこの形態は維持された。このことは，人民革命党に，国際的承認を得られぬまま，国連による開発援助さえも拒否されるという条件下で，1970年代の戦乱と社会混乱，そしてポル・ポト政権による圧政によって荒廃した国土の復興，さらに国家の再建という困難な使命を担わせることを意味したのである（天川 2001e）。一方，徴兵については，1985年9月にそれまでの志願兵制度から兵役義務制度に転換されたが，1985年にはこうした志願兵制度も廃止され，代わって18～30歳の男性に対して5年間の兵役義務が課されることになった。

　1991年6月にシハヌークがカンボジア最高国民評議会（SNC）議長に就任し，同年10月にはパリ協定が締結された。パリ協定が成立したことを受けて1992年3月には国連カンボジア暫定統治機構（United Nations Transition Authority in Cambodia, UNTAC）が発足し，軍事以外にも警察，行政機構構築等，包括的な平和維持活動が行われた（吉田・山本 2007: 33）。しかしKR派はパリ協定後も武装解除を拒んで和平プロセスから離脱し，その後もタイ国境の山岳地域で反政府武装闘争を続けた。

6　カンボジア王国（The Kingdom of Cambodia）
：1993年～

　1993年5月にUNTACによる第一回総選挙が実施され，フンシンペック（第一党），人民党（第二党）の連立政権が樹立された。選挙の結果を受けてシハヌークは6月に初の制憲議会を招集し，自らが国家元首であることを承認させ，国連安保理も制憲議会選挙の結果を認めて，UNTACは撤退を開始した。9月23日に新憲法が公布され，これを受けてフンシンペック党のラナリット第一首相，カンボジア人民党のフン・セン第二首相による二人首相制の新内閣が発足し（KR派は含まれていない），平和構築が行われることになった。それを定着させるために，肥大した軍事部門の「リストラ」によって社会経済開発の財源を確保する必要性が議論の俎上にの

第 2 章 内戦の中のカンボジア近・現代史

せられることになった。一方，1992 年に UNTAC が結成され兵員削減が始まった際には，4 派合わせて約 20 万人の正規軍と約 25 万人の民兵が存在し，国家財政に占める軍事部門費（そのほとんどが人件費）は 62 パーセントにも上っていた。[7]

　UNTAC 撤退後の 1994 年，カンボジア政府は「国家復興開発計画」（National Program to Rehabilitate and Develop Cambodia, NPRD）を策定し，早速，山積する問題の実質的な解決に向けて動き出した。もっとも，すでに 1992 年 6 月にはカンボジア復興国際会議（ICORC）が開催されており，復興に向けての歩みは見られたが，安保理決議によって公式にそれが認められたのである。

　カンボジア政府は，続く 1996 年には 5 カ年の国家計画である「第一次社会経済開発計画（Socio-economic Development Plan, SEDP）」を策定し，その中で国軍兵士 1 万人を除隊させ，さまざまな職業訓練を受講させる計画がつくられたが，政府の対応のまずさやモラルの荒廃から，こうした除隊兵士の社会復帰計画は結局遂行されなかった（東 2004: 331-333）。1998 年には内戦は実質的に終了し，総選挙により 11 月，第一次フン・セン首班連立政権が発足，内戦後の重要な政策課題である兵員の削減計画がようやく国家プロジェクトとして浮上してきた。そして世銀の主導の下，FAO およびオランダ，スウェーデンそして日本という五つのドナー国・機関によって CVAP 実施支援が開始されることになった。

　一方，不安定要素であった KR 派は，内部分裂や武装闘争に疲弊した同派兵士の集団投降によって形骸化し，1996 年のイエン・サリ（民主カンプチア政権の副首相兼外相）の政府への投降，1998 年のポル・ポトの死去，タ・モク参謀総長の逮捕，そして 12 月には KR 強硬派大幹部のキュー・サムファンやヌオン・チアの投降等によりほぼ壊滅状態となっていった。

I カンボジア国軍除隊兵士自立支援プログラム

7　KR 裁判と新しいカンボジア（1999 年〜）

　1999 年に入ると，フン・センを首相とする新しい内閣は，国家主要機構内における人民党，FU（フンシンペック）両党の下，20 州と 4 特別市の州知事，副知事等を任命するなど，権力分掌をほぼ完成させた。2 月には日本で第三回 CG 会議（Consultative Group Meeting for Cambodia，カンボジア支援国会合）が開催され，来日したフン・セン首相は，政治・軍事両面における改革政策を断行する決意を表明し，日本をはじめとする支援諸国は，4 億 7 千万ドルの支援実施を決定するなど，カンボジアへの支援は強化されていった。こうした後ろ盾を得て，同年 4 月にはカンボジアは正式に ASEAN 加盟をはたした。しかし，KR 裁判の取り扱い，特に軍・警察・行政改革等の諸改革，また国際社会からも度々要求される法の支配の確立，人権保護の増進など，政治・経済・社会面にわたり取り組むべき課題は多く残されたままであった。

　KR 裁判の問題はとりわけ難題であった。97 年に，当時のラナリット第一首相，フン・セン第二首相は，連名で国連に対して KR 幹部の裁判への支援を要請しており，以来，国連専門家チームが数次にわたってカンボジアを訪問し協議が重ねられてきた。その結果，2000 年 7 月に国連とカンボジア政府の間で協議内容について口頭で合意がなされ，2001 年 1 月に KR 裁判特別法が下院，上院を通過し（その後，憲法評議会決定により差し戻されるが，7 月には再度上院を通過），8 月に正式決定された。罪状は KR 元幹部らに対する集団殺害（ジェノサイド），および人道に対する罪である。一般的にこうした戦争犯罪を裁く場合，当事国に代わって国際社会が国際法廷を組織する例が多いが（国連旧ユーゴスラヴィア国際法廷，ルワンダ国際刑事法廷等），ポル・ポト派特別法廷では，当事国カンボジア側の要請を受け入れ，カンボジアと国際社会が捜査判事，検事を一人ずつ出し，裁判官の場合では外国人判事よりカンボジア人判事の方が一人多い合議構成にするなど，カンボジア主導の共同運営体制を敷いている。特別法廷は二審制で，最高刑は終身刑（禁固刑）であり死刑はない。

日本政府は，99年3月からカンボジアの司法体制の整備・向上を図る目的で，民法，民事訴訟法の起草作業および司法制度改革支援を中心とした協力を行っており（民事訴訟法は2006年7月に公布された），こうした経緯から，野口元郎検事が上級審の国際判事に任命され，またKR裁判の運営予算5600万ドル（約68億円）のうち2160万ドルを拠出するなど，人的・物的両面において主導的な役割を担ってきた。日本政府がKR裁判を重視する理由として，第一に，日本が積極的に協力したカンボジア和平プロセスの総仕上げであるという点，第二に，KR裁判が犠牲者への正義の達成に資するものであるという点，そして第三に，KR裁判がカンボジアにおける法の支配の確立となる点が挙げられている（「クメール・ルージュ裁判に対する我が国の支援」在カンボジア日本国大使館，2015年9月）。一方，カンボジア政府もポル・ポト派特別法廷を，法治国家として国際社会に歩み出すための威信をかけた重要な一歩であると受け止めていた。特別法廷は2006年7月に活動が開始され，2009年2月17日に開廷された。2007年には元ポト派幹部ら5人が拘束され，うちツールスレン政治犯収容所の所長カン・ケク・イウは，ポト派幹部として初めて禁固35年の実刑判決を受けた。犯した罪に対して刑が軽すぎるという批判も起こったが，「犯罪」という法的根拠が示された意義は大きいと受けとめられている。さらに，内戦中の犯罪を裁く方法として，当事国主導の特別法廷が担う役割についても，ポト派法定が果たした役割は，今後の国際法廷のあり方に一石を投じたと好意的に評価する声が若い世代を中心に多く寄せられた（プノンペンNGO社会開発センター副所長イム・ソフィア氏『朝日新聞』2009年2月16日）。

　カン・ケク・イウの実刑判決の後，2010年にはキュー・サムファン元幹部会議長とヌオン・チア元人民代表会議議長の最高幹部2名が，「人道に対する罪」で起訴され，2014年8月に第一審で終身刑が言い渡されたが，両被告は判決を不服として控訴した。その間にも，最高幹部のイエン・サリ被告（元副首相）が2013年に死去し，その妻で認知症のため審理が打ち切られたイエン・チリト被告（元社会問題相）も2015年に死去するなど，特別法廷立ち上げ当初から懸念されていた時間との闘いが現実味を増していた。

I　カンボジア国軍除隊兵士自立支援プログラム

　ポル・ポト派特別法定の第二審（上級審）は2016年11月23日に開かれ，「人道に対する罪」に問われたキュー・サムファン元幹部会議長と元最高幹部のヌオン・チア元人民代表会議議長に対し，両被告の控訴を棄却した。特別法廷は二審制であるため，これにより最高刑の終身刑（無期禁固刑「クメール・ルージュ政権元幹部に対する最高審判決について」外務省談話）が確定した。元最高幹部への確定判決は初めてであった（「産経ニュース」2016年11月23日）。

　一方，「大量虐殺の罪」に関しても起訴されていたキュー・サムファン元幹部会議長は，2017年6月23日，カンボジア特別法廷（ECCC）に出廷し，改めて起訴内容を否定した。公判では100人以上の目撃者が当時の状況について証言したが，サムファン容疑者は殺害や虐殺に対する責任を一切否定し，「知らなかった」と述べるなど，裁判への対抗姿勢を崩していない（AFP，2017年6月23日）。

第 3 章　研究の枠組みと方法

　開発途上国の社会政策の研究方法に関しては，ミッジリィによる表象理論，解釈理論，規範理論という三つの分類が知られている（MacPherson and Midgley 1987: 93-107）[1]。

　表象理論とは，現象を描写して概念化するものであり，もっとも基本的な理論とされる。たとえば，社会政策の現状，法律等に関する状況等を記録する方法等がこれにあたり，現地調査に基づくおびただしい量の報告書や事例研究書の蓄積がなされている。

　一方，規範理論とは，特定の基準をもとにして出来事を評価するものである。表象的研究をもとに，開発途上国の社会政策整備のために社会政策の知識を活用するアドヴァイス的研究，および社会政策の適用結果を分析する評価研究という二方向の研究方法がある。規範理論に基づいた研究としては，JICA，ADB，ユニセフ，世銀などの取り組みとその報告書類がこれに相当する。

　これに対して解釈理論は，ミッジリィの分類では分析的研究と同一概念ととらえられており，特定の事象がおこる理由を仮説を立てて検証するものである。すなわち社会政策が対象としている社会問題や社会福祉の諸事象を，抽象的・理論的に説明する方法である。そしてミッジリィは，開発途上国の社会政策研究でこうした理論に基づいた分析的研究はとくに未熟であり，その理由として，「理論分析を組織的に行う強固な理論体系が欠如」しているからではないかとしている。本書はミッジリィの指摘を踏まえ，組織社会学の理論に依拠して，CVAPに内在する問題を仮説を立てて議論し，展開していこうと試みるものである。

　開発政策の分析に関する論文や文献の多くは，マクロ，メゾ，ミクロと

I カンボジア国軍除隊兵士自立支援プログラム

いう三つの視点から問題点を分析し，考察を重ねていくという方法論がとられている（国際協力総合研修所 2005a: 付録17-18）。その設定はマクロを国家（中央）レベル，メゾを地域社会レベル，そしてミクロを住民層レベルとするもので，それぞれのレベルの戦略が評価シートによって把握される仕組みである[2]。評価シート分析はそれぞれの問題点を明らかにし，対応を導き出す方法として有効であるが，結果として三つのレベルの連携が必要であるという結論に終始するものが多く，導き出された問題点を重層的な視点から議論する理論構造を欠いていた。それがミッジリィの指摘する，抽象的・理論的に説明する方法論の欠如である。

では，どのような理論によって，重層的な視点を持ちこむことができるだろうか。本書では E. フリードベルグの組織社会学の分析手法を援用し，CVAP を一つの組織体ととらえ，マクロ，メゾ，ミクロという三つの水準に分類することからはじめる。そしてこの三水準の位置を操作することによって仮説を導き出し，理論によって論証していくという方法を採る。ここでは仮説は，先行研究に対するアンチテーゼとして議論されるのではなく，「システム」，すなわち「政策策定者」の側からの視点と，「行為者」すなわち「政策対象者（除隊兵士）」の側からの視点という二つの視点の対立，ずれ等によって導き出される。それは仮説であると同時に論証されなければならない確固とした根拠をもつ課題でもある。そして，この解明にあたっては，フリードベルグの「戦略分析」をもとに，政策に対する当事者の対応を，戦略分析における構造化された場（除隊兵士の生活の場）での「合理的な選択＝戦略」として把握することにする。それによって，除隊兵士の対応（年金受給権を売り渡す行為等）が，生き残るためには合理的であったことが立証され，政策の「失敗」（政策立案時に当然にして予期可能であった）が論証されるという試みである。

「戦略分析」における「制約された条件下での合理性」を追求する個人という構図は，なぜ，ある政策，ある社会計画がうまくいかなかったのか，あるいはなぜ成功したのかという原因を，組織論的に解明する際の重要な分析枠組みとして，これまでも社会科学の分野で援用されてきたが，そこで想定されているのは，民主主義が根づいた成熟した市民社会であった。

しかし，たとえ舞台が開発途上国に移ろうとも，そこには明らかに社会のシステムがあり，それに対峙する行為者がおり，さまざまな問題が生じている。本書は，この基本的な構造に基づいて議論を展開していく試みである。

1　戦略分析の枠組み

　戦略分析においては，個人は所与の条件の中で「制約された合理性」に基づいて行動すると考えられている。その行動をCVAPの構造の中でどのように把握し，位置づけていけば良いだろうか[3]。

　舩橋晴俊は，フリードベルグの理論をもとに，社会政策における計画の組織過程を分析することでその成功や失敗のプロセスを解明することが可能であるとし，日本とフランスの新幹線建設過程の比較を行い，その分析を通して社会制御の成否のメカニズムを提示している（フリードベルグ 1989: 61-66; 舩橋 1990: 305-306）[4]。本書で対象としているCVAPは，舩橋の扱う現代社会の会社組織や官僚制とは，その組織の複雑性，および自由な意思決定のできる個人の存在という文脈などにおいて異なる部分があることは否めない。しかし，CVAPは単純な組織構成であるとはいえ国家政策であり，また除隊兵士個々人も限定された空間（クロジエらの言う「構造化された場」）において自由に行動する主体である。そうした視点を踏まえ，まずCVAPを構成要素に分け，それぞれの概念とそこから導き出される仮説を提示していくことにする。

2　分析の手法

　戦略分析の基本的発想は次のように要約できる（舩橋 1990; フリードベルグ 1989: 54-55）。
　I　組織の中の個人は，一定の制約条件の下におかれた存在であると同時に，一定の自由を持つ行為者として把握される。しかし諸個人は，彼／彼女（以後，彼に統一）を取り巻く状況に常に制約されている。つ

まり彼の行為は「構造化された場」の中で規定されている。しかし彼はその中では一定の「自由な選択範囲」を持っているのである。
II 　諸個人は，この「自由な選択範囲」を利用しながら，それぞれ「合理的戦略」を追求している行為者である。ここでいう「合理的」とは，当人の利害の追求にとって適合的であるという意味である。
III 　ある行為者の持つ「自由な選択範囲」は，しかし他の行為者にとっての「不確実性の領域」を構成している。ある行為者にとっての「不確実性の領域」とは，特定の確実な状態を想定できないような領域のことであるが，その不確実性の源泉の多くは他者の意思や行為への依存状態である。
IV 　「自由な選択範囲」と「不確実性の領域」を権力関係の文脈において考察すると，意思決定の実質的あり方の問題が浮上する。しかし，どのような権力関係にある下位者においても「自由な選択範囲」は消失しないのであり，上位者は万能の行為者ではない。上位者は常に下位者の協力と善意に依存している。つまり，下位者はどこまで積極的に協力するかに関して「自由な選択範囲」を持ち，それゆえに上位者に対して一定程度の「不確実性の領域」を操作し，一定程度の交渉手段を持つ。このように，権力関係とは一方的な命令の関係ではなく，上位者と下位者の間での動態的な勢力関係である。

以上から，CVAPを検証する際の，行為者とシステムの関係性の視点が導かれる。主体（行為者）の行為はシステムとの関係において常に制約され，その選択肢が限定されるのである。

3　三水準による概念化

次に，CVAPの構成要素がどのような連関で成り立っているのかを検証してみよう。CVAPはすでに述べてきたようにDDR政策であり，武装解除，動員解除，社会再統合の3過程より成っている。それら個々の構成要素が全体の中でどういう水準としてとらえられるのかを把握することによって，政策上の問題点がより明確になる。さらに各水準相互の関係を意

図的に操作することによって，政策を議論する際の複数の視点を導き出し，命題を導き出すことができる。水準とは「社会体制」「基本制度」「個別計画」ととらえることができる（舩橋 1990）。

まず「社会体制」レベルの制御である。これは社会全体のもっとも基礎的な意思決定枠組みの形成，維持，変革に関わる制御努力であり，「マクロ」の位置づけに相当するものである。それらは，政治的・行政的決定権に関わる基本的枠組み（憲法，行政，立法，司法の諸制度），経済的決定権に関わる基本的枠組み（生産手段の所有形態，市場と計画のそれぞれの範囲等），そして言論，学問，芸術，教育等の文化的決定権に関わる基本的枠組みから成り，この各々の基本的枠組みをどう構成するかということが中心的課題となる。そしてこれらの基本的決定権の配置が社会体制を定義する。

これに対して「基本制度」レベルの制御システムにおける制御努力とは，社会のそれぞれの機能的諸分野に関わる基本制度の形成・運営・改革に関わるものである。ゆえにマクロと比べいっそう具体的な内容に関わるもので，「メゾ」レベルの位置づけとする。

そして「個別計画」レベルの制御努力とは，もっとも具体的な，固有名詞つきの「ミクロ」な制御努力のことである[5]。一つの基本制度の下では多数の個別計画が同時並行で推進されるが，各個別計画は，それぞれが存在するミクロ的社会状況の固有の諸条件を反映して多様な姿をとるものとここでは考える。

以上のように導き出した概念をCVAPに援用して考えてみると次のようになる。

① 武装解除は国防省の管轄であり，マクロな「社会体制」の部分にあたる。この武装解除のプロセスは外部者が立ち入ることのできない領域である。そしてここでCVAPのもっとも根本的な問題点につながる，「誰が除隊されるのか」という除隊兵士の選別と登録と武装の解除が行われる。言い換えればCVAPの基本的計画全体の統括部分である。

② 次に「基本制度」に該当するのは，除隊が完了するまでの過渡期の状態である。そこではCVAPの基本計画に基づいて動員解除が行わ

I カンボジア国軍除隊兵士自立支援プログラム

れ除隊パッケージなどが交付される。
③ 「個別計画」は，その後，除隊兵士が地域へ帰還し，社会に再統合されていく過程である。兵士個々人に関わるミクロな部分である。

以上のように，CVAP を三水準によってとらえる視点を提示してきたが，それらはそれぞれの文脈において上位概念と下位概念の関係として相互に作用し，制御するシステムとなる。すなわち「社会体制」「基本制度」「個別計画」の関係は固定的なものではなく，例えば「社会体制」と「個別計画」の関係，「基本制度」と「個別計画」の関係，あるいは「基本制度」と「社会体制」というように，その位置を変えていくことで，つまり重層的視点を持ちこむことで，制御関係が変化する。

言い換えれば，制御関係は社会，あるいはその一部を制御するシステムであり，それは制御主体，制御目標，制御手段，制御対象，制御努力の総体である。そして制御主体は，ある制御目標を達成するために，制御手段を駆使しながら，制御対象たる人々や諸組織に働きかけ，制御努力を展開していく（舩橋 1990: 308-309）。しかし制御システムの相互関係をとらえるには，それぞれの水準における主体の行為が介在していなければならない。

次に，CVAP に三水準の概念化を援用するにあたり，各水準における「行為者とシステム」の関係から次の問いを立て検討してみよう。

問1　マクロ水準の制御努力の優劣は，ミクロ水準の制御努力にどのような「傾向的な成功」と「傾向的な失敗」を生み出すのだろうか。

本書ではこの問いを以下のように展開していく。

方法1　「社会体制」に対する「個別計画」の視点から検証する。マクロ段階（武装解除）での除隊兵士の選別が，ミクロ段階（社会再統合）における問題点につながってくるのではないだろうか。除隊兵士の選別はどうであったのか。ここからは仮説(1)が導かれる。

方法2　「基本制度」に対する「個別計画」の視点から検証する。マクロな段階の制御努力を「基本制度」（動員解除）の段階で除隊兵士に一律に

与えられる STP（技能訓練）であると考える。STP は，しかし受講する兵士の個別の属性に配慮したプログラムではなかったのではないのか。したがってこれが「傾向的な成功」「傾向的な失敗」を生む原因になったのではないか。これは仮説(2)において議論していく。

　方法3　「社会体制」に対する「基本制度」の視点から検証する。武装解除の段階において，障害がある兵士，あるいは若いが土地がない兵士たちを除隊させるにあたって，はたして国家政策としてのプログラムは十分であったのか，という社会政策の問題を仮説(3)において議論する。そこからは「傾向的な失敗」を生み出す根拠として，「合理性の背理」というメカニズムが提示される。「合理性の背理」とは個々の除隊兵士がそれぞれの帰還した村などにおいて短期的「合理性」を追求して行為することの累積的な帰結が，CVAP の政策全体から見た場合に，非合理的な帰結を生み出すことを指す。先行研究において「兵士の脆弱性」としてとらえられている問題であるが，そうではなく，各兵士の立場からとらえた場合には「合理性」を持っていたのだという論点から議論するものである。

　ここで，制御システム相互の関係を加えて考えてみるとどうであろうか。先に見てきたように，上位の制御システムは下位の制御システムに対し，さまざまな手段や可能性や制約を提供し，それによって下位システムの諸主体の行為はたえず影響されることになる。この影響を制御の成否という点に関係づければ，「傾向的な成功や失敗」が「偶発的」なものではないことが見出されるのではないだろうか。

　もとより，行為者は一定の「自由」をもつ人間であるから，諸主体は「構造化された場」の中で行為するとはいえ，常に「自由な選択範囲」を持つ。したがって上位の制御システムの水準で下位の制御システムの規制を求めたとしても，必ずしも下位の水準でそれが決定されるわけではない。個々の行為者にとっては主体性を発揮すべき領域が常に存在するのである。このことは一つの社会体制の中でも基本計画策定の方法は多様に存在し，さらに下位の個別計画にあっては相当の選択の余地があることによって説明されるものである。

I カンボジア国軍除隊兵士自立支援プログラム

<u>問2 次に，問1に対する反証として複数の水準の制御努力の関係を，「マクロ水準の制御努力はミクロ水準の制御努力を完全には決定しない」という側面において検証する。</u>

つまり，下位水準の自律性という，当初のCVAPの計画にはなかった概念が，傾向的失敗を補完するべく自生的に立ち上がってくることによって説明されるのだが，本書はこれを以下より検証する。

方法1 「社会体制」「基本制度」に対する「個別計画」という視点から検証する。

被制御主体である除隊兵士や村人，そして地方自治体の努力によってソーシャルネットワークが構築され，その共同利害が，貧困に窮する除隊兵士を独自の方法によって救済するシステムとして動き出している事実がこれにあたる。これこそが，マクロの制御を受けない資源の創出である。こうした動きは舩橋の「合理性の調和」という知見によっても説明される（舩橋 1990）。「合理性の調和」とは，ミクロ的な短期的合理性の追求が，マクロ的，すなわち長期的にも合理的な帰結をもたらすことをいう。本書では第10章において，地域におけるソーシャルキャピタルとしてのチャク・チュウ・ニィアン・コミューンを取り上げ，ミクロ水準の持つ自律性の意義を検討するが，仮説(3)においても，このことを同時に議論していく。

4 仮説の設定

三水準の概念化により，問1「マクロ水準の制御努力の優劣は，ミクロ水準の制御努力がどのような『傾向的な成功』と『傾向的な失敗』を生み出すのか」，問2「マクロ水準の制御努力はミクロ水準の制御努力を完全には決定しない」という二つの論点から，CVAPを構造的にとらえる方向が導かれた。そこから，文脈に沿って以下の仮説を設定する。

CVAPは社会・経済開発の課題解決を目的に計画された除隊計画であ

第3章 研究の枠組みと方法

るが,一般に除隊計画には二つの種類があるとされている。積極的動員解除——すなわち「リストラ」だけでなく,退役兵士に職業訓練を施し,疲弊した国家の生産性を向上させるもの——と,消極的動員解除,すなわち「リストラ」そのもの——高齢者と病弱者を真っ先に除隊させ,軍事費の増大を抑えて財政と軍の規律を維持するもの——である。当初のDDR計画では,軍事費の削減と退役兵の社会復帰が同等の重要性を持つ積極的動員解除であった(第1章第1節(4))。しかしカンボジア政府には国軍機能を維持するという大義があり,そこから,「軍籍がありながら実際には戦力として機能していない兵士」を除隊させることがCVAPの目標へとすり替わっていったと考えられる。そしてそれは,世銀を中心とする支援ドナーにとっての「弱者支援および貧困層支援」の考え方とも軌を一にするものであった。つまりCVAPは消極的動員解除を内在化させた「積極的動員解除」であったと考えられよう。

仮説(1)はこのこと,すなわち「除隊兵士とは誰か」を問題とする。

<u>仮説(1) CVAPはDDR計画として整合的な戦略であり,リストラを意図して行われたものではない。</u>

これはCVAPによる除隊が「リストラ」であるとする先行研究に対する反証である。東論文が提示する「除隊兵士の疾病への罹患率の高さ」「障害の多さ」などの詳細なデータは,検証の際の重要な要因として採用するが,そこから導き出される「内部の最悪部分」の「リストラ」とする点に関しては,果たしてそう結論できるのか否かを議論していく。ただしこれは本書で議論する第一次除隊に限定した議論である。2008年に第一次除隊が完了した後,続いて第二次除隊がカンボジア政府の主導で行われているが,世銀やドナー国・機関などの支援体制を持たないがゆえに社会再統合のための財源も計画もなく,除隊する兵士たちはまさに,軍隊で用をなし得ない人材として解雇されている。この第二次除隊の事例は第7章で取り上げている。

仮説(2)はCVAPの問題点である「除隊兵士の自立支援の失敗」，すなわち除隊兵士の「貧困への転落」に焦点をしぼり，検証する。

<u>仮説(2) 「除隊兵士の自立の失敗」すなわち「貧困への転落」は，「兵士の脆弱性」の問題ではなく政策の問題である。</u>

社会再統合が成功するか否かは個々の兵士の「自立」の成否にかかっているが，この「自立支援」政策が持つ負の側面，すなわち「自立」できなかった者を，「脆弱」として個人の資質に帰する見解に対して，本書は，聞き取りから得られた証言によって，脆弱性を個人の資質に帰する見解の危険性を指摘する。次いで問題は除隊兵士の側のニーズや社会環境等がCVAPの計画段階で熟考されず，計画に生かされなかったところにあるとして論じていく[7]。

仮説(3)は，「自立」が成功している除隊兵士とそうでない除隊兵士の違いに焦点をしぼる。

<u>仮説(3) 「自立」が成功している除隊兵士とそうでない除隊兵士の違いは，ソーシャルキャピタル（社会関係資本，SC）の有無である。</u>

違いが何から生じてくるのかを，フィールドでの対話による聞き取りによって明らかにしていく。ソーシャルキャピタルの有無という新たな問題に関しては，第Ⅲ部においてさらに展開する。

5　調査

(1) 調査方法

除隊兵士の技能訓練，および社会再統合の調査は2007年7月，8月の2カ月間，シアムリアプ州において行った。まず，第一次除隊兵士の社会復帰のための技能訓練（Skills Training Program, STP）参加者に対する構造

化されたアンケート調査を，バンテアイ・チェス小学校（シアムリアプ州）の教室を 4 教室借り切って 1 クール 5 日間の集中講義方式で，第一次（参加者 47 名），第二次（参加者 79 名）と分けて実施した。この技能訓練がシアムリアプ州では第 1 期最終の訓練であった。参加兵の多くは元ポル・ポト派の兵士である（リューク氏〔シアムリアプ州社会省〕から聞き取り，2007 年）。技能訓練参加予定者は 188 名であったが，実際に参加したのは第一次，第二次合わせて 126 名で，参加率は約 67 パーセントであった。

技能訓練受講生 126 名への一般的な背景調査とは別に，元ポル・ポト派兵士らを含む戦闘体験を持つ兵士 61 名に対し，面接と半構造化されたアンケートによる調査を行った。さらに，それらと並行して，除隊後 3 カ月以上になる兵士を自宅にたずね，現状を把握するための対話式の調査を行った。この現地調査に参加したのは，筆者の他に地方（シアムリアプ市）公務員で STP の調査も担当している担当官，運転手，カンボジア語通訳，そして JICA の現地専門家である。名簿を基に現地をいきなり訪ねる方法で，2 カ月間のうち延べ 5 日間をかけて集中的に行った。シアムリアプ州の北西に位置するヴァリン郡とアンコールトム郡の田舎は，道路もなく地番も不明確であるので，適宜現地の地理にくわしい人にも同乗してもらった。当初 11 名の名簿を得てそれぞれの自宅をたずねたが，住所不明，転居，不在などのため調査できたのは 7 名であった。転居，不在は「負」の要因として考えられるので，そのように処理した。

なお聞き取りのあいまいな部分の確認調査は 2008 年，2009 年に行い，加筆，修正した。さらにその後 2011 年に，2007 年当時に小学校で STP を受講していた兵士たちのその後の状況について追跡の聞き取り調査を行い，社会再統合プログラムの成否を検証した。

第Ⅲ部で扱う RS（リファラル・システム）に関しては，2007 年の調査時にはすでに活動は行われていなかったため，RS の創設から関わった多田氏からの聞き取り（2006 年，2007 年）を中心に，シアムリアプ州の社会省，女性省などの関係者に聞き取りを行い再構成した。

RS の方法論と理念はその後もカンボジア政府によって引き継がれ，プノンペン市近郊などで除隊兵士貧困支援活動として，主にコミューンなど

I カンボジア国軍除隊兵士自立支援プログラム

地域共同体を中心として展開されている。開発途上国における貧困救済のための内発的発展として重要であるので，この現状に関しては2009年2月に調査を行い，確認して記載した（プノンペンの国防省年金課〔ボラ氏〕での聞き取り調査，2009年）[8]。

(2) 調査の限界

本書ではカンボジア側から提供される資料をもとに，除隊兵士の証言や面談調査などをふまえ検討を行ったが，資料がはたしてどこまで信頼できるのかがまず問題であった。2008年，2009年にさらに全体の現状を調査し補捉が可能となったが，数値の相違などをどのように考えたらよいだろうか。

資料は国家機密にあたるということでコピーが得られなかったため，手書きのメモおよび世銀，ADBのデータ，デンマーク大使館発行のカンボジア調査報告書によって再構成したものを用いた（*The Atlas of Cambodia*, 2006）。これらに加え，東，多田の先行研究，および天川の農村調査による土地所有と貧困研究，四本のカンボジア行政関係の研究，佐藤奈穂の女性世帯主に焦点をしぼった村の分析，『プノンペンポスト』などのジャーナルによる報道も傍証として積極的に採用した。こうして背景を丁寧に立ち上げることで，CVAPの構造をかなり明確にすることができたのではないかと考える。

もう一点，限界点として指摘しておきたいのは，クメール語を専門としない筆者の聞き取りの際のクメール語表記の問題である。後日，カンボジア人の有識者らに確認を行ったが，コミューンや村の名称に関しては，現地の人にしか把握されていないものもあり，さらに発音とつづり方に相違が見られるなど正確な情報収集は困難であった[9]。

通訳を通して聞き取りを行う際の，細部にわたる把握の困難も問題であった。各家をスタッフらと訪ねて調査する際，調査者の質問内容は，カンボジア人通訳がまず英語をカンボジア語に訳して伝えるが，強い方言や警戒心などもあるため，参加してもらった現地の村人に，適宜，仲介を依頼した。調査者側のねらいとしては，ストウファーらがアメリカ兵の調査に

おいて，黒人兵の聞き取りには黒人のスタッフをあてるといった配慮を意識的に行い最大の効果を得ようとした方法によったものである（Stouffer et al. 1949: 93-103）。しかし彼らの間での会話ははずむものの調査者側にはその詳細が届いてこないというもどかしさがあった。後日テープを起こし，カンボジア人スタッフの助けを得て再現したものを仮説(3)での対話として構成した。

　126名の技能訓練受講生への聞き取りは，受講生が受講登録のために教室に入室する際に，2名1組の2チームで行われたものである。識字率が低いため自計式のアンケートは無理なので，項目に沿って聞き取る他計式とした。対象は参加受講生全員である。受講生は早く教室に入ろうとするので時間の余裕のある調査とはいかず，それが対象者の回答内容に反映している。年齢不詳，障害内容不詳も多くあったが，そのまま記載した。たとえば，老齢でカテゴリー2に分類されている者が51歳（「老齢」は56歳から）などというような回答もあった[10]。彼は登録手続きかアンケート調査かのどちらかで嘘をいっていることになるが（あるいは本当に知らない場合もある），これもそのまま記載した。また家族構成に関しても，あいまいな答えや家族の一部についてしか言及しない（職業など）回答も多かった。これは調査する際に地方公務員も立ち会ったことによるかもしれない。年金の売却や質入などは，実際にはさらに多いといわれているが，ここでは「年金が有るか」という問いに対する答えをそのまま記載した。

　このような限界点があることをふまえつつも，本書では，すべて有効回答として分析俎上に載せている。

II 事例分析

　動員解除された元・兵士たちはどのように生活をしていこうとしていたのであろうか。除隊兵士は社会再統合政策にしたがい，まず除隊時の登録地域にもどり，そこで再出発するための技能訓練を受講する。除隊兵士の登録地域は，未婚兵士については主に出身村だが，既婚兵士の場合は妻の居住する村であることが多い。

　第II部では，その受講時の現況を調査し，生起するさまざまな問題点を検証する。さらに，技能訓練をすでに終え地域で生活を始めている元・兵士を対象に，聞き取りを行い，持続可能な自立生活，および再び貧困に陥る可能性の有無を分析する。一連の調査の背景にはカンボジアの貧困問題がある。とりわけ除隊兵士たちが帰還するシアムリアプ州の村の貧困は苛酷である。その様相を周辺諸国との比較，地域ごとの相違から浮き彫りにし，126名の除隊兵士の声に耳を傾けてみよう。

受講受け付け風景

除隊証明書

第4章　カンボジア社会の概観

1　カンボジア社会の概観

　カンボジアは，東側はベトナム，西側はタイ，北側はラオスに接する広く平坦な土地と豊富な水資源に恵まれた農業国である。国土面積は約18万平方キロメートルとほぼ日本の面積の半分に当たり，国土面積の40パーセントにあたる標高30メートル以下の平野部に人口の約87パーセントが居住している。国土の中央をメコン川が南北に流れ，北西部の中心には巨大なトンレサップ湖を擁する。メコン川には複数の河川が流れ込んでおり，その複雑な水利系のおかげでメコン川流域は世界でも有数の漁場となっている。メコン川はまた重要な交易路として古くから栄え，アンコール王朝の繁栄をも支えてきた。

　気候は熱帯モンスーン気候地帯であり，季節は大きく6〜10月の雨期と11〜5月の乾期に分かれ，もっとも暑い時期の3〜5月には日中の気温が40度に達することもまれではない。トンレサップ湖では雨期にメコン川が増水してトンレサップ川に流れ込む影響で，湖の規模が3000平方キロメートルから3倍の約9000平方キロメートルに拡大する。それに伴って住民は筏で組んだ住居ごと，あるいは船ごと移動をくりかえす生活様式である。土壌は赤土の粘土質で肥沃とは言えないが，地勢が比較的平坦であることから耕作には適しており，高温多湿の気候も手伝って生産性は高い。さらに，平坦な大地はインフラの発達にも適しており，パリ和平協定（1991年）後は，各国の援助を受けて道路，電力，上下水道等の整備，改修工事が進められている。森林は生態学的に多様性に富み，天然資源と

して貴重である上，農村部にとっては生活手段としても重要な役割を果たしている。さらに，近年はエコツーリズムの需要があり，観光資源としても注目されている。

民族的には人口の大半（約96パーセント）がクメール人であり，人種的均一性が高く，公用語もクメール語である。クメール人以外の4パーセントのうち，タイ人とクメールイスラム（チャム人）が全体の2.2パーセントを占め，他は中国人，ベトナム人，そして山間部に居住する少数民族となっている。国民のほとんど（95パーセント）が上座部（小乗）仏教を信仰しており，篤い仏教国として知られる。

カンボジアの人口は1560万人であり，年平均人口増加率は1.6パーセントである。合計特殊出生率は2.7と増加率は高いが，乳幼児の死亡率が高いため，平均寿命はそれぞれ66歳（男性），70歳（女性）となっている（UNFPA, 2015年）。総人口のうち，約85パーセントは農村部に居住しているが，近年は豊かな観光資源を生かした観光業が盛んで，収入も高く安定的であることから，都市部への流入現象が引き起こされている。

経済的には，カンボジアは長い内戦を経て近代国家への道のりを歩んできた歴史からもわかるように，政治・経済ともに開発途上国に分類され脆弱性をもつが，とりわけ経済の遅れは甚だしい。その軌跡を経時的に概観してみよう。

1954年に独立を果たした後，シハヌーク国家元首の下で1960年代には食料自給を達成し，コメやゴムの輸出も行うなど，中国の自力更生経済に倣ってカンボジア版自力更生路線を遂行していたが，60年代半ばにはしだいに行き詰まり，経済危機が深まっていった。これを脱するべく成立した70年代のロン・ノル政権時には，紛争と混乱によって国土はさらに荒廃し，家畜などの生産手段も失われ，農業や漁業の担い手である労働人口も減少した。ロン・ノル失脚後政権を掌握したポル・ポトの時代には，カンボジアの経済は壊滅的な打撃を受け，また内戦によって社会経済インフラ施設が破壊されるなど，極端な人材不足と膨大な開発需要を抱えることになった。国家として"グラウンドゼロ"の状態に置かれたのである。1979年，ヘン・サムリン政権時代になると，カンボジアの経済はようや

II 事例分析

く復興し始める。同政権は 1985 年に中央計画経済から市場経済への移行に着手し，89 年には土地の個人所有，100 パーセント外資企業の設立を認め，90 年からは国営企業の民営化を開始する等，市場経済化を急速に進めていった。さらに，91 年のパリ和平協定後に UNTAC が設置され，大量の米ドルが流入したことも経済活動を一挙に拡大させ，結果として市場経済化を促進することにつながった。こうした好循環をうけて，1993 年の総選挙による和平成立以降は高水準の経済成長がスタートし，1994 年から 1996 年にかけて年平均 6.1 パーセントの実質経済成長率を達成した。その後アジア経済危機による落ち込みはあったものの，1998 年の新政権樹立による政治的安定を得て，経済成長率は上向きに推移しており，1999 年には 6.9 パーセント，そして 2000 年以降も 5.5 パーセント (2001-2002 年) など 5 パーセント台の経済成長を維持している (World Bank 2004c)。

この期間の主な成長要因は，主要生産品目である米の生産量の増加，外国直接投資による多数の縫製工場の設立，建築業および通信部門の成長，そしてシアムリアプ州にあるアンコール遺跡群による観光産業の発展等が挙げられる。とりわけサービス部門の伸びは著しく，2003 年の SARS（重症急性呼吸器症候群）による一時的な落ち込みはあったものの，2004 年には 9.5 パーセントと，他の部門を引き離す成長を示している。

こうした高い経済成長を背景に，カンボジアは 2004 年，後発開発途上国として 2 番目の世界貿易機構 (WTO) 加盟を果たし，さらに，翌 2005 年には，経済成長率 13.4 パーセントと 2 桁成長となるなど，著しい経済変容を体験するまでになった。その後，世界的物価高騰の影響を受け，2008 年のインフレ率は上昇したが，2009 年は 5.3 パーセントと落ち着いた。金融危機の影響については，縫製品輸出，観光業，建設業，ODA および直接投資に顕著な影響を及ぼしたが，現在はやはり経済成長率 6.7 パーセント（2010 年）と落ち着きを取り戻している（外務省 ODA 報告「カンボジア国別調査報告書」2012 年 http://www.mofa.go.jp/mofaj/area/cambodia/kankei.html）。

しかし同時に，埋設されたままの地雷や衛生面の問題，インフラの未整備など多くの長期的な課題も抱えており，依然として東アジアでは最も貧

困率の高い国という位置づけは変わらない。

2 カンボジアの貧困

　カンボジアの貧困は，農業依存の開発途上国に見られる恒常的な貧困とともに，長期間にわたる内戦を経た紛争終結国特有の貧困が加わり複雑な様相を呈している。それは膨大な軍事費支出による国家予算の枯渇，教育の質の低さ，乳幼児死亡率の高さ，そして周辺の東南アジア諸国と比較しても際立って低い識字率などによって説明される。新政権発足後，政府は貧困指標および不平等指数の測定に有効な調査として，1993〜94年，1997年，1999年と3回にわたる調査（カンボジア社会経済調査，CSES）を実施し，都市部，農村部等の貧困の程度を客観的に把握し，第一次社会経済開発計画（SEDP I）を策定した。長期的な開発課題としての貧困削減政策はこうして実施されることになったのである。

　SEDP I は経済成長よりも社会的弱者救済といった社会政策を重視したもので，貧困層の90パーセントが居住する農村部に重点をおいて開発プログラムが策定され，ドナーの援助を受けつつ農村開発のための組織作り・強化，農村インフラ整備，農業開発，振興などのプロジェクトを行うことなどを目的として取り組まれた。続いて2001年から2005年を対象とする第二次社会経済開発計画（SEDP II），および貧困削減戦略書（PRSP）が策定された。SEDP II には人口抑制，貧困層の教育および保健へのアクセスの改善，村落レベルのインフラおよびサービスの拡大等が盛り込まれており，その貧困削減策は CVAP の社会再統合計画に生かされることになった（国際協力銀行 2001）。しかし，カンボジアの貧困は都市部と農村部という地理的な格差問題と，圧倒的な農業部門の収入の低さという構造的な問題をはらんでおり，解決の糸口は見えないままである。

　表4-1はカンボジアを含む東南アジア近隣国の貧困率を比較したものである。ただし，付記しているように，「貧困」の定義は国により異なり，また当然考えられる都市部と農村部の貧困の偏りも表からは読み取れないため，ここでは共通の定義である「1日1ドル以下で生活している国民の

II 事例分析

表4-1 東南アジアの貧困率比較

	貧困率(%)※			1日＄1以下で生活する人口の割合(%)
	合計	都市部	農村部	
カンボジア	34.7	不明	不明	18.5
ラオス	32.7	不明	不明	28.8
ミャンマー	26.6	20.7	28.4	不明
タイ	9.8	4.0	12.6	0.0
ベトナム	19.5	不明	不明	8.4

出所：ADB（2007）より筆者作成
※ 貧困率は国ごとの基準によるので正確な比較はできない。ADBの資料は，国によっては「公的な貧困線の基準がない」あるいは外部の非政府支援機関が「情報をデータとして入力していない」ことなどを指摘している（ADB 2007: 118）。しかし，およその傾向を知ることはできる。

割合」に着目してみる。それによれば，カンボジアは隣国ラオスに比べれば大幅に低いものの，タイ，ベトナムなどと比較した場合，その割合はやはり高く，貧困の削減は最優先の課題であることがわかる。

次にこれらの問題を含めてカンボジアの貧困の実態について検証してみよう。カンボジアの貧困に関する既存文献のうち初期のものとしては，カンボジア王国成立後の連立政権下に行われた1993年，および1994年の社会経済調査によるデータをもとに作成された"A Poverty Profile of Cambodia"（Prescott & Pradhan 1997），および1997年の社会経済調査に基づいて内容を更新した"A Poverty Profile of Cambodia 1997"（Ministry of Planning 1998）の2点がある。ここでは「所得貧困」が指標として用いられている。「所得貧困」とは，それ以下では生存が脅かされるさまざまな財（食料，衣料，家屋等）の消費水準（あるいはそれを実現する実質所得水準）を示す貧困ラインを設定し，その貧困ラインに達しない個人あるいは世帯を「貧困層」と定義することによって把握される「貧困」を指す（天川 2001c: 56）。そして上記の資料は，このように定義される貧困が，現在，カンボジアではどの程度存在し，どのような社会経済的特徴を有しているかという点について検討を加えたものである。この結果をふまえ，1997年社会経済調査によって得られたデータをさらに積極的に活用しながら作成されたのが"Cambodia Poverty Assessment"（Ministry of Planning,

表4-2　カンボジアの貧困率

地域	居住人口の割合	人数指数[※1]		貧困ギャップ指数[※2]	
		居住人口のうち，貧困ラインを下回る人口の割合（％）	貧困全体に対する寄与度（％）	指数（％）	貧困全体に対する寄与度（％）
プノンペン	9.9	11.1	3.1	2.2	2.5
その他都市部	10.7	29.9	8.9	7.5	9.2
農村部	79.4	40.1	88.1	9.7	88.3
全体	100.0	36.1	100.0	8.7	100.0

出所：Prescott & Pradhan（1997）および Ministry of Planning（1998）より筆者作成
[※1]　支出が貧困ラインを下回っている人数によって，貧困の出現度を測る指数
[※2]　支出が貧困ラインを下回っている人々の，その下回っている程度の平均値によって，貧困の深刻度を測る指数

Royal Government of Cambodia, 1999）である。これらの資料はいずれも1998年の新政権発足とそれに続くカンボジア国軍除隊兵士の問題の顕在化と時を同じくしており，除隊兵士が「再び」貧困に陥るという際の「再び」を説明する資料として適切ではないかと考えられる。

　資料から見えてくるカンボジアの貧困の概要は上の表のようになる（表4-2）。調査は全地域を網羅したものとはなっていないため，これによってカンボジアの貧困を断定的に語ることはできない。しかし，居住人口の割合で見れば，約8割が農村部に居住しており，先に述べた，カンボジアの全人口の約8割が農業に従事しているという事実をうまく代表し得る資料だと考えられる。その農村部居住者の約4割が貧困層である。さらにその貧困の深刻さは貧困ギャップ指数によって数値化されている。プノンペンと比較すると，農村部の貧困の深刻さが際立っていることがわかる。さらに貧困全体に対する寄与度を見ると農村部は人数指数で88.1パーセント，深刻さを示す貧困ギャップ指数での寄与度も88.3パーセントと突出している。以上から，貧困層と見なされる人々の大部分は農村部に居住しており，その貧困の程度も相当深刻であると考えられる。

　ところで社会経済調査が根拠としている「貧困」の指標とはどのようなものなのだろうか。上記1997年度版の"A Poverty Profile of Cambodia"では以下の過程により算出されている（天川 2001c）。

Ⅱ 事例分析

① 人の生存にとって必要不可欠なもののうち，最たるものは食料である。
② 長期的な健康を維持し，通常の日常生活を送るために必要なエネルギー摂取量として2100キロカロリー／日を基準として採用する。
③ 2100キロカロリー／日を摂取するための典型的な食品の組み合わせとして，1人あたり消費支出で中位に属する世帯における食品の組み合わせを採用する。
④ 典型的な食品の組み合わせによって2100キロカロリー／日を摂取するために必要となる各品目の量を求める（食品群の設定）。
⑤ 上記食品群を消費するために必要な支出額を，各地域における市場価格を用いて算出する（食料貧困ラインの設定）。
⑥ 食料以外の支出については，食料貧困ラインと同額の支出を行っている世帯における非食料支出額を基準として採用する。
⑦ 食料貧困ラインとして設定した額に上記の非食料支出額を加える（貧困ラインの設定）。

このように食料において2100キロカロリー／日を摂取することができる生活が「貧困」の定義の前提で，それに日常生活維持品目である非食料支出が加わって貧困ラインが最終的に設定される。この算出方法は現在も行われており，具体的な金額では地域による傾斜，すなわち都心部とその他の地域による最低生活費などの格差が見込まれている。佐藤奈穂は2005年にタートック村での調査でこの問題を詳細に調査している。それによればプノンペン市では最低生活費が1人1日2470リエル，プノンペン以外の他都市では2093リエル，そして農村部では1777リエルである（佐藤奈穂 2005: 30-36）。100リエルを約3円と計算すれば，プノンペンの場合74円，農村部に至っては約53円である。

カンボジアの農村部の貧しさは次頁に見る職業別貧困度からも説明することができる（表4-3）。たしかに農村部に居住している人々がすべて農業に従事しているとはいえないが，カンボジアの生業の特徴として，主とする仕事の収入だけでは生計が成り立たないため，農村部の居住者は副業として何らかの農業（稲作や畑作など）に携わっていることが多い。さらに，

表4-3　職業別貧困度

世帯主の職業	調査人口に占める割合	人数指数		貧困ギャップ指数	
		指数（％）	貧困全体に対する寄与度（％）	指数（％）	貧困全体に対する寄与度（％）
農業	59.1	43.6	71.3	10.8	73.1
鉱工業	4.7	28.9	3.8	4.9	2.6
建設・公益事業	2.0	37.8	2.1	7.1	1.6
商業	6.8	18.7	3.5	4.4	3.4
運輸・通信	3.6	19.9	2.0	4.3	1.8
行政・サービス	4.7	18.0	2.4	3.9	2.1
教育・医療	3.0	17.0	1.4	2.5	0.9
その他サービス	1.8	26.5	1.3	7.1	1.5
職業不明	2.3	33.6	2.1	7.2	1.9
失業中	0.4	27.0	0.3	9.8	0.4
非労働力人口	9.7	31.2	8.4	8.3	9.2
報告なし	1.9	27.1	1.4	6.5	1.4
全体	100.0	36.1	100.0	8.7	100.0

出所：Ministry of Planning（1998）より筆者作成

インフラが未整備で公共機関のないカンボジアの農村地域では，自ずと選択できる職業は限られてくる。こうした理由から，農業の占める割合は相対的に大きくなると考えられる。表では農業従事者は6割であるが，そのうちの44パーセントが貧困ライン未満の生活水準で暮らしており，貧困全体への寄与度が7割に上ることが読み取れる。貧困ギャップ指数で見ると，たとえば教育・医療業種の2.5パーセントと比較すると4倍もの高さであり，その他の業種と比較してみても，農業従事者の貧困の度合いが高いものであることがうかがわれる。天川は，こうした事実から，カンボジアの貧困が政府の産業政策と深く関わっており，したがって政府が農業収益率の引き上げに資するような産業政策を実施する必要があると指摘している（天川 2001c: 57）。天川のこの指摘については，本書でも除隊兵士の地域での自立支援という視点から検討していく。

次に本書の対象となる除隊兵士の登録居住地域であるシアムリアプ州に

Ⅱ 事例分析

焦点をしぼって考察を深めてみよう。

3 シアムリアプ州の現況

本書で対象とするフィールドはシアムリアプ州である。シアムリアプ州はパイリーン州に次いで貧困率の高い州となっており，先に見たカンボジアの農村部の貧困のうちでも，とりわけ貧困が深刻な州と位置づけられている（表4-4）。

表4-5は2001年除隊兵士の州ごとの実数と州人口に占める割合を表したものである。表からは，シアムリアプ州がバッタンバン州に次いで除隊兵士数が多いことがわかるが，これは両州がともに元ポル・ポト派の兵士が多い州でもあることと関係している。今回の除隊ではカテゴリー2（高齢・障害・傷病）の兵士が8割を占めているが，「高齢・障害」という除隊理由は早くから戦闘に加わっていた兵士に多く見られるもので，そうした観点からも両州の突出した除隊兵士数は説明がつくといえよう。シアムリアプ州には13の郡（Srok＝スロック）があるが，各郡のばらつきがきわめて大きい。郡の下に設定されているコミューン（Khum＝クーム）は郡の規模に応じて数に偏りがあるが，おおむね100コミューンと概算されている。本書の現地調査は2005～2011年に行われたものだが，2009年1月に新行政境界が設定されたため，本書中の郡・コミューンの名称はカンボジア政

シアムリアプ州（斜線部）

（州名は表4-4参照）

表4-4 カンボジアの州別貧困率（単位：1000人）

州	%	人数	州	%	人数
①バンテアイ・ミンチェイ	40.9	228.8	⑬プレア・ビヒュー	29.1	32.9
②バッタンバン	26.4	198.7	⑭プレイベン	53.1	493.6
③コンポンチャム	12.1	190.1	⑮プルサット	40.7	140.2
④コンポンチュナン	44.6	179.9	⑯ラッタナキリ	8.8	8.1
⑤コンポンスプ	18.2	105.3	⑰シアムリアプ	53.7	356.8
⑥コンポントム	29.1	158.9	⑱シアヌークビル	34.1	50.4
⑦カンポット	18.7	97.3	⑲ストントレン	16.4	12.6
⑧カンダール	18.4	192.3	⑳スベイリエン	43.5	205.5
⑨コーコン	8.2	8.7	㉑タケオ	15.2	117.9
⑩クラッチェ	38.6	97.8	㉒オドウ・ミンチェイ	39.1	24.5
⑪モンデュルキリ	19.9	6.2	㉓カエップ	49.0	9.6
⑫プノンペン	11.9	109.4	㉔パイリーン	97.2	6.0

出所：Save Cambodia's Wildlife（2006：13）より筆者作成

表4-5 2001年除隊兵士の帰還州

州	%	除隊兵士数	州	%	除隊兵士数
バンテアイ・ミンチェイ	5.89	883	プレア・ビヒュー	3.37	505
バッタンバン	15.14	2,271	プレイベン	2.74	411
コンポンチャム	6.21	932	プルサット	3.09	463
コンポンチュナン	3.43	515	ラッタナキリ	0.39	58
コンポンスプ	6.50	975	シアムリアプ	11.72	1,758
コンポントム	5.05	758	シハヌークビル	0.88	132
カンポット	2.33	350	ストントレン	1.41	211
カンダール	5.02	753	スベイリエン	3.05	458
コーコン	0.71	106	タケオ	2.88	432
クラッチェ	1.69	254	オドウ・ミンチェイ	6.92	1,038
モンデュルキリ	0.19	29	カエップ	0.70	105
プノンペン	7.53	1,130	パイリーン	3.14	471

出典：2001年GHA調査。東（2004：336）を基に一部筆者編集

Ⅱ　事例分析

府統計局の行政区画に基づいて修正した。除隊兵士とその家族はすでに地域で生活しており，居住地の名称は現在のものである。彼らが帰還するコミューンは100世帯前後，人口700人から900人ほどの規模が多い。シアムリアプ州の場合，州面積が広く，また都市部は観光地として経済活動は活況を呈しているのでその就労形態は多様である。佐藤奈穂はシアムリアプ州の中規模村であるタートック村（コミューン，129世帯／731人）の就労・生活状況の調査を行っているが，それによれば，就労形態のうち「農漁業＋雇用労働」が最も多く30パーセントを超えていることからもこの地域の特殊性は理解される。「雇用労働のみ」はわずか6.2パーセントで，「農漁業のみ」23.3パーセント，「農漁業＋自営業」16.3パーセントにはるかに及ばない。カンボジアの多くの農村がそうであるように，ここでも農業（畑作，稲作を含む）を兼業として行う兼業農家がきわめて多いことがうかがわれる結果となっている。

第5章　シアムリアプ州における除隊兵士の調査(1)

　第5～7章では，第3章で設定した三つの仮説について，除隊兵士の技能訓練（STP）の調査結果をもとに論証していく。技能訓練は，当初は，2003年10月から各州で順次行われる予定であったが，カンボジア政府とCVAPのドナー国・機関の確執で大幅に遅れ，実際に作業が行われたのは2005年10月以降である。そして今回の筆者の調査は，CVAPとしての最後の技能訓練実施時期である。調査は聞き取り調査，フォーカスグループ調査，そしてアンケート調査の三つを並行して行ったが，これほどの数の除隊兵士を一堂に集めるという作業は，おそらくもう不可能ではないかと思われる。その意味では，第5章以下はそのまま除隊兵士たちのエスノグラフィーとしての資料性を持つと言えるかもしれない。第5章では，仮説(1)の論証にあたり，多くの元ポル・ポト派除隊兵士を含む戦闘体験のある除隊兵士たちのフォーカスグループ調査結果を検証した。調査の詳細は以下である。

1　除隊兵士61人に対する聞き取り調査

　シアムリアプ州のバンテアイ・チェス小学校（Bantheay Ches Primary School, Bantheay Ches Village Sla Kram Khum／Siem Reab Srok／Siem Reab Khet）における，戦闘に関わった除隊兵士61名に対する半構造化された聞き取り調査。次表に，調査対象となる除隊兵士61名（男性58名：全員が戦闘経験有，うちカテゴリー2は54名。女性3名：うち2名は調理場勤務，1名は秘書，うちカテゴリー2は2名）の年齢別分類を掲げておく（表5-1）。

II 事例分析

表5-1 調査対象兵士の年齢

	30歳代	40歳代	50歳代	60歳代以上	不詳※
男性	4名	23名	14名	15名	2名
女性	0	2名	1名	0	0

※ 年齢不詳はよくみられる。外見からは、おそらく50〜70代であろうと思われる。

<u>仮説(1) CVAPはDDR計画として整合的な戦略であり、リストラを意図して行われたものではない。</u>

仮説(1)は「リストラ」説への対立仮説である[1]。元来、CVAP策定の過程においても、また支援ドナーの支援金拠出の根拠からも、軍務に服し得ない兵士を選択して地域に再統合していくという考え方が、整合性を持つものと考えられる。本章では、東の提示する資料を中心に、CVAPが公募制であったという事実を手がかりにして、異なる視点からこの問題を検討していこうと思う。

東の根拠は、除隊兵士がカテゴリー2（高齢・障害・傷病）に偏っていること（東のことばで「内部の最悪部分」）、一般の市民および軍属の兵士と比較して、除隊兵士の労働量と栄養状態の悪さが際立っていること、という2点にある。そこから東は「リストラ」説を導き出している。それが「リストラ」ではなかったと論証するために、本節では「兵士のおかれていた状況」（第1項）、「兵士は何を望んでいたか」（第2項）、「政策の意図」（第3項）を検証していく。

(1) 「兵士のおかれていた状況」の検証

兵士のおかれていた状況に関しては、本書では、①経済的な状況と、②身体的・精神的状況の二つの点から考察し、ADBのデータ、およびシアムリアプ州で実施した61名の除隊兵士へのアンケート調査を用いて検証を行う。

まずADBのデータをもとに表にしたのが以下である。ここから「兵士の給与が低い」という経済的理由を考察してみよう（表5-2）[2]。本書で対

第5章　シアムリアプ州における除隊兵士の調査(1)

表5-2　給与（平均月額／単位：＄）

区分＼年度	1995	1996	1997	1998
国軍正規職員	34.7	33.8	33.8	29.8
国家公務員	42.7	42.1	40.6	31.8
公安公務員	19.1	18.8	21.5	25.4
一般兵士	17.8	16.3	14.3	13.3

出所：CDRI (2000) より筆者作成

表5-3　カンボジア一般人口身体障害者データと除隊兵士四肢切断者との比較

	2001年身体障害者調査			2001年GHA調査		
性別	男性	女性	合計	男性	女性	合計
四肢切断者数（人）	不明	不明	30,721	2,715	10	2,725
サンプル数	不明	不明	169,058	13,616	1,382	14,998
1000人当たりの罹患率（‰）	不明	不明	181.72	199.39	7.24	181.69

出所：東 (2004: 337) を基に一部筆者編集
※　表は2001年GHA調査およびDAC Secretariat (2001年) から合成されたものである。
※　2001年の一般調査では男女別の数値データがないが，GHAと比較するために1000人当たりの罹患率を挙げている。

象としている除隊兵士は一般兵士である。一般兵士の給与は月額20ドル以下で推移しており，CVAPが計画策定された時点では13.3ドルとなっている。この数値は国家（地方）公務員の給与が30〜40ドルという基準から見れば低く，また国際的な貧困基準である1日1ドルという基準から見ても低い。第1章で触れたとおり，カテゴリー2の分類で除隊した場合の年金額が月額30〜40ドルであることをふまえれば，兵士たちにとっては，現役で軍務に就くよりも退役して年金を受給する方が経済的にははるかに豊かであることが理解できる。言い換えれば，それだけ現役兵士たちは劣悪な状況下におかれているということになる。

　次に身体的・精神的状況を見てみよう。身体障害についての調査では上表のような結果が得られている（表5-3）。除隊兵士の調査は2001年GHA調査（General Health Assessment，カンボジア除隊兵士健康調査）の項目で取り扱われているが，その値（181.69‰〔1000人当たりの割合〕）は，同年に

Ⅱ 事例分析

行われたカンボジア国内の身体に何らかの不具合を持つ障害者を対象にした調査結果（181.72‰）とほぼ同様となっており，これは1999年のカンボジア全体の平均値である15.1の10倍以上の数値にあたる。すなわちCVAPにおいて動員解除される除隊兵士は，身体障害者と同様の身体的不具合を抱えているということができる（東 2004: 337-339）。

身体の内部疾患に目を転じるとどうであろうか。東によれば，除隊兵士の疾患の中でも慢性的な腹部疾患は一番高い疾病率を示し，全体の25パーセントが患っているという結果になっている（東 2004: 339）。ただしこの罹患率に関しては，一般人口の調査結果がないために，除隊兵士に特徴的に高いとはいえない。一方，マラリア，結核に関しては，早くから外部医療機関が入り，医療と調査を行っており，実態の把握が行われてきた。その結果からは，内戦がゲリラ戦であるため，除隊兵士のマラリア罹患が一般人口の2倍近くあること，また劣悪な戦闘環境や貧しい食生活のために，結核に罹患する率も除隊兵士は一般の人口の2倍に近い高い値が出ていることなど，環境要因と病との因果関係が明らかにされている。さらに，除隊兵士の多重疾患に関しての調査も行われ，とりわけ55歳以上の高齢の除隊兵士に複数の疾患が高い頻度で見られるという結果になっている。

では精神的側面から見た場合はどうであろうか（表5-4）。これはIOM（国際移住機関）[3]が行ったカンボジアの一般人口における精神疾患患者（1万2157人）を対象にした調査データと，GHA調査の中で精神疾患が見られた除隊兵士（338人）のデータを比較したものである（東 2004: 337）。

精神疾患のカンボジア人（MH群とする）と除隊兵士（GHA群とする）はともに「神経性ストレス」と「情緒不安定」が他の項目と比較して突出しており，この点では両者は同じような傾向があると考えられるが，MH群はさらに「統合失調症」が多くみられ，病的であることの傾向をうかがわせる結果となっている。

MH群では男性3割，女性6割と圧倒的に女性の精神疾患患者が多いが，GHA群ではこの値はちょうど逆となっている。MH群の女性の精神疾患が多いことの理由として考えられる背景の一つに，カンボジアでの家庭内暴力（Domestic Violence, DV）の多発があると思われる。家庭内暴力の要

表5-4 カンボジア一般人口と除隊兵士の精神的状況の比較

調査比較 病名	2001年 Mental Health 調査※（人）			2001年 GHA 調査（人）		
	男性	女性	合計	男性	女性	合計
神経性ストレス	984	3,554	4,538	113	64	177
情緒不安定	818	2,565	3,383	48	36	84
アルコール／薬物依存による中毒	164	28	192	27	2	29
精神的行動障害	53	57	110	19	1	20
統合失調症	1,238	1,454	2,692	15	6	21
その他	515	727	1,242	5	2	7
合計	3,772	8,385	12,157	227	111	338

調査比較 病名	2001年 Mental Health 調査（％）			2001年 GHA 調査（％）		
	男性	女性	合計	男性	女性	合計
神経性ストレス	8.09	29.23	37.33	33.43	18.93	52.37
情緒不安定	6.73	21.10	27.83	14.20	10.65	24.85
アルコール／薬物依存による中毒	1.35	0.23	1.58	7.99	0.59	8.58
精神的行動障害	0.44	0.47	0.90	5.62	0.30	5.92
統合失調症	10.18	11.96	22.14	4.44	1.78	6.21
その他	4.24	5.98	10.22	1.48	0.59	2.07
合計	31.03	68.97	100.00	67.16	32.84	100.00

出所：東（2004：338）を基に一部筆者編集
※　IOM, 2001年。

因としては，妻の経済力のなさ，識字率の低さといった妻側の要因と，夫側の精神的弱さやアルコール依存に起因するものなどが挙げられており，さらにこれらの背景には，長い内戦による疲弊があるとされる（手林 2003）[4]。軍隊に勤務する女性に話を戻せば，軍隊内では女性も一兵士として勤務しており，経済的に自立しているという面，さらに，家庭という閉塞的空間に囚われていないため，夫からの暴力やそれによるトラウマを経験せずに済んでいるという面が大きいと思われる。

一方，男性兵士に目を向けると，「アルコール／薬物依存による中毒」

Ⅱ　事例分析

「精神的行動障害」の項目に，一般カンボジア人男性と除隊兵士との大きな相違が見られる。東は以上から，アダムスの説を引用して，「内部の最悪部分」である「不良兵士」が一掃されたことの証左であるとしている（東 2004: 338）。筆者は，このデータだけをもって，それを「不良兵士」と分類することには大きなとまどいを感じるが，確かにアルコールおよび薬物への依存は，その後の社会再統合過程において課題を残す危険性はある。そうであれば，GHAのデータをもとに，「なぜそうなのか」という原因の究明と，「そうした事態への対応」が，何よりもCVAPのプログラムの中に「救済装置」として計画されるべきであったのではないだろうか。

(2)　「兵士は何を望んでいたか」の検証

(1)で確認したように，兵士たちは「貧しく」「身体的・精神的に脆弱」と言い得る状況にはあった。そんな兵士たちにとって，「どうであることが望ましい」と考えられていたのだろうか。

この問いに対しては，カンボジアの人々全体の生活状態を考えた時，「動員解除パッケージ」の内容が破格といってもいいほどの好条件であったこと，そのために多くの兵士が「公募」の好条件に殺到してもおかしくはなかった，という状況が指摘できる（多田 2009: 3-4）。

さらに，カンボジア国軍は調査当時休戦状態であったとはいえ，兵士たちはそれまで熾烈な内戦の最前線を転戦してきている。このような経験が，兵士たちに何らかの心理的影響，すなわち戦闘意欲の喪失や戦闘への恐怖感などを促し，「兵士である」状況への忌避感を煽ったということは十分に考えられる。この問題を，元ポル・ポト派除隊兵士61名への面談によるアンケート調査をもとに分析してみよう。調査対象者は，実戦に参加した経験を持つ兵士たちである。[5]

Q1　軍隊生活で辛かったこと（複数回答可）（図5-1）

図からは，戦闘の激しさ（6割）と，おそらくそれに伴う食料事情や環境の悪さ，すなわち劣悪な条件下での内戦を闘ってきたことを辛いと考えていた者が多いという結果が得られた。さらに，家族がいないことや，も

もと軍隊が嫌いだったことなどから、こうした点がさらに辛いものと認識されていたようだ。答えやすいように「軍隊が嫌」という漠然とした項目も挙げたが、それには「軍隊での仕事が嫌」（4名）という回答の他に、「諜報員として敵陣に侵入したがその恐怖から抜けられない」（1名）、「無理やり軍隊に入れられた」（2名）があり、村の若者たちがわけもわからず内戦に駆り出されていった様子がうかがわれるものとなっている。

一方、複数回答であるにもかかわらず給料の低さを辛いとする回答が少数であったのは、調査者にとって予想外であった。聞き取りを行うと、定期的に一定の収入があることが嬉しいという回答が得られた。農業を糧として生きてきた人々が、辛い戦闘や劣悪な環境下でも、定期的な収入が得られることを評価しているからだと考えられる。

Q2　軍隊を辞めた理由（複数回答可）（図5-2）

ここではカテゴリー2の分類に該当する障害・傷病・高齢が回答の8割以上を占めた。これはシアムリアプ州全体のSTP受講者におけるカテゴリー2の割合とほぼ同じである。この2項目と「理由なく解雇された」という項目は、他の項目が本人の選択によるものであると考えられるのに対して、組織内に何らかの強制力が働いていた可能性をうかがわせる結果と

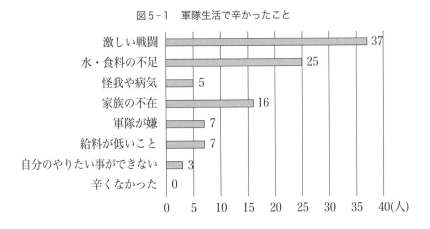

図5-1　軍隊生活で辛かったこと

II 事例分析

なっている。この点を,「理由なく解雇された」の4名の回答に着目して見ると次のようであった。

まず4名の回答者のうち3名が女性であった。3名いた女性の全員がこの点を挙げているのは,ややひっかかる結果である。女性のうち調理場勤務の50歳と42歳の女性は,「高齢」という理由でカテゴリー2に分類され,解雇されている。50歳も42歳も一般には「高齢」の範疇には入らないので,本人が年齢を偽っているのか軍側の特別の計らいなのかはわからない。しかし,いずれにしても,年金が国家(地方)公務員と正規軍人のみにしか給付されないカンボジアにおいて,女性にはまず無縁な年金が給付されるという点から考えれば,本人にとっては喜ばしいことと受け止めていいかもしれない。

一方,49歳の秘書の女性は,カテゴリー1に分類され解雇を言い渡されているため年金はない。したがって,技能訓練の受講によってその後の生活を自立させていかねばならない。後述するように,STPは計画段階では10種類の技能プログラムがあったが,受講生の数や講師の調達の問題等から,実際には農業を中心とした受講科目が大勢を占めていた。STPの技能訓練によってその後のキャリアを構築していければよいが,秘書という仕事から考えれば,制度はあっても「ない」に等しいのである。残り

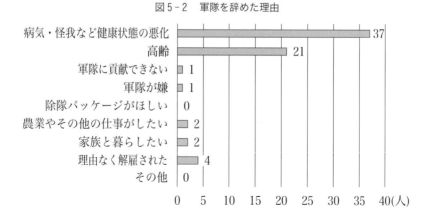

図5-2 軍隊を辞めた理由

1名は障害のある47歳の男性（カテゴリー2／隻脚）である。彼は故郷に9人の子どもがおり，こうした強制的な解雇になれば，子どもの年齢にもよるが，除隊後の生活のリスクは相当高まると考えられる。

複数回答であるからかなりの数を予想していたが，「除隊パッケージがほしい」はゼロであった。除隊パッケージは何よりもCVAPの論争の中心的課題であったので，この結果は筆者にとっては意外に思われる。除隊パッケージがどうあろうととにかく辞めたかったということなのか，それとも本音が出せなかったからなのか。この真意は調査からはつかめなかった。

(3) 「政策の意図」の検証

「リストラ」とは本来，組織の改正に向けた再編成を指すが，その過程で縮小，削減，削除という人員整理が行われる。CVAPで想定されているのは，まさにこの「肩たたき」現象としての強制解雇である（東 2004: 332）。したがって本書でもそのようにとらえるが，Q2に対する回答からは，CVAPの除隊が一般に「リストラ」とされるような，嫌がる兵士をあてもなく社会に放り出すという強制解雇に単純には該当しないことが理解されるだろう。このことは，CVAPが除隊兵士の社会再統合に向けて供与する除隊パッケージや年金，技能訓練受講券がカンボジアの生活水準からは破格ともいえる内容であったという点からも立証することが可能である（多田 2009: 3）。つまり，次の職場を用意し，年金や就業支度金を与えて自主退職を募るというプロセスに近い。さらに開発援助政策の目標である「障害を持った兵士の自立支援」は，その内容が支援ドナーのプログラムに合致していなければならないという条件がある。そのため「障害」を持った兵士は，「望めば」問題なく除隊名簿に登録されている（多田 2009: 3）。CVAPがその財源をドナーによる供与に依存しているかぎり，これは政策としても整合性を持つものであると考えられる。

では「障害があっても軍に止まることを望んだ兵士は軍に残れたのか」という問いはどうだろうか。カンボジア国防省の年金課での聞き取りによれば，CVAPは「公募」制であるので，応募しなければ当然軍に残るこ

II 事例分析

とになる。したがって障害兵も軍に残ることはできるし，現実にまだ多くの障害兵，傷病兵は軍籍にあるという[6]。次の問いは，STPの技能訓練プログラムが提供するコース内容に関するものである。プログラム内容は受講生（除隊兵士）にどのように受け止められているのか，意図するようにそれが自立支援につながるのかという点に留意して兵士の回答を検討してみよう。

Q3　鶏・豚飼育コースに参加した理由（複数回答不可）（図5-3）

　CVAPの目的は，除隊兵士に技能訓練を受講させ，経済的自立を促すことにあった。Q3の結果からは，回答者の実に4分の3が経済的な自立のために参加しているという回答を寄せている。もし開発援助政策で対象者の75パーセントがその政策の目的を理解し，意欲的に取り組んだとすれば，その政策は成功と位置づけられるのだろうか。この結果は，次の「鶏・豚飼育の経験がある」(B)と合わせると，90パーセント近くになる。つまり圧倒的多数の除隊兵士が，かつて経験した，あるいは今後経験するであろう仕事を受講し，将来的に生活手段としていこうと考えていることを物語っている。社会福祉省の職員の話では，「鶏・豚飼育コース」の場合，技能訓練受講後に鶏・豚がつがいでもらえるのが人気の理由だろうということであったが，実際に(C)を回答に選んだ者はわずか2名であった。Q2でも「除隊パッケージがほしい」ということを理由に挙げた兵士はゼロであったことを考え合わせれば，除隊兵士たちは，けっして目先の損得に左右されて行動しているのではなく，安全で安心のできる生活の場と手段を求めて，努力していこうとしていることがうかがえる結果となっている。

Q4　コース終了後にこのスキルをどう生かしていくのか（複数回答不可）

（図5-4）

　この問いはCVAPの政策課題である社会再統合の成否にもっとも深く関わっているものである。当然のことであるが，習得したスキルを生かして，コース終了後に個々の兵士が持続的な自立生活を構築できるようにす

図5-3　鶏・豚飼育コースに参加した理由

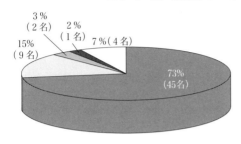

図5-4　コース終了後の計画

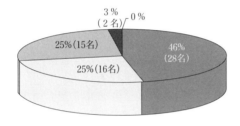

ることが政策の目標だからである。ここで(A)「スキルを生かして自分で鶏・豚飼育をやっていく（28名）」と(B)「このスキルを家族（子ども）に継承する（16名）」を合わせると44名となり，Q3の(A)「経済的に自立するため鶏・豚飼育を学ぶ（45名）」にほぼ一致する。しかし今までの仕事を続けたり，新しい仕事をはじめると答えた者も18名おり，必ずしもこのコースが今後の自立支援の足がかりとは認識されていないことがうかがえる。Q3でも7パーセントが(D)「このコースしか参加できるものがなかった」と答えており，プログラムの実施段階で，ニーズに合った技能訓練が行われていなかったことを物語っている（第1章第1節を参照のこと）。

2　考察

本章では，三つの視点から議論を展開し，問題点を検証してきた。

まず，①兵士はどのような状況下におかれていたか，である。兵士の給

II 事例分析

与は低く経済的には恵まれていない。また身体的・精神的状況においても，東の主張するとおり，「除隊兵士は高齢，障害（精神も含めて），傷病のいずれかまたは複数の問題を抱えて」いる。軍隊が身体的・精神的に健康である兵士を何よりも必要とする限りにおいては，彼らは，軍隊内で「無用」と位置づけられていたと考えても誤りはないと思われる。さらに，自ら「身体的・精神的に脆弱である」と意識することで，軍隊内での自らの立場を「無用」だと追い込んでいったとも考えられる。

次に，②兵士は何を望んでいたかを検証してきた。Ｑ１，Ｑ２を総合的に判断すると，まず，多くの兵士が軍隊を辛いと否定的にとらえており，戦線の劣悪な状況から早く除隊したいと望む兵士が多いことが理解された。軍隊を辞める好条件のきっかけさえあれば，容易にそういう行動に移り得る状態にあったのである。

以下に，後藤勝のルポルタージュを一部紹介する。後藤はフリーカメラマンとして1997年6月に単独でプノンペンに入り，1998年8月まで一兵士として，フン・セン，ラナリット軍の兵士らとともに戦場を転戦している。後藤がここでともに戦った兵士たちがCVAPの除隊対象の兵士にあたる。

> 4日間の戦闘で兵士の死傷者は50人以上にもなった。一緒に地面でごろ寝をして，ともに朝食を食べていた兵士たちが，その数時間後に死んでいった。彼らはみな，地方の貧しい農家の出身だった。誰もが「戦闘などしたくはない。早く帰りたい」と僕にいった。それはフン・セン軍兵士だけではなく，ラナリット軍の兵士たちもおなじだろうと思った。
> (後藤 1999: 82-83)

> 木の枝を重ね，火をおこし，支給された缶詰を暖めていた兵士がいた。かがみながら火を絶やさないようにフーフーと息をふきかけている。その小さな缶詰だけが，彼の今日の食べ物だ。白米はたまに支給されるだけで，いつもは硬くてまずい干し米だけ。その干し米に濁った泥水を入れてふやかすので，出来上がった頃になるとまるでチャー

第5章　シアムリアプ州における除隊兵士の調査(1)

ハンのような色になってしまう。兵士たちはその中に手を突っ込んで，細かいジャリを除きながら食べる。　　　　　　　　（後藤 1999: 183）

　次に，軍隊を辞めるに至った理由として多くの兵士が高齢・障害・傷病を挙げている。これは心身の状況から軍隊勤務に適さないと客観的に自己をとらえたものと考えられる。ここに除隊パッケージというボーナスが提示されることになる。普通に考えれば，仕事が「嫌」で「無用」とされ，自分でもそう認識しているところに，破格の処遇が示されたという構図になり，諸手を挙げて除隊を希望しても不思議ではない。しかし「除隊パッケージがほしい」という回答はゼロで，多くの兵士はパッケージが目的ではないという結果になった。もしこの除隊パッケージが除隊を希望する兵士たちに何のインパクトももたらしていないのだとすれば，どういう理解が可能だろうか。再度，後藤の文章を引用しておこう。

　　前線の兵士たちがもっとも恐れていたのは，砲弾や夜襲ではなく，目にみえない地雷だった。(中略) 一本の広い国道を進む前に，兵士たちは丸い円盤状の地雷探知機を使った。
　　兵士たちが地雷の中でも特に恐れていたのは，ポル・ポト軍が製造した「フライング・マイン」と呼ばれる地雷だった。鉄で作られた筒のような地雷の中には，鋭い釘のようなものが火薬と共にぎっしりと

掘り出された地雷

93

Ⅱ　事例分析

　　詰まっていた。（中略）カンボジアの最前線で，地雷で負傷した多くの
　　兵士が苦しんでいる姿をみた。そもそも地雷は，殺す目的で埋められ
　　ているのではない。重傷を負わせるだけで死なせないのだ。それは想
　　像を絶する痛みに耐えなければいけない。激痛に苦しむ仲間をみた兵
　　士は，地雷の恐ろしさを知り，地雷原を前進するのが恐ろしくなって
　　しまう。たった一つの地雷が，前線では数十人の兵士の兵力に匹敵し
　　てしまう。
　　　　　　　　　　　　　　　　　　　　　　（後藤 1999: 126-127）

　後藤の記述は，劣悪な環境の中でゲリラ戦を強いられる兵士たちの恐怖をリアルな筆致で描き出している。そして我々はそこに，普通の，恐怖におびえる，兵士の服をまとっただけの農民の姿を認めることができる。もう戦闘は嫌だ。誰もがそう思っていたに違いない。こうした現状から考えると，心身に障害・傷病を負った兵士や高齢の兵士たちはもちろん，まだ若く健康な兵士たちまでもが強く除隊を希望したとしても何の不思議もない。

　もう一事例，筆者が聞き取りを行ったケースを挙げておこう。タンさんという 35 歳の男性である。タンさんは若く，障害はないのでカテゴリー 1 での除隊である。したがって年金はない。それでも除隊したのはなぜなのか。タンさんは，次のように語る。

　　〔自分のように〕若く健康な兵士は除隊を希望してもなかなか希望が
　　かなわないので，登録リストに名前を載せてもらうために，ボスに
　　70 ドルを支払った。そのお金は小隊のボスのものになる。〔登録リスト
　　に載せてもらうために〕200 ドル支払った人もいる。障害があれば問題
　　ないが，高齢の人もそれだけでは載せてもらえない。

　タンさんの話からは，除隊を希望する兵士が多数おり，登録名簿に名前を載せてもらうために不正行為が行われていたことが明らかである。70 ドルという金額は，貧しいカンボジアの兵士たちにとって大金であるが，この出所は，除隊時に支払われる除隊一時金 240 ドルである。したがって

「200ドル払った人もいる」という証言も，あり得ることになる[7]。結果として，CVAPは構造的には軍隊内部の「最悪部分」をリストラする装置と受け取れなくもないが，今回の調査からは全く逆の結論が導き出されたことになる。すなわち，除隊は「肩たたき」ではなく，むしろ不正行為が黙認されるほど希望者の殺到する「うまい話」だったのだ。

最後に③「政策の意図」を検証した。なぜSTPに参加したのか，なぜ鶏・豚飼育なのか，という質問によって，除隊兵士の経済的手段を得ての自立生活への意欲を見ようとした。結果からは，鶏・豚飼育の経験があること，経済的な自立のためである，という回答が鶏・豚飼育コース参加理由の約90パーセントを占め，STPへの参加者は，除隊後の自立生活，さらにその技能を生かして持続的な生活の展開を描いていることが理解できた。ただし，今までの仕事をやり続ける，あるいは新しい仕事を始めると答えた者も少なくないことに着目しておきたい。さらに，鶏・豚飼育コースしか参加できるものがなかったという不満もある。このことは，事前のニーズ調査を綿密に行い，その結果を政策に反映させていくべきシステムの欠陥と考えられる[8]。

ところで，除隊は「強制的な退職勧告」ではなく「公募」の形をとって行われた「自主性」に基づくものであることを本書では検証してきたが，結果として，除隊兵士の8割はカテゴリー2に該当していた。ここからは推測の域を出ないが，カテゴリー1の兵士は，「公募」に応じるべきか否か，やはり迷ったのではないだろうか。除隊したくても，除隊後の社会再統合というプログラムがはたしてどこまで安定的な生活につながるのかという不安があっただろう。なぜなら彼らは軍隊内でも十分に戦力として仕事に就いており，次の仕事が不安定であれば，むしろ軍隊に留まった方が賢明であるかもしれないからだ。さらに，年金がない点に対する不公平感もぬぐえなかったのではないか。

結果として，高齢，障害，傷病のいずれか，あるいは複数を併せ持つカテゴリー2の除隊兵士が除隊し，その過半数が，除隊後の自立生活を想定したSTPを受講することになった。ここにおいて，CVAPは，一応その目的とする模範的なシナリオを遂行する段階へと進んだことになる。

第6章　シアムリアプ州における除隊兵士の調査(2)

　第6章では，技能訓練に参加した126名の受講生（除隊兵士）を対象に仮説(2)を検証していく。

<u>仮説(2)　「除隊兵士の自立の失敗」すなわち「貧困への転落」は，「兵士の脆弱性」の問題ではなく政策の問題である。</u>

　仮説(2)を検証するために，次の対立仮説を立て，それを議論していくという方法をとる。対立仮説は，「貧困への転落」は「兵士の脆弱性」による，というものである。以下ではまず，除隊兵士の自立の失敗が「兵士の脆弱性」によるものではないことを論証し，その後に「CVAPの欠陥（制度と地域の社会環境が政策設計に反映されていない点）」について検証していく。

1　脆弱性の定義

　まず，脆弱性について定義しておこう。脆弱性とは，一般的には「〔自らを〕守るすべを持たず不安であり，リスクやショックやストレスにさらされていること」，あるいは「ショックによって生活水準が低下してしまう可能性」と定義される (World Bank 2000a: 139)。この二つの定義には微妙な相違があり，前者は「人間の安全保障」に主眼をおいたもので，今，この場の剥奪からの解放を求めるという概念に近い。しかし，本書で対象としているのは紛争終結後の社会であるので，前者のような緊急性は薄い。むしろ，混乱が一応は終息したが，常に不安定な政情に左右される状況を表す後者の定義がふさわしいと考えられる。さらに，「不安，ショック，

ストレス」という概念は，「生活水準の低下の可能性」に強く関連していることから，ここでは脆弱性を，「生活水準の低下」に対する不安が引き起こす概念ととらえることにする。「生活水準」が「低下」するとは，「今，ある」状態が維持できないことである。したがって，これは優れて経済的な要素を持つ概念であると同時に，現在から将来へと続く生活の維持の可否という，個人の将来的な生活の全体を視野に入れた動学的概念でもある。このように定義される脆弱性，すなわち「生活水準の低下」に対する不安は，社会の不確実性に左右されるものでもある。

　では不確実性とはどう説明できるだろうか。ミクロ経済学のアプローチに「期待効用理論」がある。市場において不確実性が存在する場合に，人は，必ずしも「利益」の期待値ではなく，「効用」の期待値に基づいて，それを最大化するように行動するという考え方である（ノイマン／モルゲンシュテルン 2009; 黒崎 1998）。本書に立ち返っていえば，カンボジアのような社会・経済の不安定な途上国では，市場において多くの不確実性が存在し，「生活水準の低下」は容易に起こり得る状況である。そして「期待効用理論」にならえば，将来的にリスクがどの程度になるのか予測することのできない不確実な状況下で，金銭的ものさしで測ることのできる欠乏（剝奪）のうち，現時点での剝奪と将来における剝奪の可能性の両者を考慮に入れ，その深刻さを問題にすれば，たとえば，ある個人の厚生水準は，「その後にどれだけ豊かな消費生活を送れるかだけでなく，将来にわたる消費生活の流れがどれほどであるかによっても変わってくる」ものであるということになる。そして「その流れ」が消費の低下につながってくるものであれば，それは個々人にとっての厚生水準の低下とみなすことができるのである（黒崎 2005: 163-164）。

　ミクロ経済学は，リスク愛好者，リスク中立者，そしてリスク回避者等さまざまな人間が社会を構成していることを認めた上で，彼らがとり得る行動によって期待値は異なってくるが，しかし，人間は本来的にリスク回避的に行動する合理的個人だと想定している。それゆえ「期待効用理論」は成り立つのである。そして，この考え方は開発途上国においても同様である。カンボジアのように，貧困そのものが問題となる開発途上国では，

Ⅱ 事例分析

平均的消費水準はきわめて低い。そうした国では消費のわずかな落ち込みさえも，容易に深刻な事態を招くことになるばかりか，生命に関わる厚生水準の低下となる。このような状況におかれると，人々はリスクを「回避」するためあらゆる行動をとることになる。その行動は個人としての合理的判断にもとづくものであり，合理性の点で正当化し得るものである。開発途上国に関する先行研究や現地調査報告書の多くは，リスク回避に向かう個々人の行動を，個々人の性格の面での個人的な弱さに帰結させてしまったところに誤りがあったのではないだろうか。

2　STP 受講除隊兵士に対するアンケート調査

STP 受講除隊兵士へのアンケート調査（2007 年 7～8 月調査，一部再調査）
シアムリアプ州バンテアイ・チェス小学校における，除隊兵士 126 名への聞き取り調査

　CVAP の最終段階である地域社会への再統合プロセスは，除隊後まもない兵士たちに技能訓練教育の機会を提供し，その後の持続的な生活を維持することを目的としている。シアムリアプ州は CVAP の技能訓練が最後に実施された州で，バンテアイ・チェス小学校を受講場所として技能訓練が行われた。
　アンケート調査対象者は，登録している全技能訓練受講生 126 名である。無作為抽出した標本ではないので，コミューンにより調査人数のばらつきがある。名前はすべてイニシャルにし，本人の識別が不可能なかたちにした。氏名に付されている番号は，登録台帳に記載されている通し番号のうち受講しなかった者の番号を省き，コミューン毎に通し番号になるよう再構成した。兵士たちの出身コミューンはコクチョーク（40 名），スラクラーム（29 名），その他（57 名）となっており，本章では受講生の多いコクチョークとスラクラームを中心に検証していく。なお，バンテアイ・チェス小学校で行われた技能訓練は，すべて「鶏・豚飼育コース」である。

第6章　シアムリアプ州における除隊兵士の調査(2)

(1) コクチョーク・コミューン
コクチョーク（Kouk Chak）・コミューン出身者：40名
人口：30,654人，男性／女性：15,991／14,663
5,969世帯，1世帯の平均人数：5.1人　　（2008年カンボジア人口統計表）

　コクチョークは，次項でまとめるスラクラームとともに，シアムリアプ郡のほぼ中心部に位置するコミューンである。アンコールワット遺跡群のある観光地として商業活動が盛んであり，集落のはずれには国軍の駐屯地がある。除隊兵士はシアムリアプ郡の中では最多の40名が受講している（表6-1）。

　調査項目は表6-1にある。氏名，年齢，除隊カテゴリーとその理由といった基本的な項目以外に，社会再統合の究極の目的でもある「生活の持続可能性」を検証するため，年金，土地の有無，家畜所有の有無，そして世帯構成員の稼働能力について詳しく聞き取った。そこからは，少なからぬ数の年金受給資格のあるカテゴリー2の兵士たちの無年金問題が浮上してきた。これはどういうことなのだろうか。本章では，まずこの点に着目し，年金とカテゴリーとの関係の背後に見えるCVAPの計画の不備，そしてカンボジア社会のずさんな行政を考えていくことにする。

1．年金
　カテゴリーと年金の有無を年代ごとに整理したものが，表6-2である。カテゴリー1と「年金無」の人数が不一致である。「その他」と分類している年齢層に年金のない人が多いことがわかるが，「その他」とは70歳以上もしくは年齢不詳者である。年齢不詳者というのは息子や娘が代理で技能訓練を受講している例のうち，親の実年齢を知らないケースで，年齢と「年金無」の間には相関関係はないと見ていいだろう。確かなことは，「カテゴリー1」の除隊兵士が2名であるのに「年金無」の除隊兵士は10名にものぼっていることである。カテゴリー2に属する兵士のうち年金受給権を失った者のあることがわかる。なぜ彼らは「年金無」になったのだろうか。再度，年金のない兵士に焦点をしぼって背景を検証してみよ

II 事例分析

表6-1 コクチョークの鶏・豚飼育コース受講生

氏名	男女/年齢	受講理由	カテゴリー※	現在の職業・年金・土地所有の有無など	年金	備考（世帯構成）
1．H．P	男/37	本人	2（障害/脚）	農業	有	妻（主婦）
2．K．L (busy)	男/68	息子22	2（老齢/68）	無職	有	妻, 息子（理容師）
3．S．L	男/45	本人	2（内臓疾患）	農業, 豚飼育	有	妻（主婦）
4．H．H (busy)	男/54	娘17	2（障害/脚）	農業	有	妻, 娘, 息子は有職
5．C．C (busy)	男/73	息子18	2（老齢/73）	大工, 豚・鶏・水牛の飼育 年金は質入れ（2009年返還）	無	妻（主婦）, 息子は有職
6．P．P (busy)	男/71	息子17	2（老齢/71）	村長, 豚飼育	有	妻（主婦）, 息子は有職
7．L．H (sick)	男/69	娘20	2（老齢/69）	無職	有	子どもたちが農業
8．K．S	男/44	本人	2（障害/脚）	Tuk Tuk 運転手, 豚飼育	有	妻は物売りと農業
9．R．E	男/48	本人	2（障害/腕）	農業	有	妻（主婦）
10．K．K (busy)	男/78	息子44	2（老齢/78）	大工	有	妻（主婦）, 息子は有職
11．K．H	男/43	本人	2（障害/腕・脚）	建設労働者	有	
12．D．S (sick)	男/45	妻42	2（障害/脚）	小売業, 鶏所有, 野菜栽培	有	妻は工場労働者
13．H．M	男/68	本人	2（老齢/68）	野菜栽培, 年金は2007年まで質入れ（後売却）	無	妻と子どもたちは工場労働者
14．P．P	男/55	本人	2（老齢/55）	農業, Taxi 運転手, 牛・鶏所有	有	妻（主婦）
15．R．M	男/65	妻55	2（老齢/65）	小売業, 野菜や穀物の栽培なし	有	妻は売り子, 土地無
16．R．A (sick)	男/50	息子24	2（障害/脚）	大工と農業, 牛・豚・鶏所有	有	妻（主婦）, 息子農業
17．T．V	男/49	本人	2（障害/脚）	Taxi 運転手	有	妻は小売, 鶏所有
18．Y．Y	男/61	息子22	2（内臓疾患）	Motor Taxi, 土地所有なし	有	息子は建設労働者
19．C．S	女/43	本人	2（内臓疾患）	売り子, 野菜栽培	有	夫は兵士
20．I．S	男/67	本人	2（老齢/67）	小売業, 土地・家畜なし	有	妻は農業
21．H．H	男/？	甥18	2（老齢/不詳）	小売業, 鶏飼育	有	妻は売り子, 甥は学生
22．I．R	女/66	本人	2（老齢/66）	野菜販売, 土地・家畜所有なし	有	子どもたちも売り子

第6章　シアムリアプ州における除隊兵士の調査(2)

23．R.R	女／？	息子22	2（内臓疾患）	小売業，土地所有なし，鶏・豚所有	有	息子学生
24．N.K	男／69	本人	2（老齢／69）	建設労働者，土地・家畜所有なし	無	妻死亡（疾病）年金受給権を売却し生活費等工面
25．D.S	男／78	本人	2（老齢／78）	建設労働者，鶏所有，年金質入れし生活費（2010年返還）	無	妻は売り子
26．M.S	女／？	娘16	2（老齢／？）	売り子，牛・豚・鶏所有	有	娘は学生，夫は兵士
27．M.S.K	女／？	娘17	2（老齢／？）	売り子，鶏・アヒル所有	有	娘は学生，夫は兵士
28．P.C	女／？	息子18	1	売り子，鶏所有，土地所有なし	無	息子は学生
29．C.L	男／57	妻38	2（老齢／57）	無職，家畜所有なし，年金受給権売却（生活費）	無	妻・子どもたちは売り子，有職
30．S.S (died 2003)	男／？	妻？	2（老齢／？）	年金受給権を売却し生活費と葬式代へ	無	妻農業，娘は労働者
31．H.B	女／50	本人	2（老齢／50）	農業，鶏所有，土地なし	有	夫は兵士
32．E.S (died 2006)	男／？	妻33	2（障害／脚）	土地・家畜所有なし，年金質入れし治療費へ（2010年返還）	無	妻（主婦）
33．L.M	男／？	息子17	2（障害／内臓疾患）	無職，鶏所有，年金質入れし治療費（返還日未定）へ	無	妻は売り子，息子は建設労働者
34．K.K	男／51	本人	2（障害／目）	企業勤務，鶏所有	有	妻売り子，息子は企業勤務
35．T.L	女／？	息子22	2（障害／腕）	売り子，土地，家畜なし	有	息子は販売業
36．K.K	男／？	息子28	2（障害／？）	無職，土地なし，鶏・牛所有	有	息子は Motor Taxi
37．S.K	男／？	息子15	2（障害／内臓疾患）	Motor Taxi	有	妻は鶏飼育，息子は学生
38．B.P	男／？	弟27	2（障害／目）	建設労働者，鶏・牛飼育	有	弟は不詳
39．O.S	女／？	娘16	2（老齢／？）	無職，土地所有なし，鶏所有	有	夫は除隊兵士で無職，娘学生
40．K.S (died 2006)	男／？	兄45	1	無職，鶏・豚所有	無	兄は兵士

※　カテゴリー2は障害者・傷病者・高齢者。カテゴリー1は"2"に該当しない者であり，年齢も若く障害もない者がこれにあたる。年金受給権が発生するのはカテゴリー2のみである。

II 事例分析

表6-2　コクチョークのカテゴリーと年金（単位：名）

	男	女	カテゴリー1	カテゴリー2	年金無	年金有
30代	1	0	0	1	0	1
40代	7	2	2	7	2	7
50代	5	3	0	8	1	7
60代	6	1	0	7	2	5
その他	12	3	0	15	5	10
計	31	9	2	38	10	30

う。

「年金を失った理由」について，表6-1の「現在の職業・年金・土地所有の有無など」や「備考」の欄から判断できる4例を拾い上げてみると，①24：妻の疾病と死亡などのため生活費等を工面，②30：本人の疾病・死亡のため生活費等を工面，③32：障害の治療費を賄うため，④33：内蔵疾患の治療費を賄うため，などと予期せぬ経費の工面や長引く医療費に現金が必要となった様子がうかがわれる。年金額は，それまでの軍人としての奉職期間や軍人としての職位などを元に算定され，個人によりばらつきはあるが，少なくとも最低限度の生活を維持することはできる額とされる。最低限度の維持が可能な額とは，現在のカンボジアの国家公務員の月給とほぼ等しい月額30～40ドルである。CVAPが開始される前の1998年の時点での一般兵士の給与が月額13.3ドルであることをふまえれば，それは十分に生活の維持が可能な額だと考えられる。否，多くの人々が貧困のボーダーラインにあるカンボジアの，とくに農村部において，とりわけ障害，あるいは高齢のため働くことが困難な除隊兵士やその家族にとって，年金を失うということは貧困への転落の大きな要因となる。年金（受給権）を失った理由から明らかになるのは，治療や当面の経費など生活維持の必要である。しかし障害，とくに内部（内臓など）障害や傷病による除隊の場合には，除隊後の医療の必要は容易に予測されたはずである。除隊兵士のうちカテゴリー2にあたる障害・傷病の兵士が8割を占めるという現実をふまえるならば，除隊後の医療受給の道は，当初から計画の中に

盛り込まれていなければならなかったと考えられる。

　しかし,「年金を失った理由」はさらに深刻な問題を提起している。権利を売る,あるいは質入れするということは,それを「買う」人間が存在するということである。権利の売買には主に地域の「質屋」や悪質ブローカーが介在するが,こうした人々の暗躍に歯止めをかける法律上の措置が必要であろう[1]。

　「権利」としての受給権が売買されることに関しては,モラルの問題もさることながら,実はさらに深刻な事態が明らかになっている。年金受給者証には顔写真が貼付されているが,それにもかかわらず,実際に年金が,受給者証を買い取った「他者」に支給されているという事実である。どういうことなのだろうか。聞き取りからは,年金受給者証の写真を貼り替えるなどして,容易に他者になりすますことが可能になっている現状が明らかになった。そしてそれを支えているのが,国家,地方公務員の関与なのである。彼らは違法と知りながら,偽造年金受給者証を黙認してリベートを要求したり,あるいは「権利」を買い取る側に回るなどして,暴利を得ているとされる（多田氏から聞き取り, 2007年）。すでにカンボジアの国家がらみの犯罪性については,第1章の東,多田らの先行研究等からも,また本章の除隊兵士への聞き取り調査からも明らかにされており,世銀はそれを理由の一つに2005年にカンボジアへの支援を一切打ち切っている。本来,先頭に立って犯罪を取り締まるべき国が犯罪を黙認している構造である[2]。

　一方,除隊兵士たちは自らの生活を守ることで手いっぱいなので,たとえ除隊前に「年金受給権」の持つ意味を十分に理解させたとしても,困窮に直面すればそれを現金化せざるを得ないと判断する可能性はある。したがって「売るな」と言うだけの禁止は意味をなさない。除隊後の医療（補助）受給の点に加え,法によって年金受領権利の売買ができない仕組みを制度化することが何よりも求められるのである。

2．技能訓練受講

　生活の持続可能性は,技能訓練を受講しさえすれば保証されるわけでは

Ⅱ 事例分析

ないが，生活手段を得るという意味において，やはり技能の習得はそれなりの意味を持つものである。しかし，表6-1では，明らかに本人以外の受講が目立っている。その点に着目して，技能訓練受講と生活手段の獲得の問題を考えてみよう。

コクチョークでは，40名の除隊兵士のうち本人が受講したのは15例である。割合は37.5パーセントで，一方，19例は息子・娘ら（弟，甥も含む）という若い世代の受講となっている。この割合は47.5パーセントである。

カンボジアでは2世代，3世代同居は普通なので，世帯単位で生活というものを考える必要がある。そこで，世帯のうち今後その生活手段をもっとも必要とする者が受講して世帯の生計を助ければいいということになる。STPが家族受講可能となっているのはそうした配慮からである。持続的な生活の維持という点からは，むしろ若い世代の受講が奨励されてもいる。したがって，家族受講自体はCVAPがうまく運営されている点であると評価できる。

問題は，技能訓練の内容が果たして彼ら受講生のニーズを反映したものなのかどうかという点である。次の表6-3は，どの程度のニーズギャップの可能性があるのか，調査で補捉することのできた除隊兵士の現況に基づき，把握を試みたものである。現在（これまで）の仕事との関係に焦点

受講生たち

をおいてまとめている。

兵士たちが除隊後も同じ仕事を続けていくことを望んでいるのか，それとも心機一転，新しい仕事に挑戦してみようと考えているのかについては不明である。しかし，従来の仕事の有無にかかわらず，今後の生活維持が可能な技能を提供するというのが STP の本来の目的であり，そのために技能訓練の内容は多様なニーズを見込んで計画されている。

設定された訓練科目は，「牛飼育」「鶏・豚飼育」「マッシュルーム栽培・野菜栽培」「魚類養殖」「小型機械修理」「モーターバイク修理」「電子機器修理」「縫製」「理容」「コンピューター」の 10 項目である。しかし，実際には「鶏・豚飼育」が圧倒的に多く提供されている。この理由は，すでに述べてきたように「鶏・豚飼育」コースでは修了後に鶏と豚がもらえること，広い敷地が不要で比較的飼育が簡単なこと，現物が売りやすいことなどが挙げられる。さらに，技能訓練を行う教育人材という重要な理由もある。

除隊兵士たちを指導する短期講習の指導員は，ほとんどの場合その地方で農業指導に関わっている地方公務員なので，彼らのこれまでの知識や技術力などを勘案すると，「鶏・豚飼育」がもっとも無難な技術指導であった。

また会場の設定という物理的問題も重要である。ある程度の人数が集まらなければ経済的なロスが大きい。極端な例を挙げれば，ただ 1 人のコンピューター技術希望者のために近くの会場を確保し無料の講師を派遣するのは，効率が悪いということである。こうして勢い，最大公約数の「鶏・豚飼育」が技能訓練の大勢を占めるようになったのである。逆にいえば，STP が提供できる技能科目が「鶏・豚飼育コース」であるので，受講生はそれを「受講希望」科目として選択せざるを得ないということである。受講生のニーズと STP の提供技能

受講風景

Ⅱ 事例分析

表6-3 コクチョークの除隊兵士の調査時点での仕事

仕事内容	無職	農業	運転手	村長	小売業	大工	建設労働
人数	9(7)※	8	4(1)	1(1)	10(7)	5(2)	3(2)
割合（%）	22.5	20	10	2.5	25	12.5	7.5

出所：2007年8月聞き取り調査より筆者作成
※ （ ）内は兼業として鶏・豚飼育が可能な世帯。

のギャップはこうして生み出されることになる。受講の日時や場所，開催期間も限定されているので，受講権を生かすために，除隊兵士たちは否応なくSTPの規定に従わざるを得ないという結果になっている。

職業欄の最初に記載されている仕事内容を単純に表にしたものが表6-3である。この結果からは，「鶏・豚飼育コース」を今後の生活維持向上の手段として生かしていける「農業」を生業とする集団が約20パーセントある。しかし，実際にはカンボジアでは兼業農家が多く，無職や建設業，小売業などであっても飼育を片手間に行っている場合が多い。したがってそういう場合は技能訓練が生かされるので数のうちに算入して考察してみよう。その可能性を模索できる兼業可能数を入れると約70パーセントが鶏・豚飼育を仕事にするという結果が得られる。残りの30パーセントは運転手，建設業，工場労働者，小売業者（土地・家畜所有ら）らである。すなわち単純に考えれば3割ほどの人間は，「鶏・豚飼育コース」を終えてもそれらの技術を生かして繁殖させ，生活の糧としていく可能性は低いということになる。しかし70パーセントが技能訓練の内容に合致し，将来的に生活が持続可能なレベルを維持できるのだとすれば，それはそれで成功であったと言えるだろうか。ここで先ほどの受講生の年齢を思い起こしてほしい。40名のうち実に三分の二の25名が代理受講生であった。彼らの多くは除隊兵士の息子や娘であり，年齢は10，20代が圧倒的に多い。都心部という環境，さらに40パーセント弱の現職都市労働者の存在も考慮に入れるならば，やはり「鶏・豚飼育コース」以外の選択肢も提供されるべきではなかっただろうか。

3. 土地と家族

　年金は生命線ではあるが，では年金がなければすべての人が貧困に陥るのだろうか。カンボジアは最貧国の一つであり，現在でも年金が支給されているのは国家・地方公務員と軍人のみである。したがって「年金はなかった」という前提で，ではどのようにして人は生きていけるのかを考えてみよう。

　以下では，DFID（英国国際開発省）[3]の定義を援用してコクチョーク・コミューンの受講生の状況を分析していく。DFIDの定義は開発途上国における困窮の状態を，暮らしを支える五つの資産を基に考察していくものであり，五つの資産とは，生活を維持する上で必要不可欠とされる要素で構成されている。それらは，①人的資本，②ソーシャルキャピタル（Social Capital, SC：冠婚葬祭等を通じて強化された親族関係），③物的資本，④金融資産，⑤自然資本，である。ここで資産として取り上げられている②のSCは，あくまでも原初的な，ボンディング（結合型）SCとしてのものであり，また④の金融資産は，市場経済活動が未発達な開発途上国では，売買することで貨幣に代わり得る家畜が該当する。

　表6-1の「カテゴリー2」の8例と「カテゴリー1」の2例の計10例を，「土地・家畜の所有」「戦力になる家族の有無」という二つの方向から考察してみよう。DFIDの定義に照らしてみると「土地・家畜の所有」は③，④，⑤に該当し，「戦力になる家族の有無」は①，②に該当する。

　土地や家畜，戦力になる家族を持つのは7例である。5番の男性は18歳の息子が大きな戦力となる（息子も大工見習いである）。土地所有の有無については記載されていないが，調査にあたった地方公務員の話では，水牛を所有しているというところから土地を所有していると考えられるという。本人は73歳と高齢のため技能訓練は息子が受講しており，うまくCVAPの資源が継承されている事例である。13番の男性は土地を所有していないが，妻と複数の子どもが工場労働者として収入を得ている。都心部に近いところでは，このように定期的な収入を見込める労働者が多く，家計は安定的になる。本人は68歳と高齢であるが障害はなく，技能訓練も自分で受講するなど，今後の自立生活が期待できる事例である。

Ⅱ　事例分析

　28番は学生の息子と暮らす母親である。カテゴリー1での除隊なので，まだ若く障害もない。自らは小売業をしており，技能訓練は18歳の息子に受けさせている。土地がないのは不安材料だが，いずれ息子が家庭を支える戦力になると思われる。29番の男性はカテゴリー2であるが，除隊理由は障害ではなく老齢である。年齢は57歳と比較的若いのでまだ十分に働くことができると思われるが，すでに生活費のために年金受給権を売却してしまっている。そして技能訓練も本人ではなく妻が受講している。

　調査を補助してくれた地方公務員の話では，この男性のように精神的に落ち込んだり，現実逃避的になったりして，再び地域社会に溶け込めない例は実は多いという。バンテアイ・チェス小学校での技能訓練が67パーセント（189人中126人）の受講率であることから考えると，30パーセント強の除隊兵士がそうなっている可能性が高い。ただ，29番の男性の場合は，妻と複数の子どもたちが皆働いており，「売り子」としての一人一人の収入は僅少ではあるが，あわせて生活を維持していくことはできるだろう。

　30番，40番の男性は，除隊後に死亡したケースである。33番は今後も治療費がかさむ可能性があり，家族がどこまで支えられるか厳しいものがある。

　土地や家畜も，戦力になる家族も持たないケースは3例である。24番の男性（69歳）は，妻の治療費を得るため年金受給権を売却したが，その妻は死亡し，他に家族はいない。しかも土地がないため，家畜も所有していない。本人は入隊前は長年建設労働者であったため，除隊後も建設労働者としての就業を希望していた。しかし，除隊時に，老齢のため建設労働は無理だと説得されて，鶏・豚のコース受講に至ったという経緯がある。

　この事例は，典型的とはいえないまでも，除隊後の兵士の地域社会再統合がどのように「困難」であるのかを示唆するケースだと思われる。まず①「鶏・豚の飼育」という不慣れな農業でいきなり自立生活を目指すのは困難であると考えられること，さらに，②それを行うための人手がないこと，である。25番の男性もほぼ同様のケースである。土地は所有しておらず，鶏のみ所有している。妻が売り子をしているが，家計を支えるまで

には至らないと思われる。さらに，本人が78歳と高齢であるため，妻も高齢の可能性が高い。この男性も建設労働者だったので不慣れな鶏・豚飼育には相当な困難を伴うと考えられる。年金を質入れして生活費に充てているところからも，老夫婦の新しい環境への適応の困難さがうかがわれる事例である。

32番の男性は障害があり，まだ治療を受けなければならない状態である（その後2006年に死亡）。土地も家畜もなく，妻は主婦である。技能訓練は妻が受講しているが，土地がないため，鶏・豚の飼育を学んでも繁殖に結びつけて生活の糧にしていくのには困難を伴うことが考えられる。

以上のケースからは「土地・家畜の所有」「戦力になる家族の存在」といった条件が，生活の持続可能性を大きく左右している点が確認される。このような事例に見られるような持続可能な生活のボーダー上にある除隊兵士の今後については，家族や親族というつながりを超えた，地域の支援ネットワークが必要とされるだろう[4]。

(2) スラクラーム・コミューン

スラクラーム（Sla Kram）・コミューン出身者：29名
人口：45,440人，男性／女性：22,574／22,866
9,362世帯，1世帯の平均人数：4.9人　　　（2008年カンボジア人口統計表）

次に，コクチョークに次いで除隊兵士の多いスラクラームに視点を移して，持続可能な生活の維持の可能性を考えてみよう。

スラクラームの人口規模はコクチョークの2倍弱あり，STPが行われたバンテアイ・チェス小学校と同じ地域に位置する。コクチョークの項でも述べたように，観光地の都心部に近いため年金の受給権を失ってしまった除隊兵士も多く，また職業も，タクシーなどの運転手や建設・工場労働者が多い（表6-4）。

1．年金

生活の持続可能性を年金と技能訓練の受講という二つの方向から見ていこう。スラクラームの除隊兵士の年齢別カテゴリーと年金についてまとめ

II 事例分析

表6-4 スラクラームの鶏・豚飼育コース受講生

氏名	男女/年齢	受講	カテゴリー理由	現在の職業・年金・土地所有の有無など	年金	備考（世帯構成）
1．N.P	男/48	娘17	1（死亡/2002）	無職	無	妻（主婦），娘は学生
2．O.C	男/72	本人	2（老齢/72）	Motor Taxi	有	家族不詳
3．R.P (busy)	男/?	息子16	不明	Motor Taxi	不明	妻（主婦），息子は学生
4．S.S	男/71	本人	2（老齢/71）	Motor Taxi，鶏所有	有	妻は売り子
5．S.H	男/68	本人	2（老齢/68）	野菜栽培，牛・鶏所有，土地所有なし	有	妻は売り子
6．M.C	男/?	息子28	1	無職，鶏・豚所有	無	妻は売り子，息子はMotor Taxi
7．C.C	男/48	本人	2（障害/不詳）	鶏所有・飼育	有	妻は教師
8．R.M（タイに居住）	男/63	妻	2（老齢/63）	野菜栽培，鶏所有	有	妻は売り子
9．H.S	男/?	妻	2（障害/脚）	会社勤務，土地なし，年金受給権売却（治療のため）	無	妻は売り子
10．C.C	男/46	本人	2（障害/精神）	Motor Taxi，土地所有なし	有	独身
11．M.S	女/49	本人	1	無職，土地所有，家畜所有なし	無	子どもたちはNGO勤務
12．E.S	男/50	本人	2（老齢/50）	建設労働者，土地・家畜所有なし	有	妻（主婦）
13．M.M	男/?	息子25	2（障害/内臓疾患）	無職，土地・家畜なし，年金受給権売却（治療のため）	無	息子は学生
14．D.H	男/51	本人	2（老齢/51）	Motor Taxi，土地・家畜なし	有	妻は売り子
15．S.N	男/75	息子17	2（老齢/75）	Motor Taxi，土地所有なし，年金受給権売却（生活費のため）	無	息子は学生

第6章 シアムリアプ州における除隊兵士の調査(2)

16. P.H	男/57	本人	2（障害/内臓疾患）	農業，Motor Taxi，鶏所有，年金受給権売却（生活費のため）	無	独身
17. T.P	男/68	本人	2（老齢/68）	無職，鶏所有	有	妻は売り子，息子はTaxi運転手
18. N.Y	男/37	本人	2（障害/内臓）	Motor Taxi，土地なし，鶏飼育	有	妻は主婦
19. N.S	女/47	本人	2（障害/不詳）	家事，土地なし，鶏・牛所有	有	夫はMotor Taxi
20. H.B.T	女/44	本人	2（障害/不詳）	家畜飼育，鶏・アヒル・豚所有	有	夫は兵士
21. T.K.T	女/43	本人	2（障害/不詳）	無職，土地・家畜なし，年金質入し治療費へ（2008年まで返還）	無	息子は理容師
22. Y.K	男/41	本人	2（障害/不詳）	Motor Taxi，土地・家畜所有なし	有	独身
23. C.L	男/?	本人	2（障害/右腕損傷）	企業勤務，土地・家畜なし，年金質入し生活費へ	無	妻は売り子，息子は学生
24. S.S	女/42	本人	2（老齢?）	主婦，土地・家畜なし，年金質入し治療費へ（2008年まで返還）	無	夫はMotor Taxi
25. M.T	女/?	娘16	2（障害/右腕損傷）	Motor Taxi，土地・家畜所有なし，年金質入し生活費へ＋Taxi購入（2008年まで返還）	無	娘は学生
26. M.D	男/56	本人	2（老齢）	無職，土地・家畜所有なし，飼育希望	有	息子は企業勤務
27. C.H	男/?	息子22	2（老齢）	無職，鶏所有	有	息子は建設労働者
28. K.C	男/41	本人	2（障害/不詳）	Motor Taxi，土地・家畜所有なし，飼育希望	有	独身
29. R.R	女/?	甥26	2（老齢）	家事，土地・家畜なし，飼育希望	有	夫は兵士

Ⅱ 事例分析

表6-5 スラクラームのカテゴリーと年金（単位：人）

	男	女	カテゴリー1	カテゴリー2	年金無	年金有
30代	1	0	0	1	0	1
40代	6	5	2	9	5	6
50代	4	0	0	4	1	3
60代	3	0	0	3	0	3
その他	8	2	1	9	6	4
合計	22	7	3	26	12	17

ると表6-5のようになった。

コクチョークと同様にカテゴリーの分布と「年金の有無」に着目してみよう。

スラクラームの例でも「その他」に分類される層に年金を失った例が多い。しかし，コクチョークで確認してきたように，年齢不詳は代理受講によるものであり，年金の喪失がとくにある年齢層に偏っているということを示唆するものではない。ではなぜ兵士たちは年金受給権を売り払ってしまったのだろうか。

年金のない兵士を表6-4から拾ってみると次のようになった。

1番の男性は，調査時点ですでに死亡が確認されている。この家族は土地などの財産も所有しておらず将来的には不安要素が大きい。娘が技能訓練を受講しており，それが今後の生活の維持へとつながっていくことが期待できるだろう。ここではカテゴリー1に分類した。3番の男性は，息子の年齢から推して40代と思われ，カテゴリー1の可能性もある。本人はすでに本業の運転手で生計を立てており，息子が技能訓練を受講している。経済的に戦力となる家族が増えることから，生活が困窮することはないと思われる。なお，この男性の所在は不明である。

6番の男性，11番の女性はカテゴリー1であり，さらに家族が経済的に家計を支持できることから，特に不安要素はないと見ていいだろう。一方，9番の男性は，「障害の治療のため」年金受給権を現金化している。現在，小売を生業としている妻が障害のある夫に代わって家計を支えなけ

表6-6　スラクラームの除隊兵士の調査時点での仕事

仕事内容	無職 (含家事)	農業 (野菜栽培)	運転手	会社	建設労働	その他（小売／公務員／漁業など）
人数	13	2	11	2	1	0
割合（％）	44.8	6.9	37.9	6.9	3.4	0.0

出所：2007年8月聞き取り調査より筆者作成
※　表6-4の「現在の職業」の筆頭に記されている職業で分類している。

ればならず，もし治療が長引くようなら，将来的に貧困へと転落することも考えられる。同様の危うさは13番の「内臓疾患の治療費を賄うため」の男性，15番の「生活費を工面（息子は学生）」の75歳の男性，そして16番の「内臓疾患があり生活費を工面」の男性にも見られる。コクチョークと同様にスラクラームでも，当座の生活費と治療費の工面のため年金受給権を現金化する例が目立つ。

2．技能訓練受講

技能訓練では，スラクラームは本人受講が19例（65.5パーセント）と本人受講が半数を超えている。受講者の多くはカテゴリー2であるが，老齢が除隊の理由となっている者が多く，コクチョークの本人受講率37.5パーセントと比べても，本人の就労への意欲が高いことがうかがわれる。さらに都市部に近接するスラクラームの場合は，観光地シアムリアプを擁し，すぐに生活に生かせる技術を望んでいる無職の層が多いのが特徴的である。

このような除隊兵士による地域特有のニーズは，除隊時の調査で把握されていた。シアムリアプ市内には女性省（現在，除隊兵士の社会再統合に係る職業訓練の業務は女性省に委嘱されている）の管轄する職業訓練学校がこうした目的のために設立されている。しかし，平屋建ての建物は，職業訓練を行うには狭く，機材等も整備されていない。女性省の幹部の話では，公共交通機関がないため利用者は徒歩圏内に居住する住民に限られており，また受講科目も「理容」「修理」しか提供されていないということであった。

表6-6は，除隊兵士の調査時点での仕事を，コクチョークと同様に主な生業ごとに分類したものである。「農業」を生業とする集団が約7パー

Ⅱ　事例分析

セントあり，さらにその可能性を模索できる集団（表中「無職」に分類したもの）を入れると約52パーセントになる。それ以外は約48パーセントである。

　これまで運転手や企業勤めをしていた元兵士たちのうち少なからぬ数は，おそらく，技能訓練を受けても元の仕事をやり続けることになると思われる。そうして考えた場合，約半数の受講生にとってSTPは単に「鶏と豚をもらえる」だけの訓練になってしまうことになる。むろん今後の障害や老齢への不安からSTPを契機に家畜飼育を生業にしようと考える人も皆無ではないだろう。しかし都市部に居住しているということによるメリット，すなわち多様な仕事に恵まれる可能性，さらにそうした業務が今後の経済成長とともに増え続ける可能性が高いことを考え併せると，「鶏・豚飼育コース」のみという今回のSTPのプログラムは人々のニーズに対応したものとはいえない。彼ら除隊兵士たちは今後の都市の将来的な発展を射程に入れて，修理やコンピューターといった他の技術を受講したいと思ったかもしれないからである。代理受講生はコクチョークと同様，主に10代，20代の息子や娘たちである。

(3)　その他のコミューン
①　スヴァイ・ダンコム（Svay Dankum）・コミューン出身者／4名
　人口：47,199人，男性／女性：23,367／23,832
　9,737世帯，1世帯の平均人数：4.71人　　（2008年カンボジア人口統計表）
　スヴァイ・ダンコムはシアムリアプ州の中ではスラクラームと並んでもっとも人口規模の大きいコミューンである。4人全員がカテゴリー2で年金受給権保持者であり，年金権を喪失した例はない。また，4人のうち3人までが本人受講で，障害の程度がそれほど重くないか，あるいは技能取得に意欲的であることがうかがえる。また全員が家族を持ち，家族は家計を維持できる年齢，職業である。逆にいえば，だからこそ年金受給権に手をつけずに生活を維持することが可能だったとも考えられる（表6-7）。

　4人の中では2番の男性は土地を所有しておらず，家族は主婦の妻のみであるので不安が残されている。しかし，技能訓練に本人が出向いて受講

表6-7　スヴァイ・ダンコムの鶏・豚飼育コース受講生

氏名	男女/年齢	受講	カテゴリー	現在の職業・年金・土地所有の有無など（以下同）	年金	備考（世帯構成）
1．C.K	男/41	本人	2（障害/脚）	無職，土地なし，鶏所有	有	息子は労働者
2．L.B.C	男/50	本人	2（障害/脚）	工場労働者，土地・家畜所有なし	有	妻（主婦）
3．H.R	男/？	息子21	2（障害/不詳）	農業，土地所有，鶏・牛所有	有	家族の職業不詳
4．D.M	男/81	本人	2（老齢/81）	無職，土地・家畜所有なし	有	子どもたちは販売業

できる程度の障害であり，現在は工場労働者として働いているので，このプログラムによって得られた鶏や豚は妻が飼育する形で生かすことになると思われる。同様に1番，4番の男性も無職で土地は所有していないが，本人が技能訓練を受講しており，経済的に支える家族もいることから，貧困への転落というシナリオは回避できる可能性が大きいと思われる。

3番の男性は，21歳の息子が代理受講していることから類推して，年齢はおそらく60歳前後と思われる。この男性の場合，4人の中で唯一土地や家畜を所有しており，現在も農業を営んでいる。牛を所有しているので耕作地の規模もそれなりにあると思われる。家族の詳細は不明ながら，比較的リスク小と判断できる。

② シアムリアプ・コミューン
　シアムリアプ（Siem Reap）・コミューン出身者／8名
　人口：19,117人，男性／女性：9,408／9,709
　3,447世帯，1世帯の平均人数：5.5人　　　（2008年カンボジア人口統計表）
　シアムリアプ出身の受講生は8事例と少ないが，そのうち，生活や治療のために年金受給権を手放したケースが半数の4事例を占める（表6-8）。これはどう説明されるだろう。ここでの「生活のため」は，第5章で検証したカンボジアの都市部と農村部の所得格差によって引き起こされるもの，

Ⅱ　事例分析

つまり物価高や相対的貧困によるものと考えられる[5]。

　カテゴリー2で年金受給権を失った2，3，4，7番の4人に照準を絞って生活の持続可能性を考えてみよう。まず2番の男性のケースである。男性の娘は現在農業に従事しており，STPの代理受講者として「鶏・豚飼育コース」を受講している。一方，男性の現在の職業は農業となっているが，自ら事業を手掛けており，たびたびタイなどに出掛けるので不在のことが多い（娘の証言）。年金受給権を売却して現金化したのも，事業に使うためだったと考えられる。男性には障害はなく老齢による除隊であるので，現在，医療などのニーズは発生していない。娘がコース終了後，この経験を生かして生活を維持していくことは困難ではないだろう。土地所有

表6-8　シアムリアプの鶏・豚飼育コース受講生

氏名	男女/年齢	受講	カテゴリー	現在の職業	年金	備考（世帯構成）
1．S.B (busy)	男/？	妻41	2（障害/脚）	大工，鶏所有	有	妻は農業と小売
2．S.M (busy)	男/60	娘17	2（老齢/60）	農業，鶏・牛所有，年金受給権売却（生活のため）	無	娘も農業
3．P.T	男/70	息子25	2（老齢/70）	豚・鶏の飼育，土地売却，年金受給権売却	無	息子は農業
4．L.A	男/？	息子21	2（老齢/不詳）	建設作業員，土地売却，年金受給権売却	無	息子は学生
5．S.P	男/53	本人	2（障害/一方の目を失明）	農業および漁業・魚の養殖，豚・鶏の飼育	有	独身
6．P.C	男/65	本人	2（老齢/65）	建設労働者，土地・家畜所有なし	有	子どもたちは販売業
7．C.S	男/63	本人	2（障害/一方の脚を切断）	無職，鶏所有，年金受給権質入後売却（治療のため）	無	独身　義理の兄弟も元兵士
8．G.N	男/45	本人	1	自転車修理，バッテリー回収，鶏所有	無	独身

の有無に関しての記載がないが，牛を所有していることから農業の規模も相応のものであろうと考えられ，生活の持続可能性という点からは，特に不安はないと思われる。

　3番の男性も家族構成などは2番と類似のケースである。しかし，彼の場合は70歳と明らかに高齢であり，土地も売却している等，2番の男性と比較した場合，不安材料は多い。今後，息子がどこまで生活を支えられるかが鍵となるだろう。4番の男性は年齢不明ながら老齢で除隊している。カンボジアでは停年が55歳であることから，カテゴリー2の除隊兵士の場合，「老齢」は基準としては56歳以上である。したがって「老齢」といっても50代の場合もあり，外見からは判断がつかないことも多い。さらに，実際に自分自身の年齢を知らないケースや，有利に（つまりカテゴリー2で）除隊するために年齢を偽るケースもある。4番の男性の場合は，障害がなく，現役の建設作業員として働いていることから，また息子の年齢から推測しても，まだそれほどの老齢ではないと思われる。この男性も土地を売却している。息子はまだ学生であるが，今は建設作業員としての定期的な収入によって生活が維持されており，いずれは息子が家計を助ける戦力として加わることになるだろう。

　唯一，7番の男性は不安要素が残る。独身で彼を支える家族はいない。障害があり，その治療のために年金受給権を売却している。今後も治療を継続する必要があれば，STPのプログラムによる鶏・豚の飼育のみでは生活維持は困難である。医療ニーズを抱えたまま除隊する兵士へのフォロー体制が強く望まれる事例である。

③　サラ・カムラウ・コミューン
　サラ・カムラウ（Sala Kamraek）・コミューン出身者／12名
　人口：26,252人，男性／女性：13,015／13,237
　5,071世帯，1世帯の平均人数：5.2人　　　（2008年カンボジア人口統計表）
　サラ・カムラウではカテゴリー2で年金受給権を失った除隊兵士は2名である（表6-9）。2番の男性は既にカンボジアを離れタイに居住している。シアムリアプの調査結果からも明らかになったように，カンボジアと

II 事例分析

国境を接するタイは，カンボジアの人々にとって魅力的な商いの場である。しかしそれだけではない。多田によれば，「兵士として長い間転戦する過程でタイに逃れたり，除隊パッケージなどを得てタイに世帯を構え，カン

表6-9　サラ・カムラウの鶏・豚飼育コース受講生

氏名	男女/年齢	受講	カテゴリー	現在の職業	年金	備考（世帯構成）
1．K.B (busy)	男/? 50代か	息子14	1	農業と建設労働者，牛・鶏所有	無	息子は学生
2．S.Y	男/?	妻29	2（障害/不明）	建設労働者，土地なし，年金受給権売却（生活費のため）	無	妻は学生で小売 本人はタイ居住
3．K.B	女/61	本人	2（老齢61/障害）	無職，土地・家畜所有なし	有	独身
4．D.C	女/?	夫48	2（障害/内臓疾患）	洋裁，鶏所有	有	夫は建設労働者
5．K.T	男/?	息子23	2（老齢/不詳）	Motor Taxi，土地・家畜所有なし	有	息子は学生
6．K.B	男/49	本人	2（障害/内臓疾患）	Taxi 運転手，土地・家畜所有なし	有	妻（主婦）
7．C.S	女/63	本人	2（老齢/63）	伝統治療師，鶏を飼育	有	独身
8．P.P	男/56	本人	2（障害/内臓疾患）	地方公務員，土地所有なし，家畜飼育・農業希望	有	息子は企業勤務
9．S.S	男/? 60代か	息子17	2（障害/不詳）	農業・漁業，鶏所有，年金受給権売却（生活費のため）	無	息子は学生
10．K.S	男/70	本人	2（老齢/70）	無職，土地・家畜所有なし	有	息子は学生
11．P.V	男/?	妻32	2（障害/不詳）	Tuk Tuk 運転手，土地・家畜所有無，家畜飼育希望	有	妻は売り子
12．K.H	男/?	息子28	2（老齢/?）	農業，鶏・牛所有	有	息子はガイド業

第6章　シアムリアプ州における除隊兵士の調査(2)

表6-10　カンダエクの鶏・豚飼育コース受講生

氏名	男女/年齢	受講	カテゴリー	現在の職業	年金	備考（世帯構成）
1．T.S	男／？	妻60	2（老齢／？） (2003年死亡)	鶏飼育，土地なし，年金受給権売却（生活費のため）	無	妻は農業

ボジアにもどって来ない〔カンボジアの妻子を捨てる〕ケースも少なくない」という（多田氏から聞き取り，2005年）。このケースでは29歳の妻が一人取り残されており，このまま一人で暮らすことになる可能性は高い。幸い妻はSTPを受講しているので，本来の小売の仕事と合わせて，鶏・豚の飼育で自分一人の生活を維持していくことはできるだろう。9番の男性は農業と漁業を生業としている。障害のある除隊兵士であるが，戦力になる息子がおり息子がSTPを代理受講しているので，将来的にも息子とともに生計を維持していくことができるのではないかと考えられる。

④　カンダエク・コミューン

　カンダエク（Kandaek）・コミューン出身者／1名
　人口：13,241人，男性／女性：6,592／6,649
　2,603世帯，1世帯の平均人数：5.1人　　（2008年カンボジア人口統計表）
　カンダエク・コミューンはプラサット・バコン郡にある。2003年に本人は死亡しているが，生前に得ていた年金受給権を生活のために売り払ってしまったケースである。病気療養とそれに続く本人の葬儀費用に必要だったことが明らかにされている。妻が一人取り残されているが，現在農業を生業としており，それに加えてSTPのコース終了後は鶏・豚の飼育を行うことによって自らの生計を維持していくことになるだろう（表6-10）。

⑤　チュリゥ・コミューン

　チュリゥ（Chreav）・コミューン出身者／8名
　人口：14,054人，男性／女性：7,119／6,935
　2,686世帯，1世帯の平均人数：5.2人　　（2008年カンボジア人口統計表）

Ⅱ 事例分析

　チュリゥはシアムリアプに隣接しているが，都市部の要素は薄く，農村が広がっている地域である。しかし1，4，7番の男性が年金受給権を失っている。3例のいずれも，息子がSTPを代理受講している（表6-11）。
　まず1番の男性は，なぜ年金受給権を売却したのか不明であるが，調査時は学生であった息子が将来的には家計の支持者になると考えられる。さらに，男性の職業は農業であるが，兼業で鶏を飼育して生計をたてており，STPのプログラムを生かしていくことができそうである。4番の男性は現在も病状が重く年金受給権は治療（費）のために売却しており，仕事もしていない。しかし代理受講した息子が，今回のプログラムを生かしてすでに所有している鶏や牛とともに家畜の飼育を行っていくことで生計を維持できると考えられる。7番の男性も同じような状況にあるが，除隊理由は老齢で，障害を持つ他のケースと比較すると，当面は治療費などの出費もなく不安は少ない。代理受講の息子は石工の仕事をしており，彼の話で

表6-11　チュリゥの鶏・豚飼育コース受講生

氏名	男女/年齢	受講	カテゴリー	現在の職業	年金	備考（世帯構成）
1．K.S (busy)	男/？ 50代か	息子17	2（障害/脚）	農業，鶏飼育，年金受給権売却	無	息子は学生
2．M.D	男/36	本人	2（障害/不詳）	農業，牛，鶏所有	有	独身
3．G.S	男/63	本人	2（老齢/63）	無職，土地・家畜所有なし	有	独身
4．E.E (sick)	男/？ 60代か	息子20	2（障害/脚）	無職，鶏・牛飼育，年金受給権売却（治療のため）	無	息子は石工
5．L.C	男/45	本人	1	農業労働者，鶏・牛飼育	無	独身
6．S.K	男/40	本人	2（障害/脚）	農業労働者，鶏・牛飼育	有	妻は野菜栽培
7．S.V	男/68	息子34	2（老齢/68）	無職，土地・家畜なし，年金受給権売却（生活のため）	無	息子は石工，鶏・豚の飼育希望
8．H.S	男/？	妻？	2（障害/足）	漁業，鶏所有	有	妻は野菜栽培

は，重労働の割に賃金が安いので鶏・豚飼育を本格的に行うことに意欲を持っているということであった。

チュリゥのような農村部では農業が主として行われており，「現在の職業」にも農業と答えた者が多い。また家畜を所有し飼育している者も多いことから，STPのプログラムはここでは有意義である。年金受給権を売り渡しさえしなければ，それなりの生活が維持できる兵士たちが多いことはわかる。それだけに4番の男性のように医療ニーズの高い兵士には，無料での医療保障が望まれる。

⑥　スロガエ・コミューン
　スロガエ（Srangae）・コミューン出身者／13名
　人口：8,075人，男性／女性：4,072／4,003
　1,574世帯，1世帯の平均人数：5.1人　　（2008年カンボジア人口統計表）
　スロガエはサンヴォアに隣接する農村地帯である。受給権を手放してしまうという問題は全く起こっていない（表6-12）。ここで不安材料のあるのは，8番の女性と9番の男性の例である。いずれもカテゴリー1で年金はない上，本人がすでに死亡している。家族構成は酷似している。両者ともすでに労働に就いている娘がおり，土地はないが，豚や鶏，牛を飼育している。受講した娘が主力となって，コース終了後は家畜の繁殖で身を立てていくことは可能であると考えられる。ここでは他の家族の存在は不明であるが，娘はまだ若く，将来性は期待できるだろう。

　一方，12番の男性は19歳という若さで独身である。したがって，病気やけがなどの突発的な事故がなければ，生業である農業とともにSTPのプログラムを生計の手段として生かしていけると思われる。

⑦　クロバイリエル・コミューン
　クロバイリエル（Krabei Riel）・コミューン出身者／7名
　人口：7,618人，男性／女性：3,757／3,861
　1,524世帯，1世帯の平均人数：5.0人　　（2008年カンボジア人口統計表）
　クロバイリエルは農村部にあるが，すでに年金受給権を失った者が3名

II 事例分析

表6-12 スロガエの鶏・豚飼育コース受講生

氏名	男女/年齢	受講	カテゴリー	現在の職業	年金	備考（世帯構成）
1．T.T	男/？50代か	息子15	2（障害/腕）	NGOに勤務、鶏飼育	有	息子は鶏飼育
2．O.E	男/43	本人	2（障害/腰）	無職、鶏飼育	有	妻は売り子
3．S.B	男/48	本人	2（障害/腕）	自転車修理、鶏・牛所有	有	妻（主婦）
4．P.M	男/51	本人	2（老齢？）	農業、土地・家畜所有なし	有	妻は売り子
5．U.M (sick)	男/？	息子25	2（障害/不明）	無職、土地・家畜所有なし	有	妻は売り子、息子は建設作業員
6．S.T	男/43	本人	2（障害/脚）	保安警備員、土地・家畜所有なし（昔は鶏・豚飼育）	有	妻（主婦）
7．T.S	男/49	本人	2（老齢？）	無職、野菜栽培希望	有	子どもたちは労働者
8．H	女/？	娘17	1（死亡/2002）	土地なし、豚と牛を所有	無	娘は労働者
9．P.C	男/？	娘17	1（死亡/2003）	土地なし、豚と鶏を所有	無	娘は労働者
10．S.M	男/64	本人	2（老齢/64）	土地・家畜所有なし	有	息子はMotor Taxi
11．M.C	男/34	本人	2（障害/脚）	土地・豚所有	有	Motor Taxi
12．P.R	男/19	本人	1	農業、鶏と豚を所有	無	独身
13．C.B.C	男/49	息子15	2（老齢？）	建設労働者、鶏・牛所有	有	息子は学生

ある（表6-13）。受講者全員がカテゴリー2で、うち2名は老齢を理由にカテゴリー2に分類されている。年金受給権を手放した理由を見ると、3名とも売却代金を治療費に充てており、ここでも十分な医療の保障が大きな課題として浮かび上がってきている。なかでも4番の男性は障害のために治療を要し、息子は無職であるので、今後の生活の維持には不安が残されている事例である。

第6章　シアムリアプ州における除隊兵士の調査(2)

表6-13　クロバイリエルの鶏・豚飼育コース受講生

氏名	男女/年齢	受講	カテゴリー	現在の職業	年金	備考（世帯構成）
1．R.R	男/54	息子22	2（老齢？）	農業，年金受給権売却し治療費へ，鶏・豚飼育希望	無	息子は建設作業員
2．K.L	男/？	息子？	2（老齢）	工場労働者，年金受給権売却し治療費へ	無	息子は無職
3．K.S	男/46	本人	2（老齢？）	小売業，土地・家畜なし	有	独身
4．L.P	男/？50代か	息子16	2（障害/機能）	農業，鶏・豚飼育，年金受給権売却し治療費へ	無	息子は無職
5．K.D	男/38	本人	2（障害/脚）	Motor Taxi，土地・家畜なし	有	独身
6．B.N	男/？60代か	娘20	2（障害/腕脚）	Motor Taxi，土地なし，鶏所有	有	娘は家事手伝い
7．D.S	男/72	本人	2（老齢/72）	無職（働けない），鶏・豚飼育（子どもたち）	有	子どもたち（教師・兵士・小売業）

⑧　サンブォア・コミューン

サンブォア（Sambuor）・コミューン出身者／4名

人口：3,687人，男性／女性：2,000/1,687人

751世帯，1世帯の平均人数：4.9人　　　　（2008年カンボジア人口統計表）

　サンブォアは非常に人口の規模が小さく，チュリュと同様，もともと農業に従事している者が多い。すでに家畜を所有している者の割合も高いことから，STPの「鶏・豚飼育」プログラムがうまくニーズに合致しているコミューンであると考えられる。また全員がカテゴリー2に分類される障害者であるが年金受給権は保持されており，家計を支持する家族にも恵まれている地域となっている。本人受講が1件で，後は娘の受講であるが，これも後続世代への技能の習得を意図した結果なのだろうか。不安材料としては4番の男性が病気であるという点で，病の程度によっては生活が苦

Ⅱ 事例分析

表6-14 サンブォアの鶏・豚飼育コース受講生

氏名	男女/年齢	受講	カテゴリー	現在の職業	年金	備考（世帯構成）
1．P.S	男/？	娘？	2（障害/腕）	農業，鶏所有	有	娘は学生
2．E.Y	男/？60代か	娘16	2（障害/左脚）	農業，鶏・牛所有	有	娘は学生
3．S.R	男/41	本人	2（障害/右腕）	農業，鶏所有	有	妻は無職
4．P.C (sick)	男/？	娘20	2（障害/右脚）	農業，鶏・豚・牛所有	有	娘は家畜飼育

しくなることも考えられる。政策による医療扶助が不可欠であると考えられるケースである。

3 考察

　以上，126名の除隊兵士の現状について，年金，年金以外の要因に分けて個々のケースを分析してきた。これらをもとに，本章冒頭にあげた対立仮説を考察してみよう。

(1) 兵士の脆弱性

　兵士は脆弱であるのか。まず第2節で明らかにしてきたように，126名の聞き取りの分析から，年金受給権を失ってしまった兵士が多く存在すること，すなわち年金受給権という「権利」が売買の対象であるという事実が確認できた。では，なぜ兵士たちは受給権を売り払ってしまったのか。多田はここに「兵士の脆弱性」を指摘する。兵士は精神的に脆弱で，決められたインタヴュー（面談）に出席せず，STP受講権も利用しようとしない。その一方で現金やパッケージ支給には興味を示し，年金受給が遅れるとすぐにその権利を他者に二束三文で売り渡して現金化するという点をあげ脆弱性の根拠としている（多田氏から聞き取り，2005年）。筆者が本調査と並行して聞き取りを行った結果にも，確かに精神的に「脆弱」と考えざるを得ないような兵士たちの発言が見られる（以下はメモから）。

第6章　シアムリアプ州における除隊兵士の調査(2)

「鶏，豚を飼育するにもエサ代，薬代がかかる。しかし生活が手一杯でその恒常的な費用を捻出できない」

「豚は維持費がかかる。しかし元気なうちなら売値がいいので売って生活費の足しにする。どうせ十分なエサをやれなければ痩せて病気になり，死んでしまうだけだから」

「技能訓練〔「鶏・豚飼育コース」〕を受講するのは，終了後に鶏と豚をもらえるからだ」

「オートバイは便利だがガソリン代が高いのであまり利用しない。売れれば売る」

「牛なら耕地に使える。牛がほしかった」

〔マイクロファイナンスには興味を示さない〕

「何をしたいのか思い浮かばない」

「お金を借りても利子が払えない」

「何かの下請けですぐに現金収入になる仕事がいい」

「〔技能訓練に参加したのは〕これしかなかった。家畜飼育はやったことがないし，土地がない」

「これまでの仕事〔トゥクトゥク運転手〕ができない〔一方の脚を切断〕。都市での仕事がほしい」

　以上のような言動からは，確かにそのライフスタイルが無計画で刹那的であるように受け取られかねない要素がある。問題は，しかし，なぜ兵士たちはそのような言動をとるのかという点にある。

　その手がかりとして，本来，年金が「有」のはずだが「無」となっている除隊兵士について，その理由を検討してきた。結果は，コミューンによる偏りがあり，都市部に近いところほど受給権を手放す例が多くなる傾向が見られた。これは物価高などの影響だけでなく，シアムリアプの都市部などでは貧困がすでに相対的貧困となっているためであろうと考えられる。さらに，わずかの田畑でもあればその日の糧を得て生きながらえることができる農村部のような生存手段が，都市部では不可能であるということを物語ってもいる。

Ⅱ　事例分析

　一時的に「成金」状態にある除隊兵士に群がる地方公務員，CVAP 関係者，そして悪質な金貸し業者がいることも明らかになったが，特に高利貸しの被害者はシアムリアプ市内近郊郡（コクチョーク／スラクラーム／シアムリアプ・コミューンなど）に集中しており，都市部がその温床となっていることが推測できる。その理由として，前述したように，現金の有無が即生活の豊かさ貧しさにつながる都市特有の生活スタイルがあげられよう[6]。一般に，住民がアクセス可能な現金借入手段は，NGO が運営する貸出制度と農村の比較的富裕な層による金貸しの二つがあげられるが，前者はまだ十分に普及しているとは言えず，ほとんどの農村住民は月利 15～20 パーセントを課す金貸しに頼らざるを得ないのが実情である（Kim Sedara 2002）。
　再度確認しておくと，除隊時に兵士たちはカテゴリーにかかわりなく一様に，当座の現金 240 ドルとオートバイやミシン，そして生活雑貨を支給されている。240 ドルとは，公務員の 1 カ月の給与が約 30 ドル（2011 年の調査ではシアムリアプ州の都心部では 40～50 ドルとなっている）であるところから算出されたもので，半年ほどはこれで何とか生活しながら技能訓練を受け，その後，独自に生活を展開していくよう策定されたものだ。相対的に貧しいカンボジアの農村部では，CVAP のこの除隊条件は破格でさえあった。しかし，にもかかわらず，わずかの期間でそれらを使い果たし，年金受給権まで手放してしまうほど兵士たちは追い詰められていたということになる。それはなぜなのか。問題点の一つはここにある。
　彼らの行動は脆弱性のゆえだったのだろうか。
　調査結果から，年金を質入れしたり売却したりする兵士たちは，その多くが傷病の治療や生活費など必然的に発生する金銭問題を抱えていることが明らかになっている。高齢者や障害者，傷病者の兵士たちが中心である除隊計画においては，少なからぬ者が除隊後も何らかの治療を必要とするであろうことは除隊登録の段階で想定できたはずである。それにもかかわらず，除隊される側のニーズが計画段階で組み込まれなかったことが，多くの除隊兵士たちを貧困へと転落させる主要因であったと考えられる。
　生活や健康の不安に脅かされた兵士たちが，それを回避しようと「金になる」自分の所有物を現金化することは，彼らにとっては合理的行動であ

る。そうであれば，貧困への転落の責任を兵士個人の脆弱性のみに帰することはできないのではないだろうか。

(2) 制度と社会環境の問題

次に，制度と社会環境の問題について，兵士の自立支援を想定したSTPは適切であったのか否かの視点から，家族構成，これまでの職業，土地・家畜の所有という社会環境を視野に入れて考えてみよう。

個々のコミューンにおける除隊兵士の調査結果の分析から明らかにされたように，「権利」を売却することのできないような法整備，そして障害・傷病で除隊する兵士への医療保障を行うことによって，政策の欠陥は補うことができる。しかし医療保障を担保するのは国の政策である。その「良き統治」が行われていればCVAPは確かな効果をあげていただろう。しかし，年金を受給しても当面の生活に困窮している兵士もおり，彼らに唯一の換金手段を禁じるとなると，生活そのものが成り立たなくなるおそれもある。この問題をどう考えるべきだろうか。

実はCVAPはその施行のプロセスにおいて大きな問題をはらんでいた。レジティマシー・ギャップ（Legitimacy Gap）といわれる問題がそれである。これは，カンボジア政府における汚職・不正などのモラルハザードを指している（第1章）。CVAP策定当初からカンボジア政府と世銀との間に不協和音があったことは既に述べてきた。それが解消されることがないまま，この計画を主導的に進めていた世銀がCVAPからの突然の完全な撤退を決めたことが，計画の一時凍結の発端となった。2005年のことである。日本以外のドナー国・機関も追随するように撤退を決めたため，動員解除の段階でCVAPそのものが一時機能不全に陥ったのである。当然，除隊兵士への年金の支給は遅れ，STPの開始も遅延することになった。しかし，兵士たちは既に除隊してしまっている。彼らは，除隊パッケージは手にしているが年金受給権も技能訓練も棚上げになったまま帰郷することになったのである。

このような事情を背景として「兵士の脆弱性」を議論する際の三つの大きな問題点が指摘できる。

Ⅱ 事例分析

　まず，その停滞期間に帰還地域を離れた除隊兵士も多く，技能訓練プログラム再開時に居住地域の把握が困難になってしまったという点である。多田も指摘しているように，土地もなく家族や親族もいない除隊兵士の場合，彼／彼女をその地域にとどめておくインセンティブは何もなく，このことが，インタビューに出席せず，STP受講券も利用しないという行動となって表れてくることになる（多田 2007）。技能訓練未受講者の何パーセントかはこうした理由によると考えられる。

　さらに，待機期間の長期化が，除隊兵士の死亡，高齢化，予期せぬ出費という生活者としての除隊兵士たちの過重負担をまねき，生活設計が大幅に狂ってしまった可能性も否めない。本章第2節の調査結果では，内臓疾患を患っている除隊兵士がその治療費のために年金受給権を売り払ったり，生活費の補填や家族の葬式代といった生活を維持していくための必要不可欠な出費を迫られている現状が見て取れる。それこそが現在の，そして将来にわたり連綿と続く「生活水準の低下」につながる「不安」にあたる。したがってそのリスク回避行動として除隊兵士が年金受給権の売買に走ったことは十分に合理的行動と考えられる。

　次に，年金受給権の売買に関わる悪質なブローカーや質屋，高利貸しなどの存在である。これはすでに見てきたように，年金受給権喪失者が地域によってばらついていることから顕在化した問題である。年金は公務員の月給とほぼ同額であり，十分とはいえないにしても最低限の生活は保障される額と考えられる。年金が計画通り保障され続ければ，路頭に迷うような貧困は相当数防げたに違いない。「売買ができない」構造によって除隊兵士たちの権利を保護し，国が一定期間無金利で生活費や医療費を貸し出すような制度があれば，年金喪失による除隊兵士たちの転落のシナリオの多くが防げたのではないだろうか。社会再統合を標榜するCVAPを効果的に運用していくためにも，「一時成金」状態にある除隊兵士を違法行為から護る政策は不可欠であったと思われる。

　最後に，STPプログラムと除隊兵士のニーズのギャップ問題が挙げられる。コミューン毎にまとめた調査結果からは，そのギャップが顕著なコミューンとそうでないコミューンがあり一概に問題であるとはいえない。

第6章　シアムリアプ州における除隊兵士の調査(2)

しかし，生活の持続可能性という視点においては重要な課題を持つものである。

　計画段階ではSTPには複数の選択肢が示されていた。しかし現実には開催回数・場所は限られており，また派遣講師の問題など整備が十分でなかったため，提供されたプログラムのほとんどが「鶏・豚飼育コース」受講という結果となっている。除隊兵士の中には，これまでの仕事と大きな隔たりのある者が散見され，そのような兵士たちにとってはこの選択はミスマッチということになる。

　アンケート調査の結果からは，「技能訓練（鶏・豚飼育コース）を受講するのは，終了後に鶏と豚をもらえるからだ」という発言にみられるように，技能訓練の受講を自立生活へのキャリアパスと考えていない兵士が少なからずいることが確認されている。これは本章でも兵士の脆弱性を表すものとしてとらえてきた。しかし，第5章で検証したフォーカスグループ調査（第5章第1節Q3）のアンケートでは，「目先の利益」で選択した者は少ないという結果となっており，除隊兵士の技能訓練に対する考え方にも相違が見られることがわかる。126名の除隊兵士への聞き取りの結果であるから，どちらの答えもあり得るだろう。ある者は除隊後の生活設計を考え鶏・豚の飼育に励むだろうし，またある者は単なる金目の商品だとしか考えていないかもしれない。あるいは兵士たち自身，「なぜこのコースを選んだのか？」など真剣に考えていない場合もある。したがってここでは，少なくとも鶏・豚の飼育を単に商品を受け取るという程度にしか考えていない受講生が複数いるという事実に目を向けたい。もし彼らに別の選択肢，たとえば，それによって彼らがその後の生活設計を立てていけるようなコースの選択があればどうであろうか。脆弱だとされていた除隊兵士は一転してスキルを磨き，これまでの自分の生業を発展させて持続可能な生活手段を手に入れる成功者になるかもしれない。

　このように考えていけば，それは政策のギャップが生み出した問題であると考える方が正しいといえよう。

　しかしこうもいえる。生活の持続可能性とは，所与の条件の中で生活手段を見出し，その環境の中で生き続けていく可能性のことである。そうで

II 事例分析

あれば，限定された選択肢であったとしても，除隊兵士たちがそれを自らの可能性を広げるチャンスだと考えることはなかったのだろうか。ここからはむろん，兵士それぞれの資質の問題も指摘できるのだが，それよりも本章では，CVAPにおける教育手段に視点を移して議論してみたいと思う。たとえば「家畜を飼育したことがない」という除隊兵士が「家畜飼育」を選択した場合に，彼らのモチベーションに働きかける（恒常的に飼育をやり続けさせる）ような教育プログラムが考案されていただろうかという問題である。

モチベーションに働きかける教育とは，たとえば，適切に飼育すれば（飼料をきちんと与え，病気には治療を施すなど）家畜は繁殖し，将来的に投資した以上の実りが得られるなどの，中・長期的な生活設計が描けるような教育でありそのアドヴァイスである。そうすることによって「鶏，豚を飼育するにもエサ代，薬代がかかる。しかし生活が手一杯でその恒常的な費用を捻出できない」「豚は維持費がかかる。しかし元気なうちなら売値がいいので売って生活費の足しにする。どうせ十分なエサをやれなければ痩せて病気になり，死んでしまうだけだから」という発言に見られるような刹那的な考え方も変えられたのではないだろうか。

技能訓練後のフォローアップ・プログラムも重要である。1人1人個別に元兵士宅を巡回する必要はないが（それができればそれにこしたことはないが），相談窓口を常時設置し，飼育に困った受講生の相談に常に応じられる体制を整えておくことはやはり必要ではなかったか。巡回と書いたが，筆者には，こうした地域ごとの巡回相談窓口がもっとも望ましいフォロー体制だと思われる。技能訓練の会場まで来るのに公共の交通手段もない土地柄である。受講生は通いばかりではなく，受講期間中，路上で寝泊まりして修了していく受講生も少なくはなかった。したがって，彼らが死にそうな鶏や豚を伴って都市部の相談窓口に相談にやって来ることはあまり期待できない。しかし徒歩圏の巡回場所になら出向く人は多いだろう。

最後に自立支援そのものを問題として考えてみたい。

一般的な自立支援の考え方は，①経済的自立（就労自立），②身体や精神の健康を回復・維持し，自分自身で健康・生活管理を行うなど，日常生活

において自立した生活を送ること（日常生活自立），③社会的なつながりを回復・維持し，地域社会の一員として充実した生活を送ること（社会生活自立）である。[7]主に先進諸国で用いられるこの概念は開発援助政策においてもほぼ同義で用いられているが，とりわけ①の就労自立に重点がおかれている。本書で問題となるのはこの部分である。STPで提供するプログラムは家畜の飼育などによる就労支援であるが，いずれも「自営業」が目的である。自営業は経済的自立の一つの選択肢ではあるが，たとえば，被雇用者として安定的な生活を維持したいと考える兵士たちのニーズには応えていない。

　貧困に陥った元兵士，障害に苦しむ元兵士の自活に対し「社会の側から歩み寄る」という姿勢も示されなければならない。カンボジアの農村部という地域性を考慮した場合に，それは困難を伴う方法であるかもしれないが，全く不可能というものでもない。マイクロファイナンスや，雇用創出に向けての国を挙げた公共事業の取り組みなども考えられるはずである。

　さらに，除隊兵士の自立支援の場合は，②の日常生活自立という文脈からも考える必要がある。障害や傷病などの治療を必要とする兵士たちが，除隊後に治療を受けて自立した日常生活を送ることを可能にするような計画が策定されなければならない。そのためには診療所を増やし無料で医療を受けられる抜本的な医療改革が必要である。自立支援はそこから初めて可能となるものだからだ。

　たとえば，M. ユヌスはグラミン銀行を創設し展開させて貧困の削減に寄与したことで知られているが，その設立に際して共通のパターンがあったと述べている（ユヌス 2008: 142-143）。すなわち，借り手が貧困に打ち克つことができない主な理由は，家族（あるいは本人）の慢性病であり，中には，収入の大部分を病人の治療のために費やさざるを得ない家族もあったという。ユヌスがその発想の根拠とした村々にはすでに国営のヘルスケアシステムが構築され，ヘルスセンターが運営されてはいたが，それは形だけの機能であって，治療や医療を必要とする病人にとっては現実には「ない」に等しいものであった。彼はそうした村々での経験から，病人やその家族が収入の多くを，場合によっては全財産を，治療に費やさなければな

II 事例分析

らなかったことを明らかにし，貧困と病気は表裏一体のものであると指摘している（ユヌス 2008: 142-143）。ユヌスのこの指摘は多くの開発途上国にも同様にあてはまるものであろう。カンボジアの場合も，ヘルスセンターは設置されていても村はずれでアクセスが悪く，常駐する医師はなく，また扱う医療内容も，家族計画，産前検診，分娩，予防接種（BCG／麻疹）などであり，一般の診療科に該当するものはない。こうしたことから病気に苦しむ住民の多くは遠方の総合病院や個人病院にかかるという受診行動をとることになる。

このことに関して佐藤真美は，スバイアントー郡（プレイベン州）で約400人の住民に対し，病気の治療に払う金額，およびその捻出方法を調査している（2010年5月15日，上智大学「カンボジア研究会」発表草稿）。400人の住民は無作為に選ばれた村人たちであり，病気であったり家族に病人を抱えていたりという前提条件があるわけではない。それによれば，年間に支払う治療費は平均5～50ドルの層が過半数を占めているが，年間50ドル以上支払う住民も20パーセントほどあり，100～175ドルの住民も少なくない。世帯の平均的な年間収入250ドル以下が過半数を占める村で，100ドルを越える治療費は異常である。したがってその捻出方法には問題が多く見られる。家（家族）で何とか工面している（60パーセント，複数回答，以下同），近所や親戚から借りる（40パーセント）がやはり圧倒的に多い一方で，金貸し，米を売った，家畜を売った（各約20パーセント）など，身近な所有物を手放したり，金貸しに頼ったりするというような危険な手段が見られる。それ以外では，家財道具を売った，土地を売った，労働力を売った（各約10パーセント）と続いている。このようなものを手放すということがどういうことを意味するのかは明白で，ユヌスの指摘のように貧困へと結びつく可能性の高さを示唆するものとなっている。

③の社会生活自立に関しては，開発途上国においてだけでなく，現在，先進国をはじめ多くの国の共通の課題として繰り返し議論されている。ただカンボジアではポル・ポト政権下で意図的に村落の半分の住民を入れ替えるという政策が行われており，一般的に見て社会関係の構築は容易ではない。以下は第9章にも引用している，ある村人の証言であるが，カンボ

ジアの社会生活の自立がいかに困難であるかを考える上で興味深い事例だと思われるのでここで引いておく（高橋 2001: 259-271）。

警察官と結婚して夫が殺された女性（54歳）
　　旧住民である地元の人と新住民はあまり口をきかなかった。村の人たちは，新住民は金持ち，社会的地位の高い人たちと思って憎み，心を開かず，互いに恐れていた。

若者ユニットとしてアンコールボレイ郡で強制労働に従事した女性（44歳）
　　兄を探して互いに見つけても，話はできなかった。家族同士でも話すことは禁止されており，話しているのが見つかると「ヨーク・タウ・コーサーン」される〔別室に連れていかれアドヴァイスを受ける。殺されることもある〕。

　こうした歴史的背景を，少なくとも政府は把握していたはずである。そうであれば，除隊された兵士たちが帰郷していく村落の社会環境に対して，そのままでは地域での自発的な相互扶助活動が困難であることは容易に想像がついたはずである。CVAP の社会再統合が円滑に遂行されるように，組織だった住民活動の構築を支援していくような取り組みが政策として盛り込まれる必要があったのではないだろうか。

4　貧困の問題点

　CVAP の目的である社会再統合は，除隊兵士の自立支援を除隊パッケージと STP の受講によって実現させようとするものである。しかしこの計画は除隊兵士の貧困への転落を計画通りには防ぐことができなかったばかりか，逆にこれまで看過されてきたさまざまな問題点を顕在化させることにもなった。ここで再度この問題について考えてみよう。
　国際協力銀行が 2001 年にまとめたカンボジアの貧困プロファイルによ

Ⅱ　事例分析

ると，カンボジアには「固有の貧困層」の存在が認められるという（国際協力銀行 2001: 1）。①女性世帯主世帯，②地雷埋没地域居住者，③戦争・地雷被害による障害者を含む世帯，④土地無農民，である。このうち，除隊兵士の問題は①，③，④に当てはまるが，③に関しては，すでに年金と家族による支援という形で問題提起し議論してきたので，ここでは取り上げない。以下では，①と④（実はここには③の課題も包摂されている）について検証していこう。

(1) 女性世帯主の問題

　カンボジアには 41 万 1000 世帯の女性世帯主世帯があり，その割合は全世帯の約 20 パーセントを占めると推定されている（国際協力銀行 2001: 4）。こうした世帯は後述するように貧困に陥りやすい。除隊兵士世帯に着目すると，母子家庭世帯はむろんであるが，四肢損傷や老齢者の除隊兵士を抱える家族，とりわけ女性が世帯の実質的な切り盛りをせざるを得ない世帯の問題は深刻である。以下に，この問題を女性の就業，収入，そして日常生活という点から考えてみよう。

　女性がもっぱら携わるのは小売業である。このような仕事は低賃金か，もしくは無償労働に近い底辺部分の雇用にとどまり，経済的な見方からすればワーキングプアにあたる。天川は，カンボジア特有の文化的背景から，男性労働者のほうがより高い市場価値を有するという考え方が支配的なため，女性労働者は男性の約三分の一から二分の一の報酬しか受け取ることができず，このことが男性労働力のない女性世帯主世帯にとってさらに厳しい状況を招いていると分析している（西谷 2001: 69-71）。また，小売業の大半，とくに女性によって担われているのは菓子やスナック食品などの市場等での販売であるが，これらのほとんどは家族経営，小規模企業であり基盤は不安定である。さらに，同じような場所で同じような食品が多く売られているため供給過多現象がおこり，収益はあがりにくい。他にできる仕事が見つけにくいため，こうした過当競争が今後改善されるとは考えにくいのが実情である（シアムリアプ市女性省での聞き取り，2007 年）。

　女性世帯主世帯の問題に関しては，佐藤奈穂もシアムリアプ州の農村で

調査を行っている (2005: 19-41)。その中で，カンボジアでは離婚や死別により養育すべき子どもを抱えることになった女性を支援するような，国家による福祉政策はとられていないと指摘する。佐藤が調査した村では，女性世帯主世帯に対して福祉的役割を果たすような自助グループ等も存在せず，相互扶助は突発的なものか特定の期間に限られたものであり，日常的に女性世帯主世帯が利用できるような制度は見あたらないという。さらに佐藤は，女性世帯主世帯が農作業などを行う際に男性労働力の不足によって困難を抱えている事実を報告している。

では，このような現状に対してどのような対応がとられているのだろうか。国の組織としては，女性問題，とりわけ経済的に脆弱で貧困に陥る可能性の高い女性世帯主世帯に対して1998年に女性問題・退役軍人省 (Ministry of Women's and Veteran's Affairs) が旧女性事業省を改編するかたちで設置され，女性の権利伸張に向けてアドヴォカシーを行うなどの計画目標が示されている。また第8章で詳しく述べるRSの活動のように，NGOなどに働きかけて経済的な支援を要請することも行われているが，それも困窮する個々人への支援ではなく，職業訓練のための機器や備品，そして活動運営資金などの要請に止まっており，抜本的な対策は講じられていない[8]。

(2) カンボジアの土地問題

調査では，生業とともに土地・家畜の所有についてもたずねた。国民の8割近くが専業・兼業を含めて何らかの農作業に携わるカンボジアにおいては，土地問題は貧困の可能性を判断する上できわめて重要な要因であるからだ。

カンボジアのとくに農村部では，土地はDFIDの定義に見られるように，土地があれば困窮した時にそれを担保にできるという資源としての意味ではなく，土地があれば米や野菜を栽培でき「生きられる」という生存の基盤としての意味を持つのである。したがって，その所有，非所有は，貧困に陥るか否かを決定する鍵としての重みを持つことになる。

土地は，家を建てるための敷地と耕作地に大きく分けることができる。

II 事例分析

カンボジアのとくに都市部では，土地問題は居住目的の土地として議論されることが多いが，農村部の土地問題は，通常「耕作地」としての土地である。農村部では8割以上の人々が，生活水準において自家消費レベルであっても，また他の収入源を持っていても，何らかの農耕を行っている。土地を所有していない場合は，他者から借りてでも耕作しなければならない。そうでなければ最低限の現金収入はもちろん，家族が食べるものも手に入れられないからだ。とりわけ本書で対象とする除隊兵士は，カンボジアでも2番目に貧しいとされるシアムリアプ州に居住しており，さらに，その多くが農村部に住んでいるので，土地問題は生活問題そのものでもある。

では，カンボジアの土地所有のあり方はどのようになっているのだろうか。土地は正規の登録による私有制なのであろうか。この問題に関して，農村部でのクロムサマキ（共同型耕作）の研究を蓄積している天川の研究に拠って考えてみよう（天川 2001d: 151-179）。天川によれば，カンボジアでは近代的な土地所有の概念が導入される以前，国土は王に帰属するものと考えられており，その土地を「使用している」者に対して「鋤による獲得」が認められるのみであった。正確には3年間続けて使用しないとその土地に関するすべての権利が失効するとされていたという。これが「鋤による獲得」原則と呼ばれる制度である。しかし，19世紀末から20世紀初頭にかけてカンボジアを支配した宗主国フランスの影響下で近代的な土地私有概念が導入されると，所有概念そのものにも大きな変化が見られるようになった（国際協力銀行 2001: 4）。近代的土地私有の考え方は，「鋤による獲得」原則を認めた上で，①それ以外の土地を「無主の土地」と分類し，それらの土地を植民地当局が「国有地」としてフランス資本などに払い下げることを可能にするものだった（デルヴェール 2002: 488-489）。

さらに，②耕作の継続と所有権の成立とが切り離されたことによって，自らの労働によって耕作し得る面積を超えた土地の所有が可能になった。しかしその後，土地など一切の私的所有を禁止したポル・ポト時代，それに続く内戦の時代を経て，現在ではカンボジアの土地所有は，伝統的な「鋤による獲得」概念と近代的土地所有概念とが並存しているというのが

一般的理解である（天川 2001d）。では実際に個々人の土地所有はどうなっているのだろうか。

　天川は，ポル・ポト政権後に政権の座に就いた人民革命党政権時代（1979 年〜）に，クロムサマキによる分配直後の各村の世帯はみな土地を与えられていた（土地所有）としている（Greve 1993: 6）。天川の調査は 2 村のみなので，これによって「土地所有があった」という事実を一般化するのは議論のあるところである。しかし，調査村での個別聞き取り調査から得られた天川のデータは，他に比較するものがないという点から資料として重要である。そしてその結果から天川は，なぜそれにもかかわらず土地を失ってしまう世帯が多いのかという問いをたて，次のように説明している。

　すなわち，「土地なし世帯」は，
① 　近年になって帰村ないしは転入してきたばかりの世帯
② 　子への農地の分与をすべて終えてしまった世帯（老人世帯）
③ 　売却によって農地をすべて手放してしまった世帯

である。天川の調査が行われたのは 1995〜1996 年である。また，同様の状況は JBIC の貧困プロファイルでも指摘されている（国際協力銀行 2001）。この時点ではまだ CVAP は施行されておらず，除隊兵士も地域に帰郷していない。それでもすでに土地のない無産者が農村部に多く存在していたことになる。この点はきわめて重要である（第 7 章第 3 節(3)参照）。

　ここで留意すべきなのは③の「売却によって農地をすべて手放してしまった世帯」の存在である。「では土地所有は正式に認められていたのだろうか」の問いに立ち戻って考えてみると，売却によって土地が失われるのであれば，当然，それに先立つ土地の所有はあったことになる。

　この点に関して四本は，調査時点（2010 年）においても，法整備の遅れから土地所有は法的には保障されておらず，人々は「土地所有権限証明書」によって土地を所有しているに過ぎないとしている。四本の指摘はカンボジア憲法の研究成果に由来するものであり，本書でも土地問題を検証していく上での根拠としたい。しかし，カンボジア憲法すら知らない（読めない，あるいは存在も知らない）多くの住民にとっては，いかに脆弱な所有

Ⅱ　事例分析

形態であろうと「土地」は「所有」されていたと考える方が自然ではないだろうか。だからこそ，それは「売買」することができたのである。

　さらに同じ理由から，「耕作者不在」という名目で 20 年余に渡る内戦の混乱に乗じて政府が，休耕地を「証明書等のない土地」としてひんぱんに取り上げてきたという事実も容易に理解できるのではないだろうか（多田氏から聞き取り，2009 年）。とりわけ北西部州のタイ国境付近はポル・ポト派の拠点があった場所で，内戦に次ぐ内戦で土地は荒れ放題になっていた。除隊によって帰還する少なからぬ数の元ポル・ポト派兵士は，自らの土地が「休耕地」として政府の接収や立ち退き命令の対象となっていたという事実に，帰還して初めて気づくことになった[12]。こうしたことから，故郷に家族や親族等のいない，あるいは地域に強固なつながりのない除隊兵士たちは，知らないうちに本来のあるべき土地を政府に取り上げられ，路頭に迷うという構図が作られてしまったと考えられるのである。

第7章　シアムリアプ州における除隊兵士の調査(3)

<u>仮説(3)　「自立」が成功している除隊兵士とそうでない除隊兵士の違いはソーシャルキャピタル（社会関係資本，SC）の有無である。</u>

シアムリアプ州ヴァリン郡既卒兵3名，アンコールトム郡既卒兵2名，およびシアムリアプ郡既卒兵2名への聞き取り調査[1)]
　本章では，仮説(3)「『自立』が成功している除隊兵士とそうでない除隊兵士の差はソーシャルキャピタル（社会関係資本，SC）の有無である」を検証していく。仮説(3)は，すでに開発途上国などで適用され一定の評価を得てきた自立支援の方法論が，なぜカンボジアにおいて十分効果をあげ得なかったのかという問題を，現地聞き取り調査をもとに考察するものである。
　この仮説は，筆者が現地での調査時に抱いた疑問を背景としている。周知のように「自立支援」政策そのものは，貧困問題削減を考える上で主要な方法としてすでにグローバルな合意を得ているが，それを十全に生かすためには，「成功した」ケースと「そうでない」ケースそれぞれの背景にまで踏み込んだ十分な分析が欠かせない。なぜなら，障害の程度がひどく，あるいは病気療養が必要な状態であっても，貧困状態に陥らず生活を維持し続けている元兵士も多く存在するからである。それは何故なのか，そうした相違はどこからくるのかという問いを立て，本章では検証する。
　調査対象者は，州都シアムリアプ近郊のヴァリン郡，アンコールトム郡に居住している除隊兵士のうち，すでに技能訓練を終了し，登録住所に居住しているとされる11名である。しかし，電話やそれに代わる通信手段がないため，調査の諾否，さらには所在の確認ができない。結果として，調査時に不在であったりすでに転居したりしていた元兵士が4名おり，聞

Ⅱ 事例分析

道端の駄菓子屋で兵士の所在を確認するJICAの現地雇用員

き取りが得られたのは7名であった（シアムリアプ郡の既卒兵士3名は調査時期が異なるため，仮説(3)の考察対象には入れていない）。

調査方法として，「自立している兵士（事例1／事例5）」と「自立に失敗している兵士（事例2／事例4）」，そして「除隊兵士を支える社会関係資本がある」と「除隊兵士を支える社会関係資本がない」という対立する2項を立て，構造化されない自由な会話形式によって，兵士を支えている背景の社会環境を分析するという方法論をとった。ここでいう社会関係資本が，人的資源も含むソーシャルキャピタル（Social Capital, SC）である。

会話分析は，聞き取り調査における研究方法として定着しているが，適用するにあたり大きく二つの危険性があることが指摘されてきた。本調査にも関わる問題であるので，以下にまとめておこう。

第一に，語られる内容の信憑性である。これは話す側が意図的に作り話をするというのではなく，記憶が誤って蓄積されていたという記銘時の問題，そして生活者としての視野の局部性，直面する事態の具体的把握，自己の固有の利害・要求への敏感さとそれへの固執によって特徴づけられる（梶田 1979: 101-102）。実はこの生活者としての具体性こそが会話分析という方法が持つもっとも意味のある部分であるが，そこには話者の自己利害が反映されている可能性を，調査者は認識しておかなければならない。

第二は，会話によって得られた情報を解釈する段階で，解釈する人間のフィルターが否応なく介在するという点である。本書の場合，調査者とカンボジア人通訳は英語での会話になり，カンボジア人通訳はその英語を現地語に置き換えて会話し，それをまた英語にして調査者に伝えるので，通訳の言語能力がきわめて大きな要素となる。したがって，そこには通訳の，そしてそれを聞き取り文字化する調査者の，二重のフィルターが介在することになる。フィルターが事実を歪めないという保証はない。否，フィル

ターを通った時点で，すでに事実は歪められていると考えるべきだろう。こうした危険性に常に自覚的であることが，会話分析を用いる調査者には要請される。それでもなおフィールドに身を置きことばを集めるのは，先にも述べたように，そこにデータや政策の文言からは見えてこない生活者の視点を通した事実があるからである。

1　ヴァリン郡既卒兵3事例の聞き取り調査

　調査地のヴァリン郡は，シアムリアプ市中心部を東西に貫く6号線から北に延びる64号線沿いに広がる農村地帯である。64号線は途中で途切れ，後は舗装のない赤土の道が延々と続く。道の両側には有刺鉄線がはりめぐらされ，CMAC（カンボジア地雷対策センター）の紅旗がはためいている。さらに北上すると，森に囲まれた広い農地が現れる。道標はないが民家が散在しており，ヴァリン郡に入ったのだとわかる。市内からの公共交通機関はない。住所を地図でたどると，元兵士宅はそれぞれ非常に離れており，車のルートは確認できなかった。車などが進入できない悪路であっても徒歩で進むことはできるが，このあたりはまだ地雷原の可能性も残されている。地雷原を迂回する道を行くと，最初の家にたどり着くのに4WD車でシアムリアプ市内から約6時間の距離であった。

　調査方法は，対象兵士のおかれている環境・現状を考慮し（はるばる来て拒否にあってはならないこと，精神を病んでいる兵士もいると聞かされていることなどから），まず一般的な面談調査と除隊プログラムの効果に関する基本的な質問を行った。市役所（シアムリアプ市）の調査員が同行していることからも，事務的な確認事項の質問から始めるのは妥当だと思われた。その後，日常生活復帰後の元兵士の，居宅における現状について話を聞いた。以下に，そのうち公表の許可を得られた3事例を取り上げる。

(1)　事例1　サリンさん（仮名，以下同／44歳）
　サリン（M. Sarin）さんは44歳の男性である。彼の家からは，都市部までオートバイで丸1日かかる。道はあるが舗装はされていない。雨季には

Ⅱ 事例分析

被調査者：腿から下を切断

粘土質の土と大きな水たまりが障害になり，このあたりの村人たちが都市部まで行くことはまずない。

サリンさんの家は木造高床式のカンボジアの伝統的な建物であるが，一見して豊かな暮らしぶりと判断できるのは，比較的大きな道に面して門があり，敷地が広く，その中に家が建てられているという配置，さらに裏にも広い耕作地があり複数の人が農作業に従事していることなどによる。居室は2階にあるので階段を上ることになるが，家がしっかりして大きい分，簡易なつくりの階段（梯子状）は高く怖い。2階の居室はカンボジアの多くの家屋と同様に簡単な板敷きであり，板のすきまからは下の地面が見える。こうした仕組みは熱気をコントロールするのに役立っており，風が窓や階下から吹き抜けている。なお，サリンさんの家はしっかりしたトタン屋根なので雨季にも雨漏りはないという。

サリンさんは従軍中に地雷による被害で両足をつけ根から切断している。したがって，カテゴリー2の身体障害者であり，除隊にあたって，一緒にくらす妻には介護者手当が給付されている。

毎月の収入は年金（月12万リエル〔約30ドル〕）＋介護者手当（月7万リエル〔約17.5ドル〕）と農業（主に米作）および鶏・豚の飼育による現金収入である。一方，支出は生活費と家畜のエサ代，鶏・豚の薬代などの維持費，および牛1頭の維持費（もう1頭は病気で死なせてしまった）となっている。

家族は，妻の他に成人し働いている息子4人が同居している。年金があるということ，除隊パッケージも維持し活用していることなど調査の基礎的項目は聞き取った上で，個人的な生活について以下のように聞き取りを進めていった。

第7章　シアムリアプ州における除隊兵士の調査(3)

Q 「生活はどうか」
A 「息子が4人おり，彼らが働いているため何とか暮らしていける」
Q 「技能訓練は受講したか。それは役だっているか」
A 「体がこんなだから〔両足切断〕，都市部で行われた技能訓練には参加することができなかった。息子の一人が代わりに受講し，豚と鶏の飼育法を学び，現在はそれらをうまく繁殖させている」

「とくに階段の下降がこわい」という

Q 「日々の生活は不便か」
A 「やはり不便だ。一人のときは腕の力だけで階段を上り下りしなければならない。とくに下りる時は怖い」
Q 「買い物などはどうしているのか」
A 「両足がないためオートバイには乗れないが，牛車を移動手段としているので，だいたいこの近辺なら牛車で行ける。このため牛を買わねばならず，除隊時の一時金はこれに費やした[3]」
Q 「いくらだったか」
A 「牛にもよるが，私のは200ドルだった[4]」
Q 「除隊して家に戻ってから地域での人間関係はどうか」
A 「自分はフン・セン派としてポル・ポト以降の内戦を闘ってきた。地域で現在も近隣の人々と相互に助けあって暮らしている」
Q 「ポル・ポト派，あるいは元ポル・ポト兵に対する地域の対応はどうか」
A 「この村〔シアムリアプ州北部〕は内戦時にはポル・ポトの本拠地でもあったので，まだ10代だったが多くのポル・ポト兵を目撃している。〔ポル・ポト兵は〕赤いハチマキやクローマをしていて，集団で来ることが多く怖かった」

Ⅱ　事例分析

Q 「村人はみな，元ポル・ポト派兵士を怖がっていたのか。ポル・ポト派は嫌われていたか」
A 「元ポル・ポト派兵士は怖がられていた。脅されたり食べ物を盗られたりした村人も多い。殺された者もいる。しかしポル・ポト時代に灌漑用水路が整えられて，それで農業も順調に運んだ[5]。だからこの村ではポル・ポト派に対する感情には敵対心は見られないと思う」

事例1の分析　市役所の調査員の判断では，サリンさんの事例は自立成功のケースにあたるという。まず，サリンさんには安定的な年金があり経済的に困窮してはいない。また，土地・家屋を所有し，サリンさん自身も牛車を操って農業等の仕事に従事している。両足を切断したものの，腕の力で高床式住居から自由に階段の上り下りができ，身体の残存機能を生かして生活をこなすなど精神的にも自立度が高いことがうかがえる。もっとも地雷や交通事故による四肢損傷者の多いカンボジアでは，サリンさんのように自力で動ける人はほとんど障害者とみなされないという厳しい現実がある。

視点を家族の労働力に転じると，サリンさんの場合，4人の息子たちはそれぞれ農業，牛・豚・鶏の飼育に従事するなど現金収入を得ており，サリンさんの年金と妻に支払われる介護者手当を合わせると，CVAPの策定した通りの自立生活が行われていると考えられる。もしサリンさんに年金も家族への介護者手当も与えられなかったら，相当厳しい現実が待っていたにちがいない。

(2)　事例2　タンさん（35歳）

タン（T. Than）さんは35歳の男性である。彼はサリンさんと同じ村の住人で，サリンさんの家から車で10分程のところに居住している。タンさんはカテゴリー1の除隊兵士なので年金はない。除隊時の一時金（240ドル）は家を改造する木材を買うためにすべて使い切ったという。現在，現金収入は月約8万リエル（約20ドル）である。内訳は，妻が農作業に従事して得る収入と近所に住む姉にミシンを貸与して得る使用料，そして豆

の栽培で得た収入である。支出は，土地を弟から借りているので，まず毎月土地代を支払わなければならない。この点は重要である。子どもは3人おり，みな小学校の学齢のため，サリンさんの一家のように，子どもが家計に貢献するということはない。

高床式の住居

タンさんも自宅に案内してくれたが，高床式とはいえ建物の高さはサリンさんの家の半分ほどである。自分で木材と廃材などを利用して建てたという家は傾いており，1階部分は物置のようになり，雑草とゴミが山積している。草葺きの屋根にはすきまが多く，外の熱気が室内におりてくる。賃借している敷地で豆や野菜を育てているが，自給分にも満たないという。困窮した生活状況のようである。以上を踏まえた上で個人的な生活について聞き取りを行った。

Q 「カテゴリー1での除隊は年金もでない。なぜ除隊を希望したのか」
A 「除隊を急いだのは家族で暮らしたかったからだ。子どもが3人おり，子どもの養育を妻と一緒にやりたかった」
Q 「あなたのように若く健康な男性は，除隊を希望してもなかなか希望がかなわないのではないのか」
A 「そうだ。希望する人はたくさんいるので，登録リストに名前を載せてもらうのは大変だった。自分のケースはラッキーで，ボスに名前を載せてもらうために70ドルを支払っただけで済んだ」
Q 「そのお金は誰のものか」
A 「小隊のボスのものになると思う」
Q 「みなそうしているのか」
A 「200ドル支払った人もいる。障害があれば問題ない。高齢の人でもそれだけでは〔登録名簿に〕載せてもらえない」
Q 「子どもはいくつか」
A 「3人とも小学校の学齢期だ。しかし学校に行かせるお金がないので，

II 事例分析

聞き取り風景

　　妻の畑仕事を手伝わせている」
Q 「学校に行っていないのか」
A 「そうだ。食費など出してやれない。かわいそうだ」(162頁「義務教育」を参照)
Q 「生活はどのようにしているのか」
A 「苦しい。今日食べるものもない」
Q 「一時金で木材を買って家を建てたといっていたが，土地はどうしたのか」
A 「土地は弟から借りている」
Q 「一時金は除隊のために70ドルをボスに渡し，残りで木材を買って家を建て，除隊パッケージがほとんど残っていないということだったが，〔除隊パッケージで供与された〕オートバイやミシンはどうか」
A 「除隊時に与えられたオートバイは売り，これを当初の生活資金にあてた。家族が生活するだけで手一杯だった。豚・鶏のエサ代も出せず，病気にして死なせてしまった。その病気の薬代もなかった。町で働くことも考えたが，町まで行くにもオートバイはないし牛車を買う金もない。ミシンは使うこともないので，姉に貸してわずかの使用料をもらっている」
Q 「技能訓練は受けたか」
A 「受けた。そして豚と鶏をもらったが，さっき言ったように死なせてしまった[6]。鶏や豚〔約120,000リエル＝約30ドル〕を新たに買う金はない」
Q 「あなたは仕事をしていないのか」
A 「していない」
Q 「農業はどうか」
A 「あまり経験がないし，土地がないので，〔農業を〕するなら土地を借りなければならない。この家の敷地も弟から借りているので，もう借

りるお金がない」
Q 「食べ物がないといっていたが……」
A 「ほんとうに今日の食べ物もない。米などは近隣の人たちにもらい，助けられて暮らしている。しかし，みんな貧しいから，いつまでも頼るわけにはいかない」

事例2の分析　市役所調査員は，タンさんの事例は失敗例として典型的なものであるとする。生活の蓄えがなく，土地・家畜が所有されておらず，本人にも家族にも生活を支える手段がないからである。一家は，明らかに「貧困」と位置づけられるだろうという。

　確かにカンボジアにおいては，村での生活は，専業であれ兼業であれ稲作や畑作によって最低限の自らの食料を確保できなければ成り立たない。家畜はむろん所有している方が望ましいが，これも，土地があってこそ可能である。こうした判断基準からみた場合，土地がないタンさんのケースは，まず基本的なところでつまずいていることになる。さらに，カンボジアでは家族はそれぞれが家計を支える重要な労働力でもあるので，幼い子が多いタンさん一家のような若い家族は，それだけで貧困の要因を抱えていることになる。

　しかし，こうした若い家族世帯はカンボジアには多く見られる。そのすべてがタンさん一家のような貧困状態にあるわけではないのはなぜなのだろうか。理由の一つは，カンボジアが母系社会であるところから解釈できる。すなわち，家や土地は母から娘へと継承されるので，もしタンさん一家が妻の家に居住していれば，あるいは妻方の土地に暮らしていれば，土地問題は解消されていたのではないかと思われる。ただし，この解釈にも限界があり，ポル・ポト政権時代を機に土地の所有形態は変容し，妻方居住というカンボジアの伝統的な生活様式のあり方が崩れてきていることが指摘されている（本書第7章第3節(3)を参照）。こうした背景が，タンさん一家のような困窮世帯を生み出しているとも考えられる。さらに，タンさんは弟の土地，正式には弟の妻の土地を賃借している。兄が困窮していても弟は借地料を受け取っていることになる。このことはどう解釈できるだろ

Ⅱ 事例分析

うか。

　一見「相互扶助」の概念と相反するような生活様式は，実はカンボジア農村部の社会経済の特徴として言及される。つまり，地域共同体の構成員は強い互酬性を持たず，一つの組織体として機能するような関係ではないのである (Ebihara 1968; デルヴェール 2002)。さらに Ebihara (1968) は，カンボジアの農村住民は家族，血縁関係を非常に重視するが，基本的に個人主義で，地域共同体は単にそのような個々人が集まった場であるだけで，特に共同作業などを強制する関係ではないとも主張している。Ebihara (1968) の知見はポル・ポト政権以前の調査によるものである。そのことを踏まえれば，こうした「つながらない」生活様式は政変によってもたらされたものではなく，長く継承されてきたと考えていいだろう。同様の指摘は 2004 年の荒神衣美の論文にも見られる。荒神は，P 村の絹織物業における織子と仲買人の関係を調査しているが，その取引が比較的長く続いているにもかかわらず，地縁関係を通じた織子の組織化や取引関係の固定化が見られないことをあげて，カンボジア人は基本的に地域共同体という強い互酬性を持たない民族なのだろうとしている (荒神 2004)。

(3) 事例3　元兵士の妻クートさん (32 歳)

　このケースは，訪問時，元兵士である夫が不在で，3 人の子どもと留守番をしていた妻が取材に応じてくれたものである。

　トォール・ミエット村は，ヴァリン郡の中でもさらに奥地にあり，赤茶けた土の貧しい土地柄である。そのため，自宅付近の土地は農業には適していない。

　クートさんは 32 歳の兼業主婦である。夫は 40 歳で障害 (片足をひざ下で切断) があり，カテゴリー 2 である。家からやや離れたところに土地を借りて農業をしており，聞き取り調査時は農作業で留守であった。

　クートさん一家には 3 人の子ども (学齢期／幼児／乳児) がいる。現金収入は夫の障害年金 (月 12 万リエル〔約 30 ドル〕) と農業収入 (月 10 万 2000 リエル〔約 25.5 ドル〕) である。支出は生活費 (月約 120,000 リエル〔約 30 ドル〕)，鶏・豚飼育の支出，土地の賃借料および学齢期の子どもの食費などである。

第 7 章　シアムリアプ州における除隊兵士の調査(3)

除隊時に給付された一時金およびオートバイは，生活費を得るために売り払った。現在の生活は苦しい。豚，鶏を飼育しているが，エサ代はともかく薬代が賄えない状態である。

Q 「クートさんの仕事というのは」
A 「自宅の小さな畑で豆などを栽培し，それを自分たちの食料や鶏・豚のエサにして飼育している」
Q 「どれくらいの収入になるのか」
A 「1 日に 3000 リエル〔75 セント〕にしかならない。家はあるが老朽化しており改築が必要だが，そんなお金はない」
Q 「子どもの年齢は」
A 「7 歳，3 歳，1 歳だ」
Q 「学校に行っているのか」
A 「行っている。義務教育だから」
Q 「お金はかかるか」
A 「制服代や毎日の食事代がかかる」
Q 「現在の収入で賄える額か」
A 「今は何とかやっている」

　クートさんは夫が農業をしている間，自宅付近の土地で豆を栽培して自分たちの食料や家畜の飼料にしており，また余剰分は現金化して他の食料を購入するなど，与えられた環境の中で十分能力を発揮して家族を支えている。CVAP の技能訓練には足の悪い夫に代わって自分が受講し，鶏や豚の飼育方法を学ぶなど生活の維持に積極的な姿勢が評価できる。
　実はカンボジア政府は 1993 年，ILO の支援を受けて ACLEDA（カンボジア地場経済開発機関協会）プログラムを設け，農村部におけるマイクロ・クレジットプログラムを実施してきた。[7]とりわけ，家計を守る主婦に向けて働きかけ，彼女たちの潜在的な能力を結集させて小規模なビジネスを推進していくことを主要な目標にしている。クートさんの積極性にひかれて，マイクロビジネスを考えてみないのかとたずねてみた。しかし彼女の答え

149

Ⅱ　事例分析

は，考えていないというものだった。以下に，近隣者3名を加えた計4名との対話の様子を示す。

Q　「〔マイクロビジネスをしたくないのは〕なぜか」
A（クートさん）「何をしたいのかアイデアがないし，借金するのが怖い」
そこに，そばを通りかかった近隣者3名が加わった。
B（女性）「以前に政府の役人が来て，小金を低利で貸すから何かビジネスを始めないかと聞いてきたことがあった」
C（男性）「あの時はみなで話し合って，豆のビジネスをやろうかというところまで話が進んだ」
Q　「みなとは。何人くらいか」
B，C　「この村の6〜7人くらい」
Q　「結果は」
D（女性）「国からお金を借りるのはみな，怖いといって誰も賛成しなかった」
B　「返せなかった時のことをみな考えてしまう」
C　「自分は別の意見だった。しかし現実味が薄かった」
Q　「現実味が薄いとは」
C　「仮にうまく豆を収穫できても，問題はそれをどうやって市内まで運ぶかだ」
A　「道がないし」
B　「道もないし，牛車を持っている人もいない。オートバイもない」
D　「それにオートバイでも市内〔シアムリアプ〕まで半日以上かかる」
C　「自分はまた別の心配をしている。仮に市内まで商品を運んだとしても，それを販路にのせる術がないという心配だ」
Q　「売れなかったらということか」
C　「そうだ。豆や野菜や卵などはみなが扱っているから」
B　「とにかくそれで借金だけが残ったらと……」
D　「もうポル・ポトの時みたいに逃げ回るのは嫌だし」
一同笑う。

第7章　シアムリアプ州における除隊兵士の調査(3)

Q 「Aさんはポル・ポト兵を知っているか」
A 「幼かったけれど，ポル・ポトが来たという声で，みなであっち〔遠くの畑をさす。その向こうに森がある〕の方に逃げた記憶がある」
Q 「みなさんは」
B, C 「みんな逃げたよ。森へ」
D 「ポル・ポト兵たちも食べ物がなかったんだろう」
B 「鶏がよく盗られたね」
C 「豆を袋ごと盗られた人もいる」
Q 「怖かったか」
一同うなずく。
Q 「今は」
B 「この村には〔元ポル・ポト派は〕いない」
C 「いても一人では何にもできないから」
一同軽く笑う。
話をマイクロファイナンスにもどす。
Q 「借金は怖いか」
一同うなずく。
Q 「どうして」
C 「国〔政府〕が信じられない」
Q 「NGO は」
B 「うまくいっているところは NGO が助けていると聞いている」
C 「NGO はノウハウを持っているから NGO にこの村に入ってきてほしい」
Q 「国より NGO の方が信じられるということか」
一同うなずく。
※ 一般に途上国農村では小規模短期貸付の必要性が高いが，NGO や公的な金融機関によってその資金がカバーされることが少なく，またそのような貸付が実施されたとしても取引費用等が高くつくことから利子率が非常に高くなるなどの問題点が指摘されている（荒神 2004: 254）。

Ⅱ　事例分析

事例3の分析　事例3は，市役所調査員によれば，社会統合がうまくいった例であるという。まず，この一家には年金がある。さらに生活レベルも，今日明日の食料に事欠くという状況ではなく，家畜を所有しており，さらに，夫は障害があるが農業を行っている。夫の年齢は若く，また妻であるクートさんも技能訓練を受け，それを生かして仕事をするなど家庭内の労働力として貢献している。したがって，この先も十分に持続的な生活が維持できるという判断である。

被調査者と話していると，市役所調査員の示す判断基準が，必ずしも杓子定規な解釈ではないと思われることがたびたびあった。たとえば，適合的だと判断された被調査者は，みな一様に，筆者の質問に対して答えてくれる表情が明るい。一方，タンさんや同じような困窮した除隊兵士（掲載拒否）の場合，それが金銭的な支援につながらないことが分かると，受け答えが投げやりになる傾向があった。

ところで，クートさん一家の場合，土地を所有していないことが懸念されるが，除隊兵士の場合は，政府が安い賃料で土地を貸しており，それほど心配されることではないかもしれない。一方家畜については，生活維持の点から，今後どの程度まで飼育し増加させていけるかがやや不安材料として残る。幼い子どもが3人いることも，近い将来その養育が負担となるかもしれない点を考慮しなければならないだろう。現時点では子どもを養育しながらも生活は維持できているが，現在3歳と1歳の子が学齢期になった場合の授業料や，家族の病気など不測の事態に対しては不安定な状況と考えられる。また近くに家族や親族は住んでいないようだが，クートさんには先の会話でわかるように近隣住民との行き来があり，孤立していない点は重要であると思われる。

2　アンコールトム郡既卒兵2事例の聞き取り調査

シアムリアブ州は前述したようにカンボジアの中でも貧困度の高い州であるが，都心部は観光地化されており，観光事業などサービス関連の仕事も多い。したがって，観光地の周縁部に位置するアンコールトム郡の住民

は比較的豊かだと思われがちである。しかし観光業者による土地の買い漁りや他地域からの出稼ぎ農民の増加が，生活の基盤を失って流浪する多くの農民をも生み出している。市内からは車で30分程度でアクセスできる距離であるため，車やバイク，牛などの移動手段を持つ者と持たない者，そして，健常でそうした移動手段を操れる者とそうでない者との間に，就労格差が生まれている。取り残された者には，菓子などの小売業と自活のための野菜づくりくらいしか，仕事らしい仕事はない。その結果，一部の地域を除いてシアムリアプ州は最下位から2番目という貧しさであり，さらにその中でもこのアンコールトム郡はきわめて貧困度の高い地域として知られている。

　以下に，2事例を取り上げ，社会再統合の問題を検証してみよう。

(1) 事例4　レトさん（36歳）

　レト（R. Reth）さんは36歳の男性でカテゴリー2の障害者である。戦闘中の負傷で片足を切断しており，現在は，義足で生活しているものの歩行には支障ない。オートバイにも乗れ，都市部までオートバイで出かける。家族は妻と子ども4人（学齢期）である。除隊時にはオートバイ，ミシン，現金と障害年金受給証を取得している。除隊後は住むところがなかったため，現在の土地を国から借り受け，牛は売り払って，家と生活の資金に充てた。年金は月12万リエル（約30ドル）である。

　借り受けた土地では野菜などがうまくつくれないので，別の土地を借りて野菜づくりをしている。妻は学校内でスナック菓子を売り生活費の足しにしているが，学齢期の子どもが4人いるため支出がかさみ，飼っている鶏・豚のエサ代や薬代が賄えない状態である。鶏・豚が今はうまく育ってくれているので，いずれは売って生活費の足しにしようと思うが，それも底をついたらどうしたらいいのかと不安を隠せない様子である。

　レトさんの家は湿地帯の中にあり，目の前は水路である。家に入るには道から板の橋を渡って水路を越える必要がある。場所によって道と同じ高さの敷地もあるものの，レトさんの家のように水路からわずかの高さしかない土地では，雨季には当然かなりの部分が水びたしになる。家畜の糞尿

Ⅱ 事例分析

が流れる水辺で，妻は野菜や洗濯物を洗う。人が歩くたびに蠅が湧いている。保健衛生上も劣悪な環境である。幸い家畜は敷地の中で元気に育っており，子どもたちが世話をしている。

Q 「土地を借り受けているということだが，野菜栽培などができる土地を借りることはできなかったのか」
A 「軍に決められたもので，何もいえない」
Q 「子どもは学校〔小学校〕に行かせられないのか」
A 「給食代などがかかるので無理だ」
Q 「あなたはオートバイに乗れるということだが，都市部での仕事はできないのか」
A 「できない。何の技術もないし，義足なので建設の仕事もできない。もともと農民だった」
Q 「〔誰かの〕農業を手伝うという方法はどうか」
A 「みんな自分のことで手一杯だ。それに〔どの家も〕家族が手伝っている。手伝ってくれといわれたこともない」
Q 「では，技能訓練を生かして『豚・鶏の飼育』に専念してはどうか」
A 「〔新しい豚小屋，鶏小屋を指さしながら〕一応飼育している。しかし太らせようと思うとエサ代が大変。この土地は害虫もよく発生するので病気にもなる。だから弱らないうちに早く売りたい」
Q 「あなたの，あるいは奥さんの親族などはいるのか」
A 「いない。妻の親族はコンポンチャムにいるが，会ったこともない」
Q 「今後の生活について何か考えているのか」
A 〔同行した市役所の調査者に対して〕「お金がない。自分の場合は治療も受けられない」

事例4の分析　レトさんの事例は今後の転落が予想される「自立失敗」のケースと市役所の調査員は判断している。年金はあり妻も働いているが，本人の野菜栽培の収入は一家を支えるような自立就労とはなっていないからである。さらに，今後教育が必要で食費もかかる育ち盛りの4人の子ど

もがいるため，支出の増加が見込まれることもマイナス要因である。政府から土地を借りているため賃借料，野菜栽培の土地の賃借料等も発生するだろう。子どもの病など不測のリスクのために，医療費が必要になる可能性も高いが，これ以上収入が増加するような方法は見当たらない。また，レトさんの妻はコンポンチャムの出身で親族もそこにいるため，先に見たタンさんのケースと同様，レトさん一家にも，苦しい時の後ろだてはない。

　生活環境も劣悪である。レトさんの居住する地域では調査時にもデング熱の流行があり，淀んだ水辺と不衛生な生活環境は大きな不安要因と考えられる。原則では除隊兵士の帰還地は登録された出身地であるが，何らかの理由でそこに帰還できない場合や，居住する土地・家屋がない場合には，政府が土地や家を貸すという方法が採られている。レトさんに居住地の選択の余地はなかったのだろうか。

(2) 事例5　サムオルさん（47歳）
　サムオル（Y. Samol）さんは47歳の男性でカテゴリー2の障害者である。彼もレトさんと同じく戦闘中に地雷で負傷し片足を切断している。太もものところから切断しているが，義足は膝部分の曲げ伸ばしがやっかいなので装着していない。歩行時は松葉杖を操っており，日常生活に不便は感じないという。

　彼は妻と成人した娘，息子の4人で暮らしている。除隊時にオートバイ，ミシン，現金，障害年金受給権を得ている。オートバイは息子に譲り，サムオルさん自身は一時金で牛2頭を買い，牛車を移動手段として所有している。また技能訓練も受け，そのノウハウを生かして鶏・豚の飼育と農業を行っている。

　毎月の余剰分は貯蓄し，土地を購入して所有し，そこに家を建てている。新しい家は高床式ではあるが，近代的な木造家屋である。しかし，1階部分はカンボジアの伝統的な家屋と同様，物置と豚の飼育場として使われている。

　サムオルさん一家の収入は，障害年金収入のほか，妻とともに米，野菜や豆を栽培して得られる収入，そして縫製工場で働く娘の収入，シアムリ

Ⅱ 事例分析

新しい家とサムオルさん

アプ市の建設現場で働く息子の収入を合算したものである。牛・鶏・豚の管理や維持の点検も定期的に行い，家畜の病気にも気をつけている。

Q 「きれいな家ですね」
※ カンボジアでは自分の立派な家を持つことは憧れである。
A 「まだ新しい。建てたばかりだ」
Q 「高かったのではないか」
A 「これまでの貯えで何とかなった」
Q 「義足をつけなければ生活が不便ではないのか」
A 「1本足でも松葉杖がある。義足をつけたら足を曲げる時に大変だ」
Q 「生活はどうか」
A 「家族が皆働いている。私も妻と畑で農業をしている。農業は不安定だが一家が食べていくだけのものは収穫できる」
Q 「技能訓練は役立っているか」
A 「とても役立っている。現在，教えられたように豚と鶏を飼育し，繁殖させている。幸い薬を使うようなこともなくうまく育っているので，これからも続けていきたい。庭が広いので十分できると思う」
Q 「現状に満足しているか」
A 「いや満足ではない。年金はもっと多い方がいい。農業や家畜の飼育は収入源としては不安定だからだ。しかし，子どもたち〔娘，息子〕の収入は安定しているので，一家でやっていけている」[8]

事例5の分析　サムオルさんの事例は非常にうまくいった成功例と市役所調査員は評価する。聞き取りから，年金，除隊パッケージ，そして技能訓練の活用というCVAPの社会再統合計画の3点セットが，すべて生活に

十分に生かされている点が評価の対象である。

　成功の要因として，サムオルさんの居住地が都心部に近いという環境のプラス面が大きいだろう。娘と息子の仕事は都心部近郊ならではのものであり，2人とも企業勤務なので安定して継続的な収入が見込めるからだ。もし農業のみの収入であったら，サムオルさん家族が4人総出で作業に従事したとしても，今のような生活が営めているかどうか疑問である。すでに本書の第4章でもみたように，カンボジアの村では圧倒的に兼業農家の割合が高く，都心部に近いほどその傾向が高い。その兼業農家も，妻が家で細々と一家の糊口をしのぐ程度の規模で野菜や穀物を栽培し，夫が自営（トゥクトゥクの運転手や小売り）というパターンが多い。これに対して，サムオルさん一家の場合は夫婦2人が専業で農業を営んでいるため，一家の需要に十分な収穫が見込める食と住が確保されている。

　ところで，金額としては最低限の生活保障にあたる年金であるが，サムオルさん一家の場合はこれを生活の核として，家族全員が働いて経済力の安定と余裕を生み出している。こうした経済的なゆとりがあるからこそ，サムオルさんはさらに土地を購入して農業地を広げ，米，野菜，豆を市場に出荷できるまでの規模にすべく，目標をたてて生活に励むことができる。経済の安定が豊かさを生み，さらに豊かさが経済の安定に寄与するというプラスの循環が，この事例には見られる。

3　考察

　まず，「自立している除隊兵士」「除隊兵士を支える社会関係資本がある」という二つの事例（事例1と事例5）について確認しておこう。
　事例1のサリンさん（44歳）は，両足切断ながら，身体の残存機能を生かして生活をこなしており，家と農業のできる広さの土地を所有している。4人の息子たちはそれぞれ農業，牛・豚・鶏の飼育を行い現金収入を得ており，サリンさんの年金と妻への介護者手当を合わせて自立生活が維持できている。同様に，事例5のサムオルさん（47歳）は片足を切断しているが，松葉杖を操り，やはり残存機能を生かして農業を行っている。妻と成

II 事例分析

人した娘，息子（娘は縫製工場，息子は建設現場勤務）の4人で暮らしており，除隊時にオートバイ，ミシン，現金，障害年金受給権を得ている。一時金で牛2頭を買い牛車を所有し，また技能訓練も受け，そのノウハウを生かして豚・鶏の飼育と農業を行っている。土地と家は毎月の余剰分を元手に購入して所有している。

次に，「自立に失敗している除隊兵士」「除隊兵士を支える社会関係資本がない」という二つの事例（事例2と事例4）は，以下のように要約できる。

事例2のタンさん（35歳）は，カテゴリー1の除隊兵士で年金はない。一時金など除隊パッケージはすでに使い切り，鶏も豚も維持・飼育できずに失っている。妻と3人の学齢期の子どもがある。収入は，妻が農作業に従事して得る収入と近所に住む姉にミシンを貸与して得る使用料，そして豆の栽培で得た収入のみである。土地はなく，弟から賃借している。

一方，事例4のレトさん（36歳）は，片足を切断しており義足で生活している。生活の身体機能という意味ではタンさんより不利であるが，年金がある。彼も除隊後は住むところがなく，国から土地を借り受け，牛は売り払って家を建てる費用と生活資金に充て，蓄えは皆無である。さらに，家族は妻と子ども4人（学齢期）である。妻も働いているが，レトさん本人の野菜栽培の収入は一家を支えるような自立就労にはなっていない。

(1) 考察からのまとめ－1

これまでの事例を五つの項目に分類したものが以下の表である（表7-1）。

この表からは，除隊兵士の個人的な資質が，その後の彼らの地域での生活の豊かさを左右する大きな要因となっていることがわかる。つまり軍隊という閉鎖的な空間で，限られた選択肢の中で，現状をどう判断し将来にどのような展望を持って行動するかでその後の社会への適応も違ってくるのであるが，その基本的な取り組みへの意欲が，すでに欠けているように判断できるのである。こうした問題を扱い詳細に分析した古典的な名著としてS. ストウファーらの『アメリカ兵』(Stouffer et al. 1949) がある。本書のカンボジア除隊兵士が軍務にあった時代から30年さかのぼった1940年

表7-1 「自立」に成功している元兵士と失敗している元兵士

	自立に成功している元兵士		自立に失敗している元兵士	
	事例1	事例5	事例2	事例4
① 障害	有	有	無	有
② 生活への意欲	有	有	無	無
③ 年金	有	有	無	有
④ 家族は家計に貢献できる	有	有	無	無
⑤ 土地の所有	有	有	無	無

出所：筆者作成

代のアメリカ軍隊内の兵士の心理状態を分析したものであり、社会学、社会心理学に大きな知見を残したものとして知られている。時代、および富める国と貧しい国という相違はあるが、除隊兵士の個人的資質を考察していく際の手がかりとして援用してみよう。

『アメリカ兵』は、第二次世界大戦の戦闘に参加した兵士たちの言動を扱っているが、それによれば、軍隊内での地位が、兵士の「意欲」など心理面に強く影響を与えている事実が明らかにされている[9]。兵士たちの抱く不満は、彼らが属する閉塞的な集団（一小隊）での相対的な自己評価からくる不満であり、ここからは「比較的準拠集団」論が導かれている。これを本書のカンボジア除隊兵士のケースにあてはめて考えれば、除隊兵士は一様に同じ処遇で除隊されており、また年金の有無は、カテゴリーによる分類に基づいているので、『アメリカ兵』に見られるような「相対的不満」は顕在化していない。問題は除隊選別が正しい人事評価の下に行われているのかというところだろう。タンさんの話からは、除隊リストに載るために姑息な手段が横行している軍隊の内実が読みとれ、おそらく除隊選別人事評価もお金を積めば簡単に人物の挿げ替えが行われるようになっていると思われる。

一方、『アメリカ兵』には、「適応」についても興味深い知見が示されている。それは、軍隊内で出世する兵士は、そうでない兵士に比べて、軍隊の規範に対して意欲的に理解を示そうとする傾向がある、というものであ

る。R. K. マートンは、この事実を「社会化の先取り」ととらえ、そこから「規範的準拠集団」論を導いた。

　ここではこのストウファーの「適応」の知見に基づいて、「自立に成功している兵士」と「自立に成功していない兵士」という二項対立の構造を検証してみよう。この構造は、CVAPを好意的にとらえ、自分にとっての転機、新しい人生への挑戦の機会だととらえる除隊兵士と、そうでない兵士、換言すれば、「目的をもって除隊する兵士」と「軍隊へのネガティブな気持ちから逃げるように除隊する兵士」、と分けて考えられる。表7-1に挙げた五つの項目でいえば、②の「生活への意欲」がこの証明に関係する。

　CVAPを肯定的にとらえるのは事例1と事例5である。もともと土地や労働力になる家族がある兵士、除隊後の生活設計がある程度明確に描ける兵士は、CVAPの社会再統合計画を好意的にとらえ、その計画に自分の将来像を重ねて考えることができる。そして帰属する社会にもどった後も、年金を受給し、技能訓練を受講し、鶏や豚をもらい、家族や親族、地域の人々に支えられながら生活を始める。それが「生活への意欲」につながっていくことになる。その結果、自立が成功する、というシナリオをたどることになる。

　一方、軍隊が嫌だという意思のみをはっきりと持ち除隊を希望した兵士は、除隊後の生活設計を描くこともなく（描くことができないという者も含める）、CVAPの社会再統合計画を十分に理解できないまま除隊することになる。先の事例のうち、事例2と4がこれに該当する。事例2の場合は、「妻と一緒に子育てがしたい」という除隊理由を挙げているが、これも積極的な生活設計という内容にはあたらない。社会保障制度がないに等しいカンボジアでは、「子育て」「家族と一緒にいること」を担保するための経済活動が必要とされるからだ。そしていざ除隊しても、事例2では年金はなく（事例4は障害年金がある）、土地もないので農作業はできない。すなわち自分を支える最低限の生命線が維持できない。さらに、家族はあっても、幼い子どもたちは彼を支える労働力になるどころか逆に負担となる。彼ら家族を支援する親族や地域社会があれば、土地を貸すなどの方法で生活の

糧を得る手段を講じてやることは可能であるが，そうした親密なつながりはなく，彼は帰属する社会に自分の居場所を見つけることができない。その結果，彼は「生活への意欲」を持つことができず，自立に失敗するという結果になる。

　ここでさらに，③「年金」と⑤「土地の所有」に焦点をしぼってみよう。

　まず，年金は貧困な除隊兵士にとって命網といえるものである。しかし，事例2のようにカテゴリー1で除隊した兵士（2割強）は，若く健康であるがゆえに年金はない。それは，技能訓練を受ければ十分に自立生活を維持できると設定されているからである。この点について，除隊する段階で彼がどの程度正確に自分のおかれている状況を考慮に入れて技能訓練の受講を考えていたのかがまず問題となる。もし，正しく把握した上での除隊希望であれば，当然，技能訓練には力を入れていただろうし，日々の糧を手に入れ，家畜を飼育していくための土地を何らかの方法で借りるなどの生活設計をしたであろう。「適応」とはまさにこの生活への努力に見られるもので，CVAPの計画が良いか悪いかではなく，まず，「良い」と受け入れその規範に沿うように行動することによって，可能性が開かれることを意味するのである。

　同じく生活に困窮している事例4の兵士の場合は，障害年金を受け取っているので事例2ほどの貧困は避けられるかもしれないが，逆に片方の脚を切断しているというハンディから，仕事の種類は事例2の兵士よりも限定されることになる。「適応」の問題から見れば，この事例も，CVAPの計画を自分の生活の規範として「是認」し評価することで，除隊後の生活への意欲が見出せたかもしれない。

(2)　考察からのまとめ－2

　「自立している兵士」と「自立に失敗している兵士」の事例は，次の設定仮定である「彼を支える社会関係資本がある」と「彼を支える社会関係資本がない」の2項と相関関係にある。すなわち，本章で分析した「自立に失敗している兵士」は，「彼を支える社会関係資本がない」のである。これをさらに詳しく見ていくと「彼を支える家族は家計に貢献できる労働

Ⅱ　事例分析

力である」と「幼い子どもが複数あり家計に貢献できる労働力となる家族はない」に分けられる。

　実は，一家庭当たりの子どもの数が多く児童手当て等の制度のないカンボジアでは，幼い子どもが多い若い家族は，それだけで貧困のリスクを抱えている。本書では，家族，親族そして近隣者をSC（ソーシャルキャピタル＝社会関係資本）と解釈しているが，SCが何らかの「財」を生じるという観点から見れば，学齢期の，あるいはそれ以下の子どもを持つ家族は，逆に家族という困窮の原因を抱えるというジレンマに陥ることになる。幼い子どもを持つことが貧困を悪化させることになる問題は，開発途上国では多く報告されているが（ユニセフ2003），カンボジアに特有の課題も見られる。次に三つの視点を挙げておこう。

①義務教育　カンボジアでは，1996年に義務教育が9年制（5－4制）から新9年制（6－3制）に移行した。国連やユニセフをはじめとする外部機関や外国からの援助や支援政策などもあり，初等教育就学率は開発途上国の平均値を上回る高い値を示すようになった。しかし，純出席率をみれば，ほぼ半数がドロップアウトしている現状が浮かび上がる（表7-2）。出席率のこの低さは，カンボジアに特徴的な問題であり，児童労働問題と表裏一体をなしている。したがって，中等教育では大きく世界から後れをとっていることがわかる。

　このカンボジアの義務教育における出席率の低さは，学校教育にかかるコストの大きさと関連して考察しなければならない。カンボジアでは，義務教育であっても教科書代，制服代，授業料などがかかり，さらに多くの児童は朝，学校内の簡易食堂で朝食をとるため，朝食代もかかる。こうした費用を計算すると，通常は子ども1人につき1日あたり4000リエル（約110円）が必要となる[10]。除隊兵士の職業でよく見られたモータータクシーの運転手の場合，1日の平均収入が約7000リエル（約200円）である。単純にいえば，2人の子どもに教育を受けさせるとモータータクシーの運転手一家は路頭に迷わなければならないということになる。モータータクシーの運転手はカンボジアでは一般的な仕事の一つであり，決して最低ラ

表7-2　カンボジアの義務教育就学率・出席率比較

	初等教育就学率（%）(2000-2004)				初等教育純出席率（%）		中等教育純出席率（%）	
	総就学率		純就学率					
	男	女	男	女	男	女	男	女
カンボジア	130	117	96	91	66	65	21	13
開発途上国	108	101	88	83	76	72	40	37
世界	108	101	88	85	76	72	40	37

出所：ユニセフ『世界子供白書2006』pp. 114-117より筆者作成
※　初等教育就学率：年齢にかかわらず，初等学校に就学する子どもの人数を就学年齢に相当する子どもの人口で割ったもの。
　　初等教育純就学率：就学年齢に相当する子どもで初等教育に就学する子どもの人数を当該年齢の子どもの人口で割ったもの。
　　初等教育純出席率：初等教育就学年齢に相当する子どものうち，初等学校または中等学校に通学する者の比率。
　　中等学校純出席率：中等教育就学年齢に相当する子どものうち，中等学校またはそれ以上の学校に通学する者の比率。

ンクの仕事というわけではない。それがこのような状況ならば，貧困家庭では子どもに義務教育を受けさせてやれないというのは容易に想像がつく。
　カンボジアの義務教育のコストは，国家予算の面からも検討されなければならない課題である。CVAPが施行された同じ時期に，国家予算に占める教育予算の割合は8.1パーセントから11.8パーセントの間を推移し，目標とされている15パーセントに達することはなかった。さらに，教育予算のうち8, 9割は教職員給与で占められているが，教員の平均給与は月額6万～20万リエル（約17ドル，2011年調べ）である。公務員の給与，および除隊兵士の平均年金額が月額約30ドルであることと比較しても，相当低いものである（もっとも教員の勤務は二交代制なので，副業に励む人が多い）。今後教員の給与を改善して教育の「質」を高めようとすると，教育予算が劇的に伸びない限り，逆に現行よりさらに教育環境の悪化が懸念され，義務教育の完全無償化はほぼ不可能になる可能性さえある。
　カンボジアの教育開発は，1990年代から本格的に行われてきたが，政策決定から実施に至るまで各国際協力機関の影響を強く受けていた。しかし，それら外部機関の協調性が乏しい上，不安定な資金調達のため一貫性のない支援になっていたことも，政府が教育の問題を根本から解決する意

Ⅱ　事例分析

欲を殺ぐ原因であったとされる。現在も外部機関・団体への依存体制は大きく変化していないが，独自の教育制度の構築を手さぐりで進めているところである[11]。

　事例2，4のケースでは，おそらく子どもたちを小学校に通わせることは困難だろう。こうして義務教育すら受けられないまま成長する子どもたちが将来どのような道を歩むことになるのかは明白である。教育問題は「貧困の再生産」という社会問題にもつながる課題として，今後のカンボジアの将来に重くのしかかっている。

②栄養と病気感染　カンボジアでは子どもの死亡率は依然として高いが，とりわけ5歳以下の子どもでは栄養失調の割合が高い（表7-3）。それは短期的な飢餓からおこる極端な体重減少というよりも，食習慣など社会文化的要因による栄養失調から，長期的な発育不良が引き起こされるという特徴を持つものである（西谷 2001: 68）。したがって外部からの栄養指導が定着しにくいという難点がある。さらに，不衛生な生活環境や生活習慣も影響して，低体重，発育阻害が恒常的に見られる。このような子どもたちは病気やけがに対する抵抗力も極端に低く，下痢などによって簡単に死亡することが指摘されている（表7-4）。また劣悪な生活環境から子どもたちはマラリアやデング熱などの伝染病にも罹患しやすく，抵抗力が弱いため命を落とすケースが多いのも特徴である。

　むろん抵抗力が弱くとも，早期に適切な医療を受ければ助かる可能性は高いが，医療機関にかかるには，カンボジアでは相当な出費を覚悟しなければならない。

　カンボジアの医療・保健システムは大きく公的セクターと私的セクターに分かれる。公的セクターには首都プノンペンにある国立病院，各州・郡病院，そして各地にある保健センターの3種類があり，私的セクターには私立病院，個人クリニック，そして民間伝統医療がある。しかし，インフラの整備されていない郡部やコミューン，村落部では，住民は薬屋で薬を購入して済ませることが多く，よほど重篤になって初めて医療機関に行くケースがほとんどである（牧田 2010a）[12]。全国民を対象とした健康保険シス

表7-3　栄養不良の5歳未満児の比率1996-2004（単位：％）

	低体重[※1]		消耗症[※2]	発育阻害[※3]
	中・重度	重度	中・重度	中・重度
カンボジア	45	13	15	45
開発途上国	27	10	10	31
世界	26	10	10	31

出所：ユニセフ『世界子供白書2006』pp.102-104より筆者作成
※1　低体重：中・重度＝年齢相応の体重をもつ基準集団の体重の中央値からの標準偏差値がマイナス2未満であること／重度＝標準偏差値がマイナス3未満であること。
※2　消耗症：身長相応の体重をもつ基準集団の体重の中央値からの標準偏差値がマイナス2未満であること。
※3　発育阻害：年齢相応の身長をもつ基準集団の身長の中央値からの標準偏差値がマイナス2未満であること。

表7-4　カンボジアの保健指標

	5歳未満児死亡率 （出生1000人あたり）	乳児死亡率 （出生1000人あたり）	妊産婦死亡率 （10万出生あたり）	平均寿命
カンボジア	82	65	470	59
ベトナム	17	15	160	74
タイ	8	7	24	70
日本	4	3	8	82

出所：ユニセフ『世界子供白書2007』より筆者作成

　テムはないので費用はすべて実費となる。公的セクターの場合は初診料規定があり1回につき500リエル（約0.12ドル／15円）であるが，あくまで初診料なので，検査や治療，さらに入院となると金額はいっそうかさむことになる。

　オックスファムおよび日本のNGOであるシェアの調査によれば，カンボジアでは年間1家庭平均21.5ドルの医療費を支払っており，総額はGDPの11パーセントを占める。開発途上国としてはもちろん，世界を視野に入れても相当高額な医療費負担だと報告されている[13]。ではそのような高額な治療費はどのように捻出されるのだろうか。シェアの調査結果（複数回答可）は，①家族で何とか工面する（7割），②近隣や親戚などからの援助を頼る（4割弱），③金貸し業者から借りる（2割），④米を売った，家

II 事例分析

畜を売った（それぞれ2割）など，負担の大きさをものがたるものとなっている。

③児童労働　児童労働は貧困国に特徴的な現象とされる。十分な教育を受けることもなく，スキルを身につけることもなく，未熟練労働者となった児童は，貧困の再生産という悪循環を生み出すことになるからである。下の表は14歳以下の子どもの労働参加率を表したものであるが，都市部に比較して，多くの除隊兵士たちの出身地である農村部の労働参加率の高さが際立っている（表7-5）。

国家全体で見た場合にはカンボジアの経済成長率は著しいが，この表からは，子どもを労働力として投入しなければ生活が維持できない困窮する家族が一定数存在しており，それが増加傾向にあることが理解される。表では，7歳未満に関しては集計されていないが，現実には5，6歳ころから親の農作業を手伝ったり都市部で物乞いをしたりする子どもたちの存在が多く報告されており，少しでも家計の足しにという理由から，働かざるを得ない現状が明らかである。事例で取り上げたタンさんやレトさんの子どもたちも，いずれはこの数値に算入されることになるのだろう。そしてその労働力が一家を生存レベルにかろうじて引き上げることになる。

「貧困の削減」の施策としては，乳幼児，学齢期の子どもたちを養育する家庭に児童手当などの経済支援を行う社会政策が必要であろう。逆にこうした施策がとられなければ，学歴格差と貧困が世代間で引き継がれる負

表7-5　年齢別労働参加率（単位％）

年齢グループ	総計		都市部		農村部	
	男	女	男	女	男	女
7-9　(2008)	0.63	0.57	0.34	0.28	0.68	0.62
(1998)	0.44	0.46	0.21	0.21	0.48	0.50
10-14　(2008)	5.23	5.65	2.61	3.62	5.69	6.01
(1998)	3.57	5.51	1.80	2.92	3.94	6.05

出所：General Population Census of Cambodia 2008, p.61より筆者作成

のスパイラルは断ち切れないことになる。

　次に，この問題に社会関係資本の有無がどのように影響しているのか，カンボジアの農村部に視点を据えて考えてみたい。

(3) 土地

　カンボジアの婚姻は多くが妻方居住制であり，妻方の両親の土地を一部相続する形で独立する[14]。そのため，結婚によって独立した世帯であっても，主に妻方の親族が近隣に居住している例が多く見られる（佐藤奈穂 2005: 33）。こうしたことから，従来は村落内の妻の両親や親族によって，幼い子どもの世話が行われており，若い夫婦が就労できるような支援体制が自然に整えられてきた。しかし，20年以上にわたる内戦を経験してきたこともあって，現在では家事労働，農作業等において，常に協働作業や相互支援，相互扶助の関係が育まれているわけではない。さらに，事例2，4で見てきたように，必ず妻方の両親や親族がいる土地に居住しているというわけでもない。

　次の表は，天川によって1995年から96年にかけて，カンダール州ムックコンプール郡サマキ村で行われた調査の結果で，「ポル・ポト政権崩壊」と「クロムサマキ」を分岐点として，サマキ村の176世帯の婚姻状況，すなわち土地の取得経緯が示されている。

　クロムサマキとは，ポル・ポト政権に代わって国土の復興を担うことになった人民革命党政権が，1975年5月ごろから農民を班に編成して共同耕作に従事させるためにとった政策である。1981年には解散されたが，解散時には「班の農地」は各世帯に，老若男女を問わず一人あたりの割り当て面積に世帯構成員を乗じた面積が供与されるなど，きわめて合理的な土地配分がなされていた。表7-6からは，クロムサマキの解散以前に135世帯（111+24）が結婚（世帯を構成）しており，その後，親世代から結婚によって独立した世代が土地の分配を受けて世帯を構成していく様子がわかる。不明はわずか1世帯である。これらの世帯は皆クロムサマキによる農地分配を受けており，分配直後の農村には，農地をもたない世帯はほぼ存在しなかったと考えられている。

II 事例分析

　ではなぜ土地無し農民が各地に増加しているのだろうか。天川は3つの類型が読み取れるとする（天川 2001d: 174-178）。①近年になって帰村ないしは転入してきたばかりの世帯，②農地の子への分与をすべて済ませてしまった世帯，③売却によって農地をすべて手放してしまった世帯，である。このうち，①と③が土地無しの除隊兵士に共通するが，除隊兵士の場合，技能訓練により生計手段の獲得は可能ではある。したがって，それもままならない除隊兵士の場合に限って，なぜ土地を手放したのかという問題を次に考えてみよう。

　一つは，本節でも議論している高額な医療費など，生活費を工面する際に手放さざるを得なかった担保としての土地の位置づけである。このことには，佐藤も指摘するように，悪質な金貸し業者の存在が大きく関わってきている（佐藤奈穂 2005）。

　二つ目は，四本の指摘する憲法の空洞化である。四本は，法を遵守して社会正義を貫くはずの公務員が，利権に群がり汚職に手を染めるなどのモラルハザードが常態化しているため，法制度そのものが崩壊に瀕していると指摘している（四本 2004a: 126）。1989年に制定されたカンボジア憲法の第15条では土地の所有が明言されているが，それ以前に所有していた土地に関する所有の確認はあいまいである。単身で兵士になった者や家族不明のまま帰還した兵士たちが故郷に戻っても土地のない新参者となってしまうという混迷はこうした状況から起きる。

表7-6　カンダール州ムックコンプール郡サマキ村

時　期	世帯数 （総数176）
ポル・ポト政権崩壊前	111
ポル・ポト政権崩壊～クロムサマキ[※1]の解散（1981年）	24(4)[※2]
クロムサマキの解散（1981年）～1989年	28
1990～1995/96年	12
不明	1

出所：天川（2001d: 184）より引用
※1　人民革命党政権がその農業改革の中心に据えていた共同耕作制度。
※2　（　）内は，クロムサマキの期間中に結婚したが，親世帯と同居しており，親世帯からの独立はクロムサマキの解散後である事例の件数。

三つ目として，国の政策の欠陥が指摘できよう。天川の調査地はプノンペン近郊の村なので，同じ「農村」とはいえ本書で調査対象としているシアムリアプ州とはまた居住環境は異なっていると思われるが，一様にカンボジアでは，農地があれば「食いはぐれる」ことはないと考えられている。したがって，国の政策として，SEDP Ⅱの貧困削減政策に，土地の売買を禁止するなどの施策が採られる必要があったと思われる[15]。

　しかし，いずれにしても，こうして土地もないまま帰郷した除隊兵士には，もはや帰郷した地域に暮すインセンティブはないだろう。このことは，第6章ですでに論じたように帰還地域を離れ居住地が把握できない除隊兵士も少なくないことからも明らかである。

　帰郷地で土地を借りて新生活を始めようとした場合にも問題は残されている。帰郷先の村に家族や親族がいない場合などがこれにあたる。生活していく上で近隣との人間関係がうまく構築できなければ，新参者は孤立してしまうからだ[16]。同様に，インセンティブの問題とも関連するが，新しい土地で農業を始めようという意志を持っていても，収益をあげられる農業は個人での運用が困難である場合が多い。しかし，共同作業にはさまざまな利害関係がからんでくる。小笠原梨江はトムノップ灌漑（稲作を常時行えるよう小規模な土堤をつくり減水期に備えた，カンボジア独自の灌漑方式）について調査する中から，トムノップの運用の仕組みや組織の枠組みが，地域社会の紐帯に果たした役割は大きいと述べている。トムノップの利権を共有できるのは古くからその土地に居住する農民である。新参者はここでも自分の「場」を持つことができないことになる（「京都大学アジア・アフリカ研究所研究会」発表草稿，2010年7月3日）。

(4) 労働力移動とソーシャルキャピタル

　近年の産業化，それに続く都市への労働力移動などによって，土地の縛りというものはかつてほど強いものではなくなってきているとも考えられる。その動きを次に追ってみよう。

　「シアムリアプ州における除隊兵士の調査」（第5章）でも見てきたように，カンボジアの農村部の村は一様に貧しい。自らが食うや食わずの環境

Ⅱ 事例分析

表7-7 タートック村の就業と賃金

就業内容	分類	従事者数(人)	従事者割合(%)	女性割合(%)	平均年齢	兼業率(%)	現金収入/月($)
稲作	農漁業	210	60.9	57.6	39.1	50.5	0
畑作	農漁業	41	11.9	85.4	43.2	90.2	3-10
漁業	農漁業	38	11.0	47.7	33.3	68.4	19.8
小売	自営	22	6.4	90.9	41.0	36.4	2.6-45
食品加工販売	自営	28	8.1	96.4	36.0	71.4	38.5（菓子）6.9（他）
その他	自営	18	5.2	11.1	45.5	83.3	N/A
教師	雇用労働	23	6.7	60.9	32.7	26.1	24.7
公務員	雇用労働	16	4.6	0.0	41.1	18.8	$17.3+\alpha$
医師	雇用労働	6	1.7	66.7	34.2	0.0	$10.3+\alpha$
S.R	雇用労働	28	8.1	60.7	24.7	14.3	40.6
手工芸	雇用労働	17	4.9	82.4	23.2	5.9	30
日雇い	雇用労働	26	7.5	30.8	32.0	53.8	1.4-28

出所：佐藤奈穂（2005: 35）
※ 調査は2002年3月および9月。
※ S.R は Shop, Restaurant の略。店員，飲食店の接客業。

下では，相互扶助が成り立たないことも多い。また，女性世帯主世帯の場合は，主たる働き手もいない上，就労に関しても地域での支援の手はないため，過度の貧困状態におかれることも多い（西谷 2001: 70；佐藤奈穂 2005: 33）。表7-7は，本書の調査地と同じシアムリアプ州農村部に位置する村の就業と賃金である。

表に記載されているのは月収なので，30で割った数値が1日の生活費と考えられる。絶対的貧困の基準が1日1ドル以下[17]ということに照らし合わせて見ると，農村部の窮状が明白である。生活が貧しい農民のうち，とりわけ若年層は，都市部に出稼ぎにいくことが多いとされているが，それが土地相続にどのような影響を及ぼすのかという視角からこの問題を議論しているのが矢倉研二郎である（「京都大学アジア・アフリカ研究所研究会」発表草稿，2010年7月3日）。

矢倉は，農村の若者が出稼ぎにいくことで結婚相手や居住地の選択など

表7-8 村に帰りたい理由(複数回答)

	男性		女性	
(1)親の面倒をみる・親の仕事の手伝いをする	51 (人)	34.5 (%)	36 (人)	37.9 (%)
(2)家族が懐かしい	33	22.3	28	29.5
(3)PP※でもあまり稼げない	20	13.5	16	16.8
(4)村である仕事をしたいと思っている	22	14.9	13	13.7
(5)PPでの仕事は辛い	19	12.8	1	1.1
(6)村の人と結婚する	16	10.8	3	3.2
(7)村には親類が多くいる	7	4.7	10	10.5
(8)村の方が楽しい	10	6.8	3	3.2
(9)PPが嫌い・PPでの仕事が嫌い	5	3.4	8	8.4
(10)村に土地を持っている	4	2.7	1	1.1
(11)家族と一緒に・そばで暮らしたい	0	0.0	4	4.2
(12)その他	31	20.9	15	15.8

出典：矢倉，2010年7月3日，京都大学アジア・アフリカ研究所研究会発表草稿より
※ PP：プノンペン

が多様化することをあげ，それが従来の土地相続や親族関係のあり方に影響を及ぼすようになっているのではないかという問題意識から，首都プノンペンに出稼ぎに来ているプレイヴェン（プレイベン）州，ポサット（プルサット）州の出身者ら（総数男性204人／女性125人）について調査を行っている。それによれば，「貧しく土地がない者」ほど出稼ぎ時に出会った相手（他州の者であろうと）と結婚する確率が高く，結婚後も出稼ぎ地や他州に移り住む傾向があるという。すなわち，こうした人々の村への帰属意識は希薄であると考えられる。

一方，「貧しくても土地がある者」は，出稼ぎ時に出会った相手がいても同じ地域（州，コミューン）の出身者を結婚相手に選ぶ傾向にあり，また自分や相手の親から土地を相続して故郷に住み続ける確率が高い。帰村意識が強いということである（表7-8）。

土地はクロムサマキ後に，世帯ごとという基準に基づいた合理的な分割方法で供与されており，親から子へと分割相続されている。したがって，

Ⅱ　事例分析

本来なら生まれ故郷に皆土地を所有しているはずである。しかし，親がいなかったり親が土地を売り払っている場合には相続すべきものが何もないため，彼（彼女）を村につなぎとめる積極的な動機はないのである。

「村に帰りたい理由」として，家族・親族に関連する理由を中心に，村での生活を懐かしむ強い村への帰属意識が読み取れる。これと表裏をなしているのが「プノンペンでもあまり稼げない」「プノンペンが嫌い・プノンペンでの仕事が嫌い」である。ここからは，現状への不満が故郷をいっそう美化させてしまう心理作用が働いているようにも受け取れる。少なくとも，地域に確かな絆があるということが出稼ぎ労働者の心の支えになっている事実は読み取ることができる。

4　その後の除隊兵士たちと家族

シアムリアプ郡コクチョークは，2007年に40名余の除隊兵士の調査を行ったコミューンである。調査時に「鶏・豚飼育コース」を受講した兵士たちが，その後どのように生活を展開しているのかを追跡調査するため，2011年に再び訪れた。前回作成した受講者名簿には兵士たちの住所が載っていないため，受講生探しは振り出しに戻らなければならず，除隊兵士に関しての手がかりはなかなか得られなかった。また，管轄の女性省も当時の除隊兵士たちの詳しい住所などは把握していなかった。それでも一部の情報は把握されていたようだが，調査に関して，被調査者である除隊兵士の同意を得る方法がなかった（電話による連絡等は不可能である）。そのため，現地在住のインフォーマントに，当時の受講生の所在を時間をかけて調査してもらうという方法をとった。その結果，2名の取材拒否（うち1名は重い精神障害ということであった）と2名の調査同意を得ることができた。

さらに，第Ⅰ期の1万5000人の除隊が2008年に終了した後，第Ⅱ期の除隊が行われているが，第Ⅱ期除隊に応じた除隊兵士の1名が，今回調査に応じてくれることになった。これによって，彼の除隊時の状況を第Ⅰ期の結果と比較することが可能となった。

第7章　シアムリアプ州における除隊兵士の調査(3)

(1) 事例6　ソム・リープさん（仮名，以下同／49歳，コクタ・チャン村）

　ソム・リープ（Som Leap）さんは2001年に除隊した。カテゴリー2であるが，健康に問題はなさそうに見える。家族は妻と5人の子ども，そして妻の姉2人の9人家族である。居住用の敷地は広く，同じ敷地内には甥の一家も住んでいる。敷地や家は妻のもので，コクチョークに代々居住している妻には，近辺に親族も多い。敷地を取り囲むように広い畑があり，それもソムさん一家の所有である。生活費は年金と畑仕事で賄っている。稲作，野菜づくり，さとうきび栽培等を手広く行っており，年金もほぼ満額受給している。子どもは25歳を筆頭に，23歳，20歳，18歳，16歳で，下の2人がまだ学齢期でお金がかかるが，上の2人は仕事をしている。除隊パッケージのうちオートバイは売ったが，他のものは現在も使用している。技能訓練は本人受講である。

Q　「なぜ『カテゴリー2』なのか」
A　「〔脇腹の傷痕を見せて〕ずっと以前に戦闘で負傷し，しばらく病院に入院していたので，除隊時にも『傷病兵』として扱われ，カテゴリー2になった」
Q　「除隊は自らの希望か」
A　「そうだ。もう20年間軍隊にいたので早く辞めたかった」
Q　「従軍していた時のことを聞かせてほしい」
A　「19歳で国軍に入った。フン・セン派として戦ってきた」
Q　「19歳で軍隊に入って，39歳で除隊したのなら子どもの年齢と合わないが」
A　「戦闘の激しい時は別だが，駐屯地によって忙しさは違う。自分の所属する駐屯地はコクチョークなので，ここから近い。だから休日にはいつも家に帰っていたし，妻ともコクチョークで出会った」
Q　「あなたもコクチョークの出身か」
A　「いや自分はアンコールトム郡の出身だ。しかし結婚したのでコクチョークの住民になった」
Q　「1962年生まれのあなたが19歳で入隊したということは〔入隊は〕

173

Ⅱ　事例分析

　　　1981年ということになるが，まだポル・ポトの残党は多かったのではないか」
A　「そうだ。彼らはゲリラ活動を繰り返しながらタイとの国境の方に逃げていった。その時に大量の地雷を埋設していった。しかし投降してくる兵士も多かった」
Q　「ポル・ポト政権時代，あなたはいくつだったのか」
A　「13〜15歳だった」
Q　「ポル・ポトは怖かったか」
A　「いや，別に怖くはなかった。自分は解放地区の住民だったので基幹人民だった」
※　第2章でも述べてきたように，ポル・ポト時代には解放地区に居住する人は基幹人民として優遇され，ロン・ノル派とされた新人民と区別された。
通訳　「そうか，基幹人民だったのか。自分はポル・ポト政権時代8歳だったが，ロン・ノル派の住区に住んでいたので新人民だった。医者をしていた父と2人の兄が殺されたんだ」
A　「そうだったのか。労役をしたのか」
通訳　「いや，母のつてを頼って自分と母は日本に逃れた。そうでなかったら，今こうしてここにはいなかったと思う」
A　「自分の知り合いなどもたくさん殺された。そういう時代だった」
ソムさんと通訳はしばらく談笑している。ある意味，敵対した関係の2人であるが，当時12歳や8歳だった彼らには，ただ「あの時代」の懐かしさだけが共有されているようだ。

ソムさんの畑には鶏や豚は飼育されていない。
Q　「技能訓練は役に立ったか」
A　「役には立った。ただ家畜の飼育は自分には向いていなかった」
Q　「もっと別の技能訓練を受けたかったか」
A　「いや。豚と鶏をつがいでくれるので，あれでよかったと思う。豚は1匹50ドルするからそれだけで財産になる」
※　2007年のヴァリン郡での調査時には豚は30ドルということだった。物価の上昇は

驚くほどである。

Q 「支給された豚や鶏はどうしたのか」
A 「豚は売った。鶏は死なせてしまった。それ以降は飼育していない。畑で十分作物がとれるからだ」
Q 「今のくらしはどうか」
A 「大家族で暮らしているので安心だ。2人の子どもの教育費がかかるが，働いている子どももいるし，畑で自分も妻も働いているので生活に困るということはない。年金も手取り14万リエルは支給されている」
Q 「軍隊時代の友人などとその後交流はしているのか」
A 「近くに住む友人とは会うが，遠いと困難だ」
Q 「友人や近隣の人たちとお金を出し合って事業をするというようなことは考えないか」
A 「今の生活に不満はないので，このままでいいと思っている。それに国から何か借りるというのは怖い」

(2) 事例7　元兵士の妻シン・デイさん（45歳，コクタ・チャン村）

　シンさんはまだ仕事から帰っていないため妻のシン・デイ（Sin Dy）さんが対応してくれた。シンさんはカテゴリー2で除隊している。腕を負傷し，障害者と認定されたからである。しかし腕の負傷はそれほどひどいものではなく，現在は建設現場で働いているという。技能訓練にも本人が参加したが，途中で受講を止めている。家はかなり立派な新しいものであるが，少し離れたところには粗末な家畜小屋のような物置が残されている。

Q 「シンさんはカテゴリー2ということだが，年金は受給しているのか」
A 「年金〔受給権〕はすぐに売り払って現金に換えた」
Q 「なぜか」
A 「生活資金が足りなかった」
Q 「家族は」
A 「夫と私と子どもが4人いる」

Ⅱ 事例分析

Q 「子どもはいくつか」
A 「上が24歳, 23歳, 21歳そして12歳だ。12歳の子どもは中学進学を希望しているので教育にお金がかかる」
Q 「生活資金は子どもを養育するのに必要だったということか」
A 「上の3人は仕事をしているし, 21歳の娘は結婚している。生活資金は, 新しい家を建築するのに必要だった〔嬉しそうに新しい家の方を指さす〕。それまでは, 今は物置として使っている小屋に親子6人で暮らしていた〔先ほどの粗末な小屋を指さす〕。全員が入りきれなかった。雨季には雨漏りがひどかった」
Q 「年金は一生涯支給されるものだが, それを失うことに不安はなかったか」
A 「今の生活の方が大切だ。それに夫は建設の現場で働いて1日5ドル稼いでくるし, 子どもたちも象の世話をして賃金をもらってくる。私も裏の畑で野菜などを栽培したり, 鶏の飼育をしたりして生活費を得ている」
Q 「除隊時にもらったパッケージは残っているか」
A 「オートバイと発電機は売った。水揚げポンプだけは必要なので残しておいた」
Q 「技能訓練は途中で止めたといったが」
A 「夫が受講していたが, 毎日都心部まで通うのが大変だと言っていた。それに友人から建設現場の仕事を紹介されたので途中で受講を止めた」
Q 「今の生活に満足か」
A 「何とか生活できている。家族で助け合っている。そりゃあ, お金がある方がいいが」

(3) 事例8　コン・ブンさん (41歳, コクタ・チャン村)

コン・ブン (Kon Bun) さんは2008年に除隊しているので, Ⅱ期CVAPの最初の頃の除隊兵士である (Ⅰ期の終了は2008年の9月)。Ⅰ期とは異なりⅡ期は除隊兵士の選別もその後の支援政策もカンボジア独自の方法で行わ

れており，その後の除隊計画についての情報が外部の者に知らされることはほとんどない。どういうものだったのだろうか。

　コンさんは除隊したくなかったと無念そうに語る。
Q　「除隊したのはいつか」
A　「2008年の暮れだった」
Q　「41歳ということだからカテゴリー1だったのか」
A　「いやカテゴリー2だ。健康そうに見えるが，戦闘で片足を負傷しているので障害兵扱いだ」
※　Ⅰ期のカテゴリーの分類がそのまま引き継がれているようだ。
Q　「ということは年金があるのか」
A　「〔受給権は〕あると思うが，もらっていない」
※　Ⅰ期と同様に，カテゴリー2の除隊には年金の受給権も給付されるシステムが引き継がれていることになる。しかし，調査は2011年である。コンさんは2008年に除隊しているので，少なくとも3年間給付されず据え置かれたままになっていることになる。
Q　「もらえることはもらえるのか」
A　「そうだと思うが，いつもらえるのか全くわからない」
Q　「軍隊には何年勤務していたのか」
A　「18年だ」
Q　「勤務は辛かったか」
A　「いや，それほどではなかった。コクチョークの軍に所属していたので，休日には家に帰れた」
Q　「この村の出身か」
A　「もとはクロライン・コミューンの出身だったが，家族でここ〔コクタ・チャン村〕に来た。妻は近所に住んでいて，それで結婚した」
※　コンさんのいう家族とは，結婚する前の家族のことである。
Q　「ポル・ポト政権時代はいくつだったか」
A　「〔しばらく考えて〕たぶん2，3歳だったと思うがよく覚えていない。クロラインから強制移住させられたと両親から聞かされた」

II 事例分析

Q 「戦闘で負傷したと言ったが，戦闘は相当激しかったのか」
A 「今，思い出したが，やはり軍隊での戦闘は怖かった。自分はフン・センとして戦った。タモク派とも戦闘を交え，その時に負傷した。足だけでよかった。仲間は大勢死んでしまったから」
※ タモクはポル・ポト派幹部として最後までとどまっていたが，1999年に国軍に身柄拘束され，ポル・ポト派は終焉した。

話題を変える。
Q 「ところで除隊パッケージは使っているか」
A 「それは何か」
※ このあたりからⅠ期の除隊との相違が出てくるようだ。
Q 「現金240ドルと米などの生活必需品とミシンやオートバイなどであるが」
A 「全くもらっていないし，聞いたこともない」
Q 「では技能訓練は受けたか」
A 「それは何か」
Q 「豚や鶏の飼育やコンピューター技術など，今後生活していく上で身につけることが望ましいさまざまなプログラムを提供するものだ。除隊兵士はそれを無料で受講し，今後の持続的な生活設計に役立てていくものだ」
A 「聞いたことがない」
Q 「ではなぜ除隊したのか」
A 「除隊などしたくなかった。しかし自分は足に障害があり，軍隊の訓練に適していないと言われ除隊させられた」
※ コンさんの発言は，軍隊内でまさに「リストラ」が行われていることを意味するものである。
Q 「嫌だとは言えなかったのか」
A 「それは言えない。言える雰囲気ではなかった」

話題を変える。
Q 「今の生活について話してほしい」
A 「妻と子どもが3人いる。一番上が5歳，そして3歳，2歳だ。これから教育費がかかるので不安だ」
Q 「仕事は」
A 「この間まで売り子をしていた。自転車でスナック菓子を学校などで売る仕事だ」
Q 「今もそうか」
A 「今はやめている。もうからないし，売り子が多すぎる」
Q 「ほかに仕事は」
A 「うらの畑で稲作と野菜栽培と果物づくりをしているが，たいした収入にはならない」
Q 「除隊したくなかったといったがそれは収入の面でか」
A 「そうだ。軍隊では毎月賃金がもらえた。ここからも近いし，それに平和になったので怖い思いをしなくてもいいし」
Q 「親族の援助などはないのか」
A 「自分の親族も近くにいるし，妻もここの出身で常にいろいろ助けてもらっている」
Q 「親族や友人などと一緒にビジネスを始めるということは考えないか。NPOなども資金援助していたりするが」
A 「それは考えない。国からお金を借りるというのは怖い」

5 まとめにかえて

　第Ⅱ期としては1例のみの聞き取りであり，他に組織だった調査があるわけではないが，概要を読み取ることはできる。除隊兵士は公募制ではなく，おそらく選別されたのであろう。そして彼らには「年金」の受給権は与えられるが（しかし実際には長い間未払いで留めおかれたまま，給付されていない），その他の人道的・教育的配慮はなされていない。CVAPの主要な目的である「社会再統合」と，それを具体化するための技能訓練が，ここで

II 事例分析

は全く考えに入れられていないことが明らかである。まさに，東の指摘したような「内部の最悪部分のリストラ」という位置づけでの除隊（選別）が行われたのである。

事例6のソムさんや事例7のシンさんは，現在，カンボジアの農村の一般的な生活水準か，あるいは比較的恵まれた生活水準で暮らしているが，それが可能なのは，除隊パッケージや年金という支援が得られたからである。2人とも年金や技能訓練を必ずしも十分に生かせているわけではないが，自分たちなりに「合理的」と考える方法で生活を切り開いている。そこには先に見た，年金，家族（労働力として稼働），親族によるSCが大きなプラス要因となって関わっていることがうかがわれる。

一方，第Ⅱ期除隊のコンさんは41歳と若いが，年金はあてにできず，その他の支援は全くない中で，養育しなければならない学齢期の3人の子どもを抱えるという負担を背負っている。これまでに見てきた「自立に失敗した兵士」の分類に属しそうだが，幸いなことに，コンさん一家は近隣に複数の親族がおり，援助してもらえる良好な関係性が維持されている。したがって，もし技能訓練が受けられるような制度があれば，今後のコンさん一家の生活の持続可能性を担保するものとなったのではないかと思われる。

コンさんの事例からのみの結論になるが，第Ⅱ期の除隊は，単に軍隊の「リストラ政策」であって，もはやCVAPの理念を受け継いだものとは言えないだろう。

Ⅲ　社会再統合とソーシャルキャピタル

　貧困に陥る可能性についてフィールド調査をもとに議論してきた。では，そうした可能性が認められる兵士にはどのような対応を考えるべきなのだろうか。あるいはどのような救済の方法が望ましいのだろうか。
　第Ⅲ部では，仮説(3)「『自立』が成功している除隊兵士とそうでない除隊兵士の違いは，ソーシャルキャピタル（社会関係資本，SC）の有無である」を議論していく。第7章の聞き取りからは，明らかに社会関係資本といえるものの存在が大きいことが理解されたが，それがソーシャルキャピタルといい得るのかという問いも含めて，SCとリファラル・システム（Referral System, RS）の2方向から検証する。

第8章　リファラル・システム

　CVAPの最終プロセスである社会再統合の過程においては，地域の共同体が重要な意味を持ってくることになる。カンボジアは，内戦終結後も残存するポル・ポト派の抵抗が続いたため，本来は紛争終結直後から施行されるはずのDDR政策が，国内の混乱が完全に収束し新政権が樹立された後の1998年になってようやく政策の俎上に上ってくることになった。しかし，この時点ですでにカンボジアは政治・経済的には開発途上国としての歩みを始めており，格差を伴いながらも経済成長の途上にあった。
　一方，村落部においては，除隊したばかりの兵士世帯と一般世帯が混在するという複雑な状況が生じており，両者に優劣をつけて処遇することは人道的にも問題があると考えられたため，CVAPには否応なくカンボジア国国家政策の一環としての「貧困削減」という目標が盛り込まれ，その責務を背負わされることになったという経緯がある。
　ここで問題となるのが，CVAPの財源は世銀をはじめとする外部ドナー国・機関の拠出によって成り立っており，それは「除隊兵士の社会再統合に資するために使用される」必要のある目的限定的な出資であったという点である。むろん社会再統合過程においては，CVAPもセーフティネットとして「貧困削減」の使命を帯びてはいるが，対象はあくまで除隊兵士であり，そこにはカンボジアの一般世帯は含まれていない。したがって，理論上は，カンボジア国の国家政策の一環としての「貧困削減」にCVAPの財源は使用できないということになる。
　一方，カンボジア政府の目指す「貧困削減」は，除隊兵士を含むカンボジア全国民を対象とするものである。しかし，その財源は潤沢とはいい難いもので，結果として，財源的にも豊かなCVAPが，除隊兵士が再統合

第8章 リファラル・システム

されていく地域での「貧困削減」をも担うことにならざるを得なかったのである[1]。したがって，救済に際しては，「除隊兵士」というくくりを取り去って，「誰が救済に値するのか」という視点から被救済者を選ぶ方法が採られることになった。

CVAPのおかれたこの二律背反とも言える状況は，CVAPのセーフティネットであるリファラル・システム (RS) において問題を顕在化させることになった。というのは，第一に，カンボジアの一般世帯，とくに村落部の世帯は相対的に貧しいことが知られており（第4章），彼らの目には，除隊パッケージやオートバイ，年金を手にした除隊兵士は，支援を必要とする貧困層には見えないという点が挙げられる。これに対して除隊兵士たちは精神的に不安定な者も多く，地域住民からあからさまな敵意や妬みを示されると，以降の地域での生活に支障をきたす可能性が高いことは目に見えている。したがって，いかに地域の人々に不公平感を持たせることなく，必要な人に必要な現金・物品を供与できるかが一般世帯との比較において慎重に検討されなければならなかった。

次に，農村での貧富の格差だけでなく，ポル・ポト政権下でひきおこされた集団強制移住による基幹住民と新住民という対立構造に見られるように（第Ⅱ部参照），地域の住民間には相互に支えあうという信頼関係が乏しい。さらにRSの施行がそれを煽る形になってはならなかった。さらに三点目として，特定政党の支持がひきおこす対立構造の問題が挙げられる。カンボジアでは支持政党をめぐる住民同士の対立は人間関係の亀裂を深める大きな要因であったが，RSのドナー（資金提供者）が特定政党支持者を恣意的に選ぶということも多く，しかも制度上それを否定できない。このために，公平性という意味で，地域共生の構築には取り組まれなければならない多くの課題が残されていた[2]。最後に，対象者への支援が適切であったかどうかの検証が行われなければ公平性は担保されたとは言いがたい。こうした課題にRSはどう向きあい，その活動を遂行してきたのだろうか。次に考えてみたい。

Ⅲ 社会再統合とソーシャルキャピタル

1 リファラル・システムの概要

　CVAP の社会再統合過程のセーフティネットとして位置づけられているのが RS である。RS とは，地域で利用できる社会資源を駆使して生活困窮者に生活資金や物品を援助し，貧困の削減と生活の安定をはかることを目的に，CDAF GS（動員解除評議会実施事務局）の監督下で，州退役軍人委員会事務局（PVC ES）[3]が中心になって，郡政府，コミューンカウンシルと協力して，郡レベルで実施するものである。

　RS は，STP（技能訓練）の実施にあたって，「自立」がうまくいかない除隊兵士を救済するセーフティネットの必要性により 2002 年に構想され，2003 年 3 月から開始された活動であり，その意味では CVAP の一環である。しかし，全く新しく創設された制度ではなく，すでにカンボジアで行われていた「福祉行政制度」をその継承の母体としている（多田「JICA 専門家報告書」2007 年）[4]。

　「福祉行政制度」は，各省庁の州事務所や NGO などが，外部ドナーから寄せられた資金を困窮世帯に供与するものである。供与にあたって，多くの実施機関は，州，郡の行政府を経由せず，最小行政単位である各コミューンの議会やコミューン内の村落に直接委託して，要支援対象者（多くの場合は世帯単位）を探すという方法をとっていた。このため，受益者世帯（支援を要する生活困窮世帯）の選定に関しては，コミューン議会メンバーや村長の情報に大きく依存せざるを得ず，選定の恣意性が問題となっていた。しかし，困窮世帯が多いカンボジアの村落では，そもそも誰が救済に値し，誰がそうでないのかという判断基準もないというのが現状であった。RS は，こうした混沌とした「福祉制度」に明確な判断基準を提示し，それに基づいて公平・公正に優先順位が決定されるよう制度化するという役割を果たすものであった。

　RS では，受益者（世帯）の選定はカンボジアの行政区分に則って，村落，コミューン（10 村の集合体），そして郡（10 コミューンの集合体）と段階制で対象者が絞られていくシステムをとっている。

まず，村落単位では，困窮者が村長のもとを訪れ窮状を訴え，村長の判断で被救済者のリストに載せてもらう（通常は1〜3人程度）。村長はリストを持ってコミューン会議に臨み，そこで10村のリストが統合される。リストには10村分の被推薦者の名前と困窮度が一覧にされ，相対的に困窮度が比較できるしくみである。

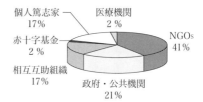

図8-1 タケオ州における支援組織の割合

出典：聞き取り，多田「専門家業務完了報告書」JICAアジア第1部，2005年より筆者作成

したがって，一覧表のどこに位置づけられるかで救済の可否が大きく左右される。その判断は村長に任されているため，ここに村長のフィルターがかかることになる。その後，10村の統合体であるコミューンへと舞台は移動する。各コミューンから選出されたコミューン会議メンバーが，自分の所属するコミューンの中で最も支援優先順位が高いと思われる世帯を順次推薦し，その世帯について，口頭により現状を報告していく。そのため，ここにもコミューンメンバーのフィルターがかかる。これを受けて，ドナー，PVCのメンバー，郡政府スタッフ（郡知事，副知事を含む），そしてコミューン会議メンバーらは，各コミューンからの推薦とその報告に基づいて協議し，その郡での支援の優先順位の高い世帯から順に支援を与える決定をするしくみである。

支援枠は決まっていない。財源は大きくドナーの寄付によっており（図8-1），何人選択できるかは一定ではないからである。支援が決定すると，被推薦者（世帯）は受益者（世帯）となる。ドナーは，NGOや宗教団体，赤十字などさまざまな組織であるが，彼らが最終的に選択，決定に関わることになる。

判断基準となる10項目は，①世帯構成員の中に「〔働けない〕障害者がいる」，②「〔働けない〕傷病者，高齢者がいる」，③「〔幼い子どもがいる〕母子世帯である」，④「食料が常時不足している」，⑤「恒常的に収入がない」，⑥「就学齢期の子どもを学校に通わせていない」，⑦「家がなく野宿同然の暮らしである」，⑧「井戸，池などの水源が家の周囲にない」，⑨

III 社会再統合とソーシャルキャピタル

「年金を受給していない」，⑩「親類縁者からの資金援助を受けておらず，援助機関等からも支援を受けていない」，である。被推薦者（世帯）は，以上の10項目に基づいてチェックされる。該当項目が多いほど，困窮度が高いとみなされ，優先順位が高くなる。さらに，被推薦者（世帯）を探す側（資金提供の外部ドナー）と受益者（世帯）選定を任されたコミューン議会メンバーや村長との双方のニーズに着目し，それらの利害をマッチングさせるという科学的な方法を取り入れていることも特色である。また，運用にあたっては，毎月1回，各郡でRS会議が開催され，各支援提供者・機関が求める支援対象者の条件が提示され，その条件に，コミューン議会メンバーや村長が選定した「潜在的受益者（世帯）」が組み合わされていくという方法が採られる（多田「JICA専門家報告書」2007年）。このように，RSは，従来の「福祉行政制度」に判断基準やニーズに基づいたマッチングという科学的な方法を持ち込み，懸念されていた，選定における恣意性を排除しただけでなく，コミューン会議という「場」を持つことで，さらに選定の透明性の確保を意図したのである。

RSの実施に関しては，世銀をはじめとしたドナー国・機関が関わる予定であったが，2005年に日本以外のすべてのドナー国・機関が撤退してしまったため，日本政府とカンボジア政府が協力してRS活動（パイロットプロジェクト）を実施することになった。候補に挙がったのは，PVC ESのメンバーの人数やチーフの活動意欲などの条件が整っていたタケオ州とコンポンチャム州である。2005年4月にタケオ州全10郡でRSが開始され，続いてコンポンチャム州の半分の8郡，続いて残りの8郡と，順次行われていった。そして，2006年3月に，すべての郡で6カ月のパイロットプロジェクトが終了した。

パイロットプロジェクトとしてのRSは，以下の3点を支援基準としていた。
1．技能訓練を受けるだけでは自立が困難な脆弱な除隊兵士に各種の支援を与えること
2．除隊兵士の居住する地域で，近隣の弱者，最貧困層にも支援を与えること

表 8-1　コンポンチャム州 RS 受益世帯数

	除隊兵士世帯	一般世帯	合 計
RS 受益希望世帯件数	295	199	494
RS 受益世帯数	243	164	407
RS 受益世帯件数の割合（%）	82.4%	82.4%	82.4%

出所：多田「専門家業務完了報告書」JICA アジア 1 部，2005年より筆者作成

　3．州，郡，コミューン政府が協力して地域の既存資源を活用した支援
　　システムを構築すること
である。ここに人的な救済と社会資源の活用システムが含まれている点に
留意したい。支援対象者とは，経済的に脆弱な除隊兵士の世帯，および除
隊兵士が居住するコミューンの弱者，最貧困層と位置づけられている。
　RS が，従来コミューンで取り組まれてきた福祉行政にルーツを持つも
のである点，さらに，紛争終結国においては，除隊兵士以外にも生活確立
のための支援が必要な人々が存在するという点，そして，地域内で住民間
のコンフリクトを回避し除隊兵士の再統合に資するには，総体的な視野か
ら支援を見直す必要がある点を勘案すれば，カンボジア政府の開発課題と
連動して除隊兵士世帯と一般世帯を区別せず取り組まれたことの意義は大
きいと考えられる。もっとも，原則論からいえば，すでに述べたように
CVAP の施行においては，RS は兵員削減の一環として実施される活動の
一部であるため除隊兵士世帯を支援することが第一義となる。このことに
関して，実際に RS のパイロットプロジェクトに参画していた多田は，
「動員解除事務局には，除隊兵士に限定して RS を試行実施したいという
思いが強くあり，その支援対象に一般世帯を含むことに対しては，少なか
らず抵抗もあった」と報告している（多田 2007）。
　では，実際にどのような世帯に対し支援が行われたのか，多田のコンポ
ンチャム州での調査結果から検討してみよう（表 8-1）。
　表の「受益世帯件数の割合」でみる限りでは，必ずしも除隊兵士を優遇
した措置は講じられていないように見えるが，除隊兵士世帯と一般世帯の
RS 受給件数の比率を見ると，1.5 対 1 となる。これは，10 の判断基準の

Ⅲ 社会再統合とソーシャルキャピタル

表8-2 コンポンチャム州RS受益世帯の割合

	除隊兵士世帯	一般世帯	合　計
総世帯数	933	349,893	350,826
RS受益世帯の割合（%）	26%	0.05%	0.12%

出所：General population Census of Cambodia（全体人口）より筆者作成

中に①や②のように，明らかに除隊兵士世帯に有利な項目が含まれており，したがって除隊兵士世帯の方が受給希望者リストに登録される可能性が高いことを示している。これを全世帯に対する割合から考えてみると次のようになる。

　コンポンチャム州の人口は175万4129人（2005年，Cambodia Ministry of Planning）であり，うち，除隊兵士を含む世帯数は933（2001年除隊登録時の人数）である。たとえば，1世帯5人家族とすると[6]，想定される全世帯数は35万826世帯である。これを単純に数値化すると，以下の数値が得られる（表8-2）。つまり，世帯数全体に対する受益世帯の割合は，除隊兵士の方がはるかに高いことがわかる。除隊兵士世帯の場合，4世帯のうち1件がRSの対象となっているのに対し，一般世帯は1万世帯のうち5件である。

　次に，RSの支援内容に視点を移してみよう。多田は，支援内容を，「自立的経済促進型」と「福祉型」に分類しているが，受給世帯において除隊兵士世帯，一般世帯の区別をつけずに概観すると上表のようになる（表8-3）。明らかに，支援内容は，米などの食料支給（現物給付）に偏っている。さらに，現金支給の割合はそれほど大きくはない。また，「自立的経済促進型」と「福祉型」に分けた場合，大多数が「福祉型」であることも，RSがセーフティネットであることを考えれば容易に理解できよう。

　RSは，既述のようにタケオ州（2005年4～9月），コンポンチャム州（2005年6月～2006年3月）の2州で試験的に実施されたが，このパイロットプロジェクトが終了した時点で，STP活動が本格的に開始されたことから，RSは休止となった。その後，2州におけるRSに関する情報は把握できていない。また，RSが他の州において施行されているという情報

表8-3 RSの支援の内容

自立的経済促進型支援	世帯数	福祉型支援	世帯数
種牛・雛鳥等家畜支給	41（6.3%）	医療，医薬品の提供	32（4.9%）
零細事業等の小規模融資	6（0.9%）	居住場所，家屋の提供	21（3.2%）
農具の支給	2（0.3%）	衣服の支給	47（7.2%）
自転車など輸送道具の支給	5（0.8%）	米等の食料支給	327（49.9%）
野菜栽培のための苗の支給	4（0.6%）	現金支給	45（6.9%）
縫製，オートバイ修理の技能訓練	19（2.9%）	生活備品，修理備品等の支給	50（7.6%）
耕作地，商用地の提供	9（1.4%）	学用品の支給，奨学金	47（7.2%）
合計	86（13.1%）	合計	569（86.9%）

出所：多田「JICA専門家報告書」より筆者編集
※ %表示は小数点以下第二位を四捨五入しているため合計には若干の誤差がある。

も得られていない[7]（多田「JICA専門家報告書」2007年）。しかし，RSという制度はなくなっても，これまでの地域での福祉行政活動は存続しており，CVAPで計画立案されたRSのノウハウは，地域の福祉行政活動「受益者選定」の基準や外部ドナーとのマッチング方法に生かされている（第8章第2節）。このことは，とりもなおさずCVAPが，政治的，あるいは軍事的な枠組みを超えて，長期的な開発政策として位置づけられている証拠と考えられる。

2 リファラル・システムの課題

RSは，社会再統合過程における困窮する除隊兵士のセーフティネットとして有意義な取り組みと考えられるが，次のような四つの課題が指摘できる。

第一は，本章でもすでに述べてきたように，貧困削減と社会再統合という二つの命題が抱える二律背反である。RSは，CVAPの一環なので，対象者は除隊兵士とその家族ということになり，予算もそのように計上されている。しかし貧困対策は国家的な事業であり，地域全体を視野に入れなければならない。村には除隊兵士あるいはその家族よりさらに貧しい多く

III 社会再統合とソーシャルキャピタル

の村人が存在する。そうした場合，果たして「困窮する除隊兵士のみを救済する目的」としての RS の位置づけは社会再統合たり得るのか，という疑問が当然出てくる。現実には，タケオ州，コンポンチャム州で行われた RS では，「村での貧困者の生活と比較して除隊兵士のそれが際立つ場合に支援が行われるようにし，支援対象者のリストには除隊兵士以外の村人も含まれるように配慮」（多田 2007b: 58-60）されている。しかし，RS の判断基準となる 10 項目には，①「〔働けない〕障害者がいる」，②「〔働けない〕傷病者，高齢者がいる」など明らかに除隊兵士に有利な項目が見られ，暗に除隊兵士を第一の対象としていることがうかがわれるものとなっている。

　第二は，受益者世帯選定に関する公正さの課題である。従来のあいまいさや恣意性を排除するべく，10 項目の判断基準の設定や受益者選定の会議などが定期的に行われるシステムが導入された。しかし，最初の選択権を持つ村長が，はたして「選定者」としての資質を備えているかどうかという問題は不問に付されている。村落間の格差も，「公平性」を貫く際には問題になる。コミューンレベルの選定では，コミューン会議のメンバーが関わり受益適任者を決定するが，ここでの判断も，村落と同様に「資質」の問題をはらんでいる。コミューン会議のメンバーは，各地域の有力者から構成されており，高齢者が多い上，識字率も低い。候補者への適切な面談調査さえできないという問題がこれまでにも指摘されていたからである。こうしたいびつとも言える組織構成は，内戦によって多くの中高年知識階層が失われたカンボジアの特殊性によるところが大きいが，村落では年長者が村長を務めることが多く，変革しようがないのがネックとなっている。

　第三に，こうした問題を是正し，「公平性」を確保していく方法に関連する課題である。RS では，タケオ州やコンポンチャム州で，各コミューン内での受益者の「適切性」をフォローアップ調査によって検証，評価するという方法が計画され，実施されてきた。フォローアップとは，救済が適切に行われたのか（最も救済が必要な世帯に支援が行われているのか），供与金や物資は適切だったのか，それらは有効に使用されているのかといった点を，逐一確認する作業を総称したものである。

その活動を担う現地スタッフがPVC ES（州退役軍人委員会事務局）である。彼らは地方公務員という位置づけにあり，その業務は公務員としての仕事と考えられているため，RS活動のための特別手当は支給されない。しかし，車で移動するのでガソリン代などの実質的出費がある。さらに，広い地域を回るので勤務時間を大幅に上回ることも多い。業務に係るこうした経費は，これまで日本政府（JICA）のRS活動資金に拠ってきたが，日本政府が全面撤退すれば活動資金が調達されないことになり，RSもフォローアップを実行できないことになる。

　さらに懸念されるのが，フォローアップというシステムを継続的に運営していく人材が育成されないことである。この人的資源の欠如が，今後の「福祉行政制度」に及ぼす影響は大きいと考えられる（多田氏から聞き取り，2007年）。当初の計画では，RS活動は，除隊兵士支援プログラムのために，暫定的に関係各省庁州事務所から，原則1名ずつ任命された職員が担当することになっていた。彼らは除隊兵士支援プログラム実施にあたって，PVC ESの所属省庁で業務を行いながら，除隊兵士支援関連業務を優先して遂行することになっているが，上述したように報酬は所属省庁からの通常の給与のみで，PVC ESとしての手当は全く支給されないしくみであった。このことを懸念した多田（JICA専門家）は，PVC ESの育成および交通費支給の資金獲得に奔走するが，カンボジア政府と世銀の確執によるCVAP遂行上のトラブルのため，せっかく立ち上げ動き出していたPVC ESの業務がしばらく途絶えてしまうという状況に直面する。この空白の期間によって，ある意味「余分な」仕事から開放されたPVC ESの多くのスタッフたちは，職務を辞してしまうという事態になった。もっとも，STPが終了すればPVC ESの任務も自然に解消される。PVC ESがいなくなれば，州，郡，コミューンと，サービス提供機関をまとめる立場のキーマンを新たに創らない限りRSは機能しないことになる。こうしたことから，2007年9月に日本政府（JICA）が撤退した後は，RSを存続させるインセンティブもなく資金も確保できないため，RSを遂行する人材育成が行われないままこのプログラムは終了している[9]。

　第四に，資源調達に係る課題である。RSの資金源は，すでに見てきた

III 社会再統合とソーシャルキャピタル

支持政党の看板

ように2割は政府の補助金であるが、大部分がドナーの善意に拠るものである。しかし、ドナーもカンボジアにおいて何らかの活動を行っており、それが有利に展開するよう恣意的に対象者を選ぶことは日常的に見られる。とりわけNGOがドナーの場合、その活動に好意的な政党が政権に就くか否かが今後のそのNGO活動全体に影響を及ぼすので、政治色を帯びざるを得ない。勢い、活動の支持者である候補者を選択するということがおきることになる。資金提供者によるバイアスが、候補者の最終決定に反映されるということになるが、この制度が財源を主に民間団体に拠っているという背景から、ある程度避けられない宿命とも言える。

以上、4つの課題を見てきたが、長期的な開発主義の視点に立てば、除隊兵士支援も一般市民支援も「困窮」という意味において同義であり、実際に、そうしたものとしてパイロット事業としてのRSが施行されてきた。フォローアップという萌芽が残されたことで、RSは十分にその意義を果たしたといえるかもしれない。そして、国際的な支援としてのCVAPが終わった今、カンボジアは、自力でセーフティネットとしてのRSの安定的な運営を行っていかなければならない局面に置かれているといえよう。

3 仏教による救済

RSを構成する支援ドナー機関に相互互助組織があるが、これは、主に仏教寺院などの組織を指している。カンボジアでは、国民の8, 9割を占めるクメール人のほとんどが上座部仏教（Theravada Buddhism）を信奉しているが、ポル・ポト政権時代に仏教は弾圧され、僧侶も寺院も壊滅的な打撃を受けた（天川 2001b: 275-279）[10]。しかし、ポル・ポト政権崩壊後、死者を弔い、かつての生活文化を取り戻そうとする在俗信徒を中心に、儀礼の場としての寺院再建を求める寄進活動が活発化し、加えて政府（人民革命党政権）による支援もあり、仏教寺院はまたたく間にその数を回復させ

ていった(高橋 2000: 76)[11]。1998年には，1970年(ポル・ポト政権以前)の寺院数を上回る3677寺院が報告されている。このように，カンボジアの国民の生活に深く根ざしている仏教は，同時に，カンボジアの「貧困」とも向き合ってきた歴史を持つものである。こうした視点から，RSとの相違について触れておこう。

RSが従来のカンボジアの「福祉行政制度」を母体としたものであることはすでに述べた通りであるが，そこでは，生活困窮者は地域で「発見」され，「推薦」されて，「福祉行政制度」へと結びつけられてきた。しかし，「制度」である以上，それは「選別」を伴うものでもある。当然「選別」から漏れる貧困者もいれば，そういう制度へのアクセスすらできない(制度を知らなかったり，地域や地理的な要因によって申請が困難など)貧困者もいる。また，定住地のない場合は，そもそも救済の道さえ閉ざされている。こうした「漏救」者にとって，最も身近なシェルターの役割を担ってきたのが仏教寺院であった。そこでは，文字通りのシェルターとしての役割ばかりでなく，現物の供与もひんぱんに行われていた。

元来，仏教寺院は，儀式を行う「場」としてだけではなく，人々の喜捨，寄進を受け，困窮者に物品を与える，財源的にも豊かな聖域として歴史の中に位置づけられてきた。したがって，ポル・ポト政権が崩壊するや，人々がいち早く仏教寺院の再建にとりかかったのも，仏教がカンボジアの人々の生活と不可分の関係にあり，その文化的な伝統が国民の精神の支柱をなしていたからである。さらに重要なのは，多くの生活困窮者を抱える農村などでは，寺院による「施与」が，これらの人々にとって生活上不可欠であると，広く認識されていたことである。

ポル・ポト政権崩壊後の人民革命党政権は，このようなカンボジアの人々の心情を考慮し，寺院の再建にはおおむね鷹揚であった。その一方，サンガに関しては，政権の統制下での再建をはかろうとした(天川 2001b: 280)。政権の意図するところは明白であった。仏教に篤い国民は，寺院への寄進や喜捨行為を通して救済されることを生きる理念としているため，寺院は，儀式や寄進などによって財源が豊かであった。したがって，政府は寺院を政権内部に取り込み，寺院の寄金総額の2割以上を，軍備や社会

Ⅲ　社会再統合とソーシャルキャピタル

復興のための予算として供出させようと画策した（林 1998: 172）。本来，こうしたことは，住職と寺委員会の同意があって初めて可能となるため，政府は，当時の人民革命政権寄りのテープヴォン師を授戒師として登用して仏教の頂点に置き，儀礼と寺院整備を司る寺委員会をたちあげ，政権内部での寺院勢力の明確な位置づけをはかった。こうして，文化と政治が不可分な関係を持つ政権が運営されていくことになった。そして，新しい枠組みの中で，政府はサンガを再興させ，サンガ組織と寺委員会がともに国家政策を推進していく両輪となるように義務づけたのである（天川 2001b: 282-283）。

　仏教は，1989年4月に人民革命党政権によってカンボジア国憲法が採択されると，その第6条で，改めて「国教」と明示された。1993年に制定された新憲法では，第4条の「国是」において信教の自由が謳われているが，実際には，二つのサンガの大管長が王位継承評議会の構成員に予定されるなど，仏教の強固な位置づけは変わらない。そして，このサンガを支えているのが在俗信徒たちである。このような集団の力によって，仏教寺院は，社会福祉に資する拠出を義務とする傍ら，寺院内でのシェルターや物資の供与による救済も継続し今日に至っている。村々の仏教寺院を中心に行われている貧民の救済活動は，次の章のSCとも関連する重要な社会資源である。

第9章　社会再統合過程におけるソーシャルキャピタル

　第8章において論じてきたように，RS は，CVAP のセーフティネットとして計画されたものであるが，その施行にあたっては，救済対象者の選定などに課題を残していた。しかし，社会再統合は地域社会を離れては成り立たないものであるので，除隊兵士のセーフティネットとなり得るものが，一つには地域において自生的に構築されていくのが望ましい。もう一つの可能性としては，政府や外部機関などによるコミュニティ型インフラ整備事業などが考えられる。本章では，社会関係資本（ソーシャルキャピタル，以下 SC）の活用という視点から，この問題を考えてみたい。

1　ソーシャルキャピタルの定義

　SC は，「人やグループ間の信頼・規範・ネットワーク」（パットナム 2006）と定義されるソフトな社会的資本であり，一般的には社会関係資本と訳される。パットナムの定義が用いられることが多いが，「特定目的の行為においてアクセスされ，活用される社会構造の中に埋め込まれた資源」（Lin 2001）とも解され，またウールコックは，「SC とは協調行動を容易にさせる規範・ネットワークである」（Woolcock 2000）と定義している。これらの議論を包摂したものとして，OECD とカナダのヒューマンリソース開発局の合同専門会議において合意された，「グループ内ないしはグループ間の協力を容易にさせる規範・価値観・理解の共有を伴ったネットワーク」（OECD 2000b）が，今日では広く用いられている（稲葉 2008: 12）。SC はこのように多様に解釈されるが，基本的構成要素としては，「社会における信頼・規範・ネットワーク」であり，稲葉はこれに「心の外部性」を

Ⅲ　社会再統合とソーシャルキャピタル

加え,「心の外部性を伴った信頼・規範・ネットワーク」としている（稲葉 2008）。「外部性」とはミクロ経済学の「外部性」にそのルーツがあり,たとえば個人または企業がある行動をとる時に,すべての費用を負担しない（負の外部性）か,あるいはすべての便益を享受しない（正の外部性）ときに,「外部性」が存在すると考える（スティグリッツ／ウェルシュ 2006）。技術革新による波及効果や,公園・歴史的建造物などの近隣に及ぼす効果は正の外部性（外部経済）であるし,一方,公害や地球温暖化問題は負の外部性（外部不経済）として説明される。しかし SC における外部性は,以下の五つの観点から,通常の外部性とは異なったものとして位置づけられる（稲葉 2008: 13）。

　第一に,個人間や企業間の社会的文脈の中で成立しているという点である。たとえば公園が隣に存在する場合など,人は単独でも,それによって,市場を通じない満足感（外部経済）を得ることができる。それに対して,SC の外部性を享受するためには必ず他者との何らかの社会的関係が必要である。

　第二に,SC において得られる外部性の質は,社会的文脈における,個人や企業の相対的位置に影響されるものでもあるという点である。SC の基本概念の一つに,異質なもの同士を結びつけるブリッジング（接合型）な SC と,同質なもの同士が結びつくボンディング（結束型）な SC という区別がある。たとえば NPO などはブリッジングであり,大学の同窓会や商店会など地縁的なものはボンディングである。そして,「ボンディングな SC は結束を強化する外部性をもつ傾向があるが,ブリッジングな SC は情報の伝播や評判の流布において強い外部性を持つと言われる。（中略）個人や企業の置かれた社会的文脈における相対的位置が SC の外部性の質を決める」のである（稲葉 2008: 14）。ここで見落としてはならないことは,「ボンディングな SC は結束を強化する外部性をもつ」という点である。「結束を強化する」ことは,一面では外部者に対し「排除」の形をとることにもつながる（Portes 1998: 1-3）。この点に関し坂田正三は,集団外の者の排除はむろん,集団内の規範が集団外に及ぼす負の影響,あるいは集団内にいる個人の自由の束縛というものまでもが含まれるとし,その悪い面

がもたらした社会のマジョリティにとって望ましくない結果が，汚職の構造であり，マフィアなどの非合法組織の存在であるとしている（坂田 2001）。

三点目として，SC における外部性は cognitive（認識的）な能力に負うという点がある。つまり人々の心に働きかけて人々が認識して初めて意味を持つという点で，「心の外部性」である。「心の外部性」は，個人に限らず，組織間の信頼・規範・ネットワークの場合でも生じる。

四点目として，「心の外部性」はあえて市場に内部化しないことに価値があるケースが多いという点がある。通常なら，外部性は，外部経済であれ外部不経済であれ，制度的工夫により市場に内部化できるが，SC における「心の外部性」は，多くの場合は，敢えて内部化しないことに大きな価値がある。[1]

カンボジアの村落での相互扶助のような働きは，まさに「心の外部性」と位置づけられる。この考え方を敷衍していくと，たとえば社会福祉の分野における介護の問題なども「心の外部性」（の問題）に包摂されていくことになる。[2] いずれにしても，「内部化しないことに価値」があるとするSC の定義は，社会的な背景や時代の要請といった要素も勘案して理解されなければならない。

最後に，SC における外部性は，波及効果(スピルオーバー)が大きいという点である。当然であるが，閉じたネットワークの中では情報が伝播しやすい。バートは，これに加えて，人々の特定の個人への評価は第三者の判断に影響され，その結果，信頼や不信が増幅される場合があると指摘している（Burt 2005: 167-181）。

SC の特徴から考えれば，確かに，SC の外部性においては，バートの指摘するような緊密な関係ゆえの問題も生じやすい。しかし基本的には，SC は，「親族・血縁関係を越えた一般的な信頼関係」が前提となっており，強固な SC が存在しない社会では経済成長は起こりにくい（Fukuyama 1995: 13-18）。フクヤマは以上から，SC を，マクロ経済成長に必要な要素であると論じている。J. スティグリッツも，「社会関係資本と開発レベルの逆 U 字の関係」についての議論の中で，市場経済が未発達な経済発展の

初期段階においては，社会関係資本が有効に機能するが，経済発展が進むにつれて市場機能がその役割にとって代わるため，SCの役割は減少するとしている（Stiglitz 2000）[3]。フクヤマやスティグリッツの議論は，一つの仮説に過ぎないが，こうした多様な議論が起きること自体に，SCの概念のあいまいさとその包摂する範囲の広さが理解できよう。

2　村落におけるソーシャルキャピタル

　ソーシャルキャピタルという言葉こそ用いられていないが，文化人類学では古くから広範囲な社会において，互酬という慣習が行われていることが知られている。そこには明らかにSCといい得る社会のしくみが見られる（牧田 2008b: 467-469）。M. サーリンズは，互酬の基本原理を「家族，近しい親族，親しい友人など気心の知れ合った仲間同士の間で行われるような普遍的互酬行為」「直接的交換・物々交換としての平衡的互酬行為」「真の意味の互酬行為ではなく，一方が他方を利用するために交換が強要される消極的互酬行為」の三類型に分類しているが，SCは一つ目にあたる。これに対しM. モース（2009）は，古代社会，未開社会においては，さまざまな財が贈与され返礼される互酬的システムがあり，これが社会的紐帯の根幹をなしていると考えた。一方，B. マリノフスキーは，トロブリアンド諸島の調査によって，互酬のうちに「法の基本原理」ともいうべき法則性が見られることを発見した。彼は，部族生活のあらゆる領域にギヴ・アンド・テイクの関係が浸透している事実，そして贈与と返礼という普遍的な形をとりながら，そこには社会的価値の交換が見られること，拘束を伴った規則性があることを明らかにした。C. レヴィ＝ストロース（2000）も同様に，婚姻システムを互酬的慣行として分析し，互酬的な関係が家族間，階層間，村落間のつながりと地域社会の統合に貢献したと説明し，SCが，すでに社会システムとして構築され機能していた事実を明らかにしている。

　本書が対象とするカンボジアの村落においても，文化人類学のこれらの定義は適用可能であるが，文化人類学が対象としているのは，近代的な経

済制度の未発達な地域での互酬制度であり，それをそのまま現代社会に移行させるのにはやはり無理があるといわざるを得ない。つまり，互酬は，顔の見える範囲を超えることがない閉じられた空間における社会システムであり，その限りにおいてはSCであるが，経済のグローバル化という空間の広がりを示す座標軸が設定されていないのである。

　SCがある一定の地域において，相互に助け合う人的「財」の役割を果たすという文脈からは，相互扶助という概念が適用できる。コールマンの「社会における人々の結びつきを強める」ものという定義も同様の意味を持つものであるが (Coleman 1990)，たとえば労働者を対象として結成された相互扶助組織である協同組合は，それに該当するものと考えられる。産業革命によって大量の労働者階級が生まれたヨーロッパには，さまざまな職域協同組合が結成されたが，1844年にロッチデール（英国ランカシャー地方）で結成されたロッチデール公正先駆者組合は，それまでの職域協同組合などと異なり，明白な相互扶助の基礎理念と運営理念を有していたことで，近代的協同組合の始まりとされている。ロッチデールに見られる，こうした堅実な運営理念を支える強い仲間意識に裏づけられた拘束性と組合組織の規則性は，マリノフスキーの調査ですでに明らかにされている「法の基本原理」にも通じるものである（牧田 2008a）。

　カンボジアの村落は，市場経済がまだ十分に発達しているとはいい難い段階であるので，SCは有効に機能するということになる。この「有効」という意味は，「社会における信頼・規範・ネットワーク」としてのSCの本質である「恩恵」，すなわち，「財」の果たす役割が十分に効果を持つ（はずである）ということである。しかし，「財」は目に見えない抽象的な概念である。具体的で即効性がある戦略が何よりも必要とされる紛争後の開発途上国の社会政策において，SCの概念，とりわけ目に見えない「財」はどこまで意義を持ち得るのだろうか。

3　地域コンフリクト

　SCの負の側面の一つに地域コンフリクトの問題がある。SCにおける

Ⅲ 社会再統合とソーシャルキャピタル

親密性，あるいは緊密な人間関係は，ときに部外者に対する排他性にもつながってくることが知られている。このことは，「人々の特定の個人への評価は第三者の判断に影響され，その結果，信頼や不信が増幅されることがある」というバートの指摘にも詳しい。そして排他性は，社会再統合と対立する概念である。しかし，それは「潜在的で隠された」，それゆえ「可視化できないコンフリクト」である（アンサール 2004: 3-5）。

では「可視化できないコンフリクト」を学説から浮かび上がらせることはできるだろうか。調査地のシアムリアプ州は，バッタンバン州などと並んでポル・ポト兵の多くいた地域として知られている。食いつめた兵士は，投降して国軍兵士として登録されるとその段階ですでに個人情報は秘され，一部の職員にしか元ポル・ポト兵だということはわからない仕組みになっている。しかし，おそらく地域の住民，そして除隊された兵士たちは，互いに，誰が元ポル・ポト兵であるのかを知っているのではないかと思われる。次にいくつかの証言を拾ってこの問題を考えてみよう。高橋美和は，村落での聞き取りによる職業調査を行っている中で，次のような証言を集めている（高橋美和 2001: 259-271）。

警察官と結婚して夫が殺された女性 (54歳)
　コッ・コンに引越して1年経たないうちに，農村へ移住させられることになった。1500世帯がコッ・コンの町から，農村へ移動，農業をさせられた，という。このうち5世帯のみ生き残り，あとは飢えで死亡したと聞いた。(中略) 旧住民である地元の人と，彼ら新住民はあまり口をきかなかった。村の人たちは，新住民は金持ち，社会的地位の高い人たち，と思って憎み，心を開かず，互いに恐れていた。
　ポル・ポト時代が昔のことのように思えない。夫はヴァーイチャオルされた (＝ぶち殺された)。ポル・ポト兵士は，人を殺すとき，芋を植えるためとか，教育のためといって連れて行くのが一般的だった。

第9章 社会再統合過程におけるソーシャルキャピタル

アンコールボレイ郡で強制労働に従事した人（女性／44歳）

　1975年以後，アンコー・ボレイ〔アンコールボレイ〕郡クロバイコーンへ行かされた。（中略）生活環境は劣悪であった。食事は水っぽい粥を1食あたりしゃもじ1杯分のみで，普通に炊いた飯はなく，夜は土嚢の上で寝た。蛇が来たりもした。ダム作り・土砂運びが主な労働で，1日あたり4～5平方メートルのノルマがあった。（中略）〔作業現場で家族と会っても話はできなかった〕家族同士でも話すことは禁止されており，話しているのが見つかると「ヨーク・タウ・コーサーン」される（別室に連れて行かれ「アドバイス」を受ける。殺されることもある）からである。（中略）一番下の妹は，反道徳的だと告発されたうえ，殺された。告発はいつも公表されて，皆の知るところとなった。その夫も，竹をのどに突っ込まれて死に，死体は豚の糞の入っていた池に投げ込まれた。（中略）4番目の妹の夫が告発の結果殺された後，妹と口をきくことができなくなった。告発された人の身内と話すことは禁止されていたからだ。

　高橋の調査は2000年前後のものと思われるが，ポル・ポト政権がポル・ポトの死をもって完全に崩壊した1998年から間のない時期でもあり，人々の記憶に虐殺のイメージは鮮明である。村人のこうした記憶は，CVAPの社会再統合という施策のもつ欺瞞性をいやでもあぶり出さずにはおかない。おそらく，聞き取り調査に答えた村人たちは，ポル・ポト兵を，あるいは20年にわたる内戦で住民に銃を向けた除隊兵士を，心の底では許さないだろう。そうだとすれば，そこに帰還した除隊兵士たちに身の置き場はあったのだろうか。

　以下は筆者の聞き取りである。筆者の調査は高橋の数年後にあたるが，多くの人々がポル・ポト時代の重荷を今もひきずって暮らしている様子がうかがえる。

シアムリアプ市の運転手（男性／60歳）

　シアムリアプ市で筆者が情報提供者の紹介で雇用した運転手は，元ポ

Ⅲ　社会再統合とソーシャルキャピタル

ル・ポト派除隊兵士であった（それは当初知らされていなかったし，情報提供者も知らなかった）。彼は，故郷に居づらくなってシアムリアプ市内で働いている。彼は，その理由を話したがらなかった。運転手を紹介してくれた情報提供者によると，彼の家族も皆故郷を出て，音信不通になっている。

プノンペン市の運転手（男性／47歳）

バッタンバン州出身の除隊兵士である。彼は元ポル・ポト派兵ではなかったが，金品を得たことなどによるねたみ等から近隣関係が険悪になり，故郷を捨ててプノンペンで運転手をしている。

村で仲間はずれにあうと，水や米などの生活手段がまず閉ざされてしまう。口をきいてもらえないばかりか悪口が広がっていき，遂には家族関係までもが壊れてしまった。

社会省で青少年問題に携わる官僚（男性／59歳）

青少年の非行・更生および労働問題に関わっているK氏は，プノンペンで小・中学校の教師をしていた。

ポル・ポト派がプノンペンを占領して教師狩りが始まった時，コンポンスプーの妻の実家にいて一斉検挙を逃れたが，やがて捕えられた。しかし，自分は農民だと言い続け，水たまりの水を飲んだりイナゴを食べたりしてみせ，農民となって生き延びることができた。嫌な仕事もしてきた。ポル・ポト政権崩壊後，言葉〔英語〕ができたので政府の仕事に就いたが，政府の要職は，早めに投降して厚遇されていた元ポル・ポト派官部によって占められており，恐くてずっと素性〔元教師〕を明かせなかった。

ここで，さらに問題を複雑にしているのが，ポル・ポト政権時代の意図的な村社会の構造改革である。1976年から始まった強制結婚により，新夫婦はこれまでのように親の居住する村ではなく，遠く離れた，親類縁者のいない村で暮らすことになり，そこで，旧住民との間の見えない対立構

造の中におかれることになった。村人と除隊兵士（元ポル・ポト派兵士を含む）という対立構造だけでなく，村人の中に，すでに感情のせめぎ合いがあったのである。そして天川によれば，その村の中でも，次のような統制プロセスが作られていた。

「〔村長や〕区長〔現コミューン長〕は，ポル・ポト政権時代以前には，貧しくリーダーシップなどほど遠い層であった人々が選ばれる傾向があったため，彼らは，急に権限を与えられて増長し，暴挙にでるということが多かった」。彼らは兵士ではないので今でも村民として暮らしており，「それは誰々かと〔村人たちに〕尋ねると，多くの人ははっきり答えない。当時の長の一人だったとされる人を一人つきとめて話しを聞きに行ったが，事実上拒否された」（天川 2001d）。

1979年から30年以上を経た今，一見平和に見える村の生活の中にも内戦の傷跡が確かに影を落としている。しかし，過去の怨恨や恐怖，憎しみに起因するようなコンフリクトが顕在化している事実は見出せなかった。そうした事実は，経済成長とともに，カンボジアの一般の生活状況が改善されつつある現在，むしろ忘れ去られようとしているように思われた。

しかし，村人の間には共通理解というものも存在する。それは，多くの場合，兵士たちが自ら進んでポル・ポト兵になったのではなく，村などで強制的に徴兵されて兵士になったという経緯からくるものだ。ここから，村の人々は，人ではなくイデオロギーへと憎悪を転換させることが可能となる。悪いのは国であり政権なのだ，と。

さらに言えば，少なからぬ数のカンボジア人が，家族や友人を密告した過去の思い出を引きずっており，自らが加害者でもあるという自責の念を持ち続けている。したがって，現在のコンフリクトは，むしろ多田が指摘するように，除隊兵士に与えられる除隊パッケージや年金などが村の標準的な生活をはるかに超える内容であるためにひきおこされる羨望やねたみに起因すると考えてよいのではないだろうか。

III 社会再統合とソーシャルキャピタル

4 まとめ

本章では,SC という視点から,除隊兵士のセーフティネットの可能性を考えるため,元兵士たちの居住するカンボジアの村々での村人たちの証言,および元兵士たちの証言を検討してきた。しかしそこからは,容易に解消されない禍根がいまだに強く残っていることがうかがわれた。人々は決して過去を忘れない。重い口を開いて語られる言葉からは,自分の犯した罪を葬り去りたい思いと,肉親等を虐殺された憎しみとがせめぎあっている様子が聞きとれる。それが時代の狂気のなせる業だとわかっていても,過去を葬り去り新しい未来に向けて動き出そうという「共通認識」は容易には育ちにくいのではないかと思われた。

ではセーフティネットはどうだろうか。これまでカンボジアの人々が自ら立ち上げ,資金調達し,運営し,自主管理するというような活動はなかった。[4] その理由は,セーフティネットの構築には何より経済的な問題が大きく,少なくともこの部面では,外部の NPO,NGO の力に頼らざるを得なかったからだ。また,ノウハウなども外部組織に依存しなければ,運営はたちまち行き詰まってしまうことになる。そこで,そうした土壌さえ整えば,カンボジアの人々はその居住する村で,セーフティネットを構築し,「相互扶助」と「相互理解」に向けて歩み出そうとするのだろうかという問いを検討した。この懸念は,外部者が杞憂するほどの問題とはならなかったようだ。というのは,現在,カンボジアでは複数のコミューンで,セーフティネットの動きがみられるまでになり,まだ萌芽期であるが,そうした自生的な(最初の働きかけは政府)ネットワークやコミュニティ型インフラ整備事業が動き出している。次の章で紹介する。

第10章　チャク・チュウ・ニィアン・コミューンの事例

1　社会再生モデルの考え方

　第Ⅱ部事例1で考察したサリンさんのケースは，地縁血縁が密な農村部などでは比較的よく見られる自然発生的な相互扶助，すなわちボンディング（結束型）なソーシャルキャピタル（SC）を中心とするものであった。これに対して，ある目的をもって新たに構築されていくSC，すなわちブリッジング（接合型）なSCがある。地域における緊密なネットワークなどに見られるもので，それに基づいてアウトリーチやエンパワメントを行うことによって，貧困の発見や改善，あるいは貧困への転落を防ぐなど，家族や血縁によるセーフティネットからの脱落者をさらに広くすくいあげる働きが期待できる。では，地域内でブリッジングなSCが立ち上がり持続的に活動していくために，SCはどうであることが望まれるのだろうか。あるいはどのような要素が必要とされるのだろうか。

　各種の社会プロジェクトにおいて，その成否を決定するのは受け皿となる住民の継続的参加であるが，それを可能にする要素は，受け皿の側から見れば三つある（大内 2001）。「組織」「規範」「資源」である。本章ではこの3つの要素をふまえ，ブリッジングなSCが「社会再生モデル」の形成と展開にどのように関わり，成果をあげてきたのかを検証する。

　取り上げるのはプノンペン近郊のカンダール州アン・スニョル郡にあるチャク・チュウ・ニィアン・コミューンである。プノンペンにはCVAPが施行される以前からすでに多くの海外のNGO，NPOが入り，貧困者，障害者（児）への支援活動の一環としての商店，企業，施設運営などが行

III 社会再統合とソーシャルキャピタル

われているが、こうした背景が受け皿としての「資源」に該当する。さらに、「組織」「規範」という視点から見れば、チャク・チュウ・ニィアン・コミューンには、早くから JSC FCU（後述）がマイクロビジネスを普及させ、グループ活動、そしてそれを統制する規範をきわめて自然に浸透させてきた。こうした背景が、カンボジア政府にモデル事業としての CBVD（除隊兵士支援委員会、後述）を立ち上げさせる判断材料となった。このように、政府が住民の要請を受けて立ち上げた CBVD は、調査時点（2008 年）で他にも 2, 3 カ所（すべてカンダール州）あるが、チャク・チュウ・ニィアン・コミューンは、中でも組織を挙げて貧困者や障害者らの生活支援と雇用、企業化にむけた援助を行うなど「社会再生モデル」を積極的に展開させているコミューンの事例として示唆に富むものである。

2 CBVD とチャク・チュウ・ニィアン・コミューンの概要

日本政府が 2007 年 9 月に CVAP から完全撤退した後、カンボジア政府は独自にその後の道を模索しなければならない状況に追い込まれた。RS をさらに発展させていく方向が望ましいと考えられたが、それを遂行するには財源も人的資源もなく、そして何よりもそれを運営するシステムができ上がっていなかった（第 8 章第 2 節）。このように、ネガティブな要因ばかりが残されていた中で、カンボジア政府は、除隊兵士とその家族などに限定して、コミューンなど下部行政機関を通じて支援を行うことを決定し、中央政府の目の行き届くプノンペン市もしくはその近郊のカンダール州において、限定的な支援を開始した。政府がプノンペン市とその近郊を選んだもう一つの理由は、「社会再生モデル」として利用できる社会資源（施設、商店などの雇用環境）が豊富であったことが挙げられる。たとえばカンダール州の除隊兵士数は 751 名で、シアムリアプ州の 1768 人の半分以下であるが、カテゴリー 2 に分類される除隊兵士が約 8 割であることから、多くの障害を持った除隊兵士が帰郷していると考えられた。チャク・チュウ・ニィアン・コミューンはそのカンダール州の中でも首都プノンペンに近く、プノンペン中心地から約 23 キロメートル離れた都心部にある。10

第10章　チャク・チュウ・ニィアン・コミューンの事例

表10-1　チャク・チュウ・ニィアン・コミューンの職業別割合

農業	衣料工場従事者	国家・地方公務員	小売業
80％	15％	4％	1％

出所：CBVDでの聞き取り調査（2009年2月）より筆者作成

村からなり，726世帯，およそ3600人（うち女性は1876人）が居住する平均的な規模のコミューンであり，18歳以上は2422人である。18歳以上の職別構成を見ると農業が8割を占めるなど，近郊農村と位置づけられる（表10-1）。

カンボジア政府はここに，2007年10月，除隊兵士支援委員会（Community-Based Veteran Development Committee, CBVD）を設立した。コミューン内の除隊兵士や家族の困窮を救済したいという住民側からの要求が地方自治体や政府に寄せられ，その結果をうけて決定されたものであった。[3] 組織を円滑に運営させるべく財源が供与され，計画・執行・管理プロセスは住民側に任された。すでに述べたように，CBVD設立は日本政府のCVAPからの完全撤退の時期に重なっており，CVAPに対するドナー国・機関からの資金援助も終了したため，カンボジア政府が急遽立ち上げざるを得なかったという切羽詰まった事情があったことは否めない。

CBVDの構成員は，31世帯からの代表31名であるが，うち14名は障害者（内部障害，傷病，および精神障害など）である。15名は，兵士が死亡したため主な働き手を失った世帯か家族に障害者を持つ世帯の代表で，残りの1名は身体障害者，そして退職者1名である（表10-2）。このように，カテゴリー2に属する除隊兵士，およびその家族がCBVDを運営する中核となっているところにこの組織の強みがあると考えられる。兵士が死亡したケースでは，すべて除隊後に死亡したことになっている。しかし，もし実際にそうだとすれば，15名の除隊兵士委員は，全員が除隊後に死亡していることになり，その死亡率の高さには驚かされる。[4]

委員会の活動は，コミューン内の住民のニーズ把握とその実現のサポートである。各委員は手分けして各家庭を訪問し，生活状態や居住環境をチェックし，彼らの要求や提案を聞きとり，委員会に持ちかえって議論し，

Ⅲ 社会再統合とソーシャルキャピタル

表10-2 CBVD の構成メンバー

No	名前[※1]	性別 (Male/Female)	生年	扶養家族 (人)	死亡[※2]	障害/傷病	退職	身体障害
1	M.S	M	1961	8		×		
2	C.S	F	1958	3		×		
3	E.A	M	1951	6	×			
4	N.S	M		3	×			
5	P.K	M		4	×			
6	S.K	M		6		×		
7	P.Y	M		7		×		
8	B.Y	M		6		×		
9	Y.L	M	1944	4	×			
10	S.K	M	1966	3	×			
11	O.T	M		7		×		
12	S.S	M		4	×			
13	M.S	M	1940	5		×		
14	T.T	M	1959	6		×		
15	S.S	M		2	×			
16	P.C	M		4	×			
17	S.P	M	1974	3	×			
18	C.S	M	1965	4		×		
19	O.R	M	1972	6		×		
20	P.S	M	1958	6				×
21	C.S	M	1959	6			×	
22	M.L	M	1966	6		×		
23	Y.S	M		3		×		
24	S.C	M		4		×		
25	K.P	M	1961	5	×			
26	S.S	M	1954	5	×			
27	S.K	M	1955	1	×			
28	E.T	M	1971	2	×			
29	L.S	M		5	×			
30	T.S	M	1971	4	×			
31	R.R	M		3	×			

出所:カンダール州 DOSAVY の資料より筆者作成
※1 氏名は全てイニシャルで記載している。調査にあたっては研究以外の目的には使用しないこと,被調査者らはすでに除隊を済ませており不利益にはならないことを口頭で説明し,全員の了承を得ている。
※2 除隊兵士が死亡しているのでメンバーリストにあるのは家族の名前である。

第10章　チャク・チュウ・ニィアン・コミューンの事例

その実現に向けて支援を行う。とりわけ CBVD が注意を払っているのが，主な働き手を失った女性世帯主世帯である。その生活の困難さに関しては第 6 章で述べたが，就労しても低賃金の職しかなく，また幼い子を抱えている場合には生活の維持すら困難である場合が多い。とりわけ農作業や力仕事の多い農村部では，男手がないために共同作業に参加できず，孤立しがちである。カンボジアの伝統的な妻方居住制も，村に両親など親族が居住していて初めて意味を持つもので，そうでない場合は，何らかの外部からの支援や働きかけが不可欠である。

委員会は，貧困救済の対象として，除隊兵士およびその世帯だけでなくコミューン内のすべての「生活に困窮する世帯」を視野に入れて支援活動を行っている。そうした点は，旧来の「福祉救済制度」を基盤に再構成された RS を踏襲したと考えられる。RS の課題点（第 8 章）でも述べているが，「不公平感」が相互理解や相互扶助を歪めないようにという配慮が働いていると見ることができる。

3　社会再生モデルの展開

CVAP では，2008 年に第一期が終了し，1 万 5000 人の除隊兵士が地域に戻っていった。しかし社会再統合の過程において，村落部で困窮する除隊兵士やその家族への支援が不十分にしか行われてこなかったことはすでに述べた通りである。このことはカンボジア政府も把握しており，除隊によってさらなる困窮者を生み出している現状に，何らかの歯止めをかける取り組みが望まれてもいた（MOSAVY での聞き取りより）。そのためには住民の側からの要請が原動力となる。そうした視点から見た場合，CBVD は，地域住民の強い要請を受けて政府が背後からその活動を支援してきた事例として，今後の開発途上国にとって先駆的といえる取り組みと考えられる。

別の見方をしてみよう。CVAP という政策があったからこそ，さまざまな形の貧困問題が顕在化したのであり，それに対応すべく，すべての困窮する人々に，地方政府，そしてカンボジア政府が向き合わざるを得ない

Ⅲ　社会再統合とソーシャルキャピタル

状況が引き起こされたと言える。そのことによって，政府による財源の支援が行われ，あるいは外部からの資金援助の環が構築されてきた。こうした救済活動の動きにはブリッジングな SC，すなわち集団や政府などのフォーマルな制度，組織との連携を強める機能が不可欠である。しかし，総体として見た CVAP は，必ずしも成功したプロジェクトとはなっていない。その最も重要な点は，カテゴリー２の兵士，とりわけ障害を負って除隊する兵士の「社会再生モデル」を示すことができなかったところにあるのではないだろうか。さらに論点を深めてみよう。

　CBVD において，障害を負った兵士の「社会再生モデル」はどのように考えられているのだろうか。

　CBVD は，障害を負いながらも自立生活をめざして生活手段を手に入れようとする者，技術を会得しようとする者，生活環境を整えようとする者に対しては，その要求に沿うよう積極的に支援を展開している。たとえば，牛や豚を飼育したり家を建てたりする場合の多額の資金援助などもその中には含まれている。実現可能に導いたのが，CBVD をサポートする外部団体の JSC FCU（米国連邦信用連合 Federal Credit Union＝FCU の財政支援部門[5]）の存在である。JSC FCU は，このコミューンのネットワーク形成を支援しており，これまでに信用貸付のスキルやノウハウなど，資金運営面でのサポートを無償で行ってきた。JSC FCU の技能訓練を受け，信用貸付の方法などを会得した CBVD のメンバーが中心となって，牛飼育や日常生活食品などを取り扱うグループに対してマイクロクレジットを提供し，その自立支援を支えるというプロセスも構築されていった。[6]

　このように，「社会再生モデル」は経済的自立を目指すものであるが，CBVD は自立は自営に限らないと考えている。むしろ企業などへの就業によって安定的な収入を得ることの方が，障害者の障害の程度によっては必要性が高い場合もあり得るからだ。しかし，CVAP の技能訓練では，圧倒的に「鶏・豚飼育」に偏り，あとは「マッシュルーム栽培・野菜栽培」「オートバイ修理」という提供科目に見られるように，自営による経済的自立に主眼がおかれていた。これは，除隊兵士の帰属先が主に農村部であることによるが，たとえば，オートバイの運転手の経験しかない四肢

損傷の障害者に，地域で鶏・豚の飼育を教えてもうまくいかない可能性は高い。健常者であっても，異業種，とりわけ経験がものをいう農業や家畜飼育への転職は困難であることが多い。一方，四肢損傷の程度によっては企業などで働くことが可能であり，そのことによって誇りと経済的自立を得ることはできる。個人が技能を磨いて自営するのが「社会再生モデル」の一形態なら，このように社会の側が障害者に対してその能力を十分に発揮できる仕事と機会を与えること，言い換えれば社会の側から歩み寄る方法も「社会再生モデル」といえないだろうか。

　一方，環境面も無視できない。CBVD のあるカンダール州はプノンペン市街に近いことから，土産物などの特産品を扱う小規模な企業や自動車・オートバイ・コンピューターなどの工場がある。その中には障害者に一定数の雇用を提供している企業・工場もあり，社会の側からの「障害者への歩み寄り」としての「社会再生モデル」も珍しくはない。仕事を求める障害者を積極的に受け入れる NGO や NPO の活動が盛んであることも，「社会再生モデル」の実現を助ける要因である。一例をあげよう。Australian Relief and Mercy Services Ltd.（ARMS）は，カンボジア産の砂糖漬け果物を販売するオーストラリアの NGO であるが[7]，地雷などで四肢損傷となった障害者を中心に障害者を積極的に雇用しており，その収益の一部を障害者のリハビリなどに供与するなど，さらなる雇用の拡大と機能訓練の充実という好循環を実現させている。もっとも，多くの外国企業や NGO，NPO などの活動がさかんな都心部およびその近郊という「地の利」があればこそ可能になった「社会再生モデル」である。したがって，この論点のみで CVAP と CBVD を単純に比較できないことは当然である。

　以上みてきたように，「社会再生モデル」は大きく自立自営型と被雇用型の二つの型が考えられるが，農業が主体の開発途上国であるカンボジアでは，やはり圧倒的に前者に重きが置かれている。そんな中で，障害を持った兵士たちが，支援を受けて小規模なビジネスを始める動きが村々で見られるようになっている。これは自立自営型をグループ化したものととらえられる。その成功は同じコミューン内での意欲のある村人のモチベーションを喚起することになり，自ら JSC FCU のスキルトレーニングを受け，

グループでマイクロビジネスを始める動きも出始めている。また、コミューン内でマイクロビジネスの指導者になる者も出ている。元来、JSC FCU が意図していたのは、「障害のある除隊兵士やその遺族を貧困に陥る状態から救済する」という目的であった。しかし、CBVD では、コミューン内の困窮するすべての住民をその救済支援の対象としており、ここに両者の認識の相違があるが、JSC FCU は CBVD の意向を受けて、資金提供のみならずクレジットのノウハウを無償で伝授するなど、「小さな企業家」の育成を支援するようになった。JSC FCU の支援のあり方は、言い換えれば「経済講座」を地域に提供するものとも考えられ、新しい開発援助のあり方として、今後一層の発展を予兆させるものといえるかもしれない。

　CBVD の支援の際の資金源は、他に MOSAVY、アクレダ（ACLEDA）銀行や NGO などである。[8] 行政を相手にした働きかけは、まだ識字率が低いカンボジアでは個人の力のみでは困難なことが多い。RS ではそれを仲介する地方公務員が代行していたのだが、CBVD では、同じ地域に居住する 31 人の代表が中核となって行っている。たとえば、技能訓練を受けてバイクや機械修理の技術を学ぶから仕事に就けるよう資金援助してほしいといった請願や、亡くなった兵士の遺族たちに家を建てる資金援助をしてほしい等の依頼を、本人に代わって申請し、ヒアリング等にも出向き、資金を調達する。このように組織をあげて行うことで、一人ひとりでは成し得ないことが可能になり、細かな要望が中央政府や NGO につながり、実現性の高い要求になるというプラスの循環が期待されている。

　しかし、CBVD の成功は、個人の性格やモチベーションに負うところが大きいのも事実である。したがって、高齢や障害で家族もなく土地もない村人や、長期間の不在でこれまでの隣人との紐帯すら失くしている除隊兵士の場合は、地域での再統合に問題が多いことに変わりはない。[9]

　以上、CBVD を「組織」「規範」「資源」という三つの要素の視点から考察してきたが、とりわけ「規範」は、コミューンに内在する力を引き出す役割を持つものであり、成員間の平等意識の確保や、生活と経済活動の場における相互扶助の拡大に関して大きな推進力となることが理解できる。

外部資源との交渉にも対応していく機能もあり，ブリッジングな SC を展開していく上で，いかに「規範」を広く柔軟に位置づけていくかが今後の鍵となるだろう。

4　コミュニティ型インフラ整備事業

　CBVD は，試験的な試みとはいえ地域内のセーフティネットの役割を担い，さらに「社会再生モデル」の実現に向けて，様々な取り組みを行っている社会活動の総体である。そこでの一連のプロセスには，地域組織活動であるコミュニティ型インフラ整備事業の展開過程と類似する点が多くみられる。この視点から SC の議論を以下に展開してみよう。

　コミュニティ型インフラ整備事業とは，インフラ整備という点に着目すれば，そのコミュニティに必要な設備などが外部機関によって設置されることだが，「コミュニティ型」という語が示すように，インフラの計画・建設・管理のプロセスの段階で，当該地域共同体の形成・発展・強化にも寄与することになる[10]。すなわち，計画段階で地域住民を巻き込み，住民に主体的に関わってもらうことによって，住民間の組織力を強めていく動きである。

　コミュニティ型インフラ整備事業の成功した事例として，同じように戦後復興期を経験した日本が世銀からの融資で建設した愛知用水事業を挙げて考えてみよう。この事業は，農民（受益者）による主体的な計画・執行・管理という事業の展開と，各プロセスに住民自らが主体的に参加することで，地域共同体内におけるさまざまな分野とレベルにおいて，コミュニティの能力が形成強化された事業として知られる。すなわち，インフラ事業の計画・執行・管理プロセスに地元コミュニティが積極的に関与していくことで，コミュニティの能力形成のための手段になったと同時に，コミュニティ内に形成された能力によって，インフラ事業がもたらす機能をより大きな効果に転化することが可能となったのである。愛知用水の事例は，サプライサイド（供給側）の事業であっても，その受益者（場合によっては受苦者ともなり得るが）を巻き込むことによって相乗効果が得られた事例とし

III 社会再統合とソーシャルキャピタル

て示唆に富むものである。そうであれば，ディマンドサイド（需要側）からの要求が具体化した場合は，一層その意義は強まるのではないだろうか。

　カンボジアにおける「コミュニティ型」インフラとしては，伝統的な灌漑技術であるトムノップが挙げられる。トムノップは，メコンデルタの氾濫原で，乾季と雨季にはっきり分かれる厳しい自然条件をうまく生かした「環境適応型」の灌漑技術として知られる。乾季に減水減反となるリスクを回避するために，雨季に多量にもたらされる雨水を堰き止めて貯留し，乾季にそれを利用するものである。村落社会の存続のためには，同じ利益集団である住民を巻き込んだ稲作技術の整備・改良・管理が必要であった。作業過程では，当然，受益者となる住民が総出で事に当たらねばならず，ここに「コミュニティ型」の原型が生まれてきたのである[11]。

　ポル・ポト政権時代には，生産性を重視した政権によって，存続するトムノップと放棄されるトムノップが出たが，1980年代後半からは，外国政府の援助などもあり，大規模な補修が行われて現在に至っている。むろん，利益共同体というしばりのため，住民間の結びつきはトムノップに限られるものであり，それは，他の住民の福祉に関わる活動にまで敷衍できるものではない。しかし，働き手のいない世帯を皆で助けながら，共同体が一丸となって耕作にあたるという形態をとるため，自然に地域が住民に歩みよる形になり，このことで「孤立化」が防がれたり，女性世帯主世帯への相互扶助活動が活発になるなど，SCの原初的な働きがうまく機能するものとなっている。

　しかし，紛争時には敵によって生命線であるインフラが絶たれることになった。相手の経済機能を止めるという戦略的判断からきたものだが，このために，カンボジアでは内戦の20年間を通しておびただしい量の地雷が埋設され，トムノップや畑地では埋設された地雷が多大な惨事を引き起こした。現在では，CMAC[12]による大々的な埋設地雷撤去作業によって国土の相当部分が回復したが，完全撤去は今世紀いっぱいかけても無理だろうといわれている。

　コミュニティ型インフラ整備事業のもう一つの事例として，地雷撤去に

第 10 章　チャク・チュウ・ニィアン・コミューンの事例

関する JAHDS の活動を取り上げてみよう。カンボジアとタイ国境のクメール遺跡サドック・コック・トムは，ポル・ポト派によって多くの地雷が埋設されていることでも知られている。紛争と地雷被害のために 30 年間封印されていたが，2003 年 12 月に，地域住民の力によって，安全な地として復興した事例がそれである。地雷撤去活動を専門に担っているのは CMAC であるが，CMAC の処理活動には限界がある。何よりも，地雷の恐怖に直面している地域住民の力によってこの難事業が遂行されたことに大きな意義があり，この取り組みは，コミュニティ型インフラ整備事業を前進させる快挙であったと位置づけられる。遺跡が破壊されることなく保存に至ったことは，世界史的に見ても考古学の快挙であるが，それ以上に，旧ポル・ポト派の支配する最貧地とされたこの地域の住民の，ディマンドサイドからの要求を結集し，遂行へと導いた。日本の民間法人 JAHDS （NPO 人道目的の地雷除去支援の会）の取り組みには，被災地支援の優れた方法論がみられる。

　JAHDS は 1998 年に発足している。その活動は奇しくも CVAP の活動と時期をほぼ同じくして行われており，カンボジア・タイ国境沿いの，カンボジアの幹線道路に残留しているおびただしい数の地雷・不発弾の撤去作業を，日本が独自に開発した近代的な地雷探知機により，安全かつ迅速に遂行したプロジェクトとして知られる（三神 2004: 99-103）。先にディマンドサイドの要求と述べたが，地雷問題は冷戦終結後から国際社会の争点であり続けており，それは地域住民のみならず，究極には「人間の安全保障」[13]の理念につながるものとして，紛争終結国における復興の最優先課題であった。したがってサドック・コック・トムの地雷撤去作業を通してサプライサイドとディマンドサイドの優先度が一致したということもできる。

　JAHDS の戦略は画期的といえるものである。現地の NGO を巻き込み，あくまで中立的な第三者として，現地の軍・民間や海外専門家の調整を行い，地雷撤去に関わるマネジメントに徹するという役割を担った。ディマンドサイドの要求を生かしていくという方法である。具体的には，最短，かつ安全な行動標準を開発し，そのノウハウを現地の NGO に知識移転したのである。JAHDS の開発した地雷探知機は，これまでのものに比べる

III 社会再統合とソーシャルキャピタル

と画期的なものではあったが,しかし安全性とは,機器そのものの性能はもちろんのこと,その機器の効果が最大限発揮できる環境をつくってはじめて確保されるものである。そのため,JAHDS は人間の集中力に着目した。

　　熱帯雨林の気候下では,腰高の草は根こそぎ刈っても一週間で元に戻る。地を這うピアノ線は肉眼では捉えづらく,罠にかかれば地雷は爆発する。地中の地雷を除去するには草を一掃しておく必要があるが,草を刈るにはピアノ線を事前に察知しなければならない。地面から空中に向け,しなるほどに細いプラスチック棒を掬い上げ,少しずつ線の有無を探る。地雷撤去に伴う途方もない疲弊を語るには,この作業すらほんの入り口に過ぎない。
　　　　　　　　　　　　　　　　　　　　　　　　　　（三神 2004: 99)

こうした根気のいる地雷撤去作業に JAHDS は地元住民を雇用した。統制のとれた教育を受けたことがない現地農民を地雷撤去員にするため,集中力を保つために 10 分おきに休憩させるなど,厳しい規律とそれに報いる報酬といった人材管理を行い,全作業を無事故で終了させた。報酬として,地元農民の一般的水準の 3 倍に相当する月収を支払い,現地での貴重な雇用先としての立場を維持し貧困の削減に一役かうばかりでなく,作業員の「自分でやり遂げた」という主体性を育成することも意図していた。そうすれば,彼らは JAHDS が去った後も自律的に復興作業に携わることができるようになるからだ。すでに地雷で障害を負い,そのために生活困窮に陥っていた地域住民も,地雷除去員としての教育を受け,専門家となって生計をたてるようになるなど,その生活支援の方法は,まさに「彼らが望むかたち」,すなわちディマンドサイドの要求を望み以上の形で満たしたものであった。今後,地雷が撤去された土地は,再び幹線道路として整備されていく。道路というインフラが整備されれば人の往来が生まれ,村や町,コミューンは活気づくことになる。

　　カンボジア人の NGO や NPO を外部組織が支え,結果として広く地域

住民のモチベーションを喚起していく試みは，これまでもかなりの規模，頻度で行われている。たとえば日本政府（JICA）による「小規模農民生活向上プロジェクト」はCEDAC（カンボジア農業研究開発センター）を支援し，稲の集約的栽培法や農家の貯蓄活動の普及を柱として，農民の自主性を重視した農民組合の形成を支援している。それによって組合の運営力が強化され，有機米の共同販売やマイクロクレジットの新たな展開が生まれるなど，地域性を生かした多様な活動へと広がりを見せている。現在はタケオ州という比較的ヒト・モノ・カネの往来が盛んな州で，このノウハウを生かした農民グループへの支援活動が行われているが，農村開発，とりわけ小規模なグループ単位の生活向上に向けた取り組みは，女性借手グループを主体としたマイクロクレジットと同様，今後のカンボジアにとって重要な生活向上戦略となるだろう[14]。

5 まとめ

　第Ⅲ部ではカンボジア現代史における相克に焦点を絞り，除隊した兵士と一般の村人を対峙させ，「社会再統合」の過程を追った。第10章では，「社会再統合」が理想的な形で運営されている事例を，SCという視点から検証した。本文中でも述べているように，SCは人間の関係性の様々なありようを説明する概念であり，必ずしもプラス面ばかりが強調されるべきでないのは確かである。しかし，ここでは組織の持つ強い人間関係の構築力に力点を置いて論じることを意図し，そのためのツールとしてSCを用いている。したがって，チャク・チュウ・ニィアン・コミューンの人々の描き方に，こうした偏りが反映されており，本文からイメージされるチャク・チュウ・ニィアン・コミューンは，善意に満ちた活動家の集合体であり，コミューン内の相互扶助は機能し，和は保たれているといった，成功例を絵に描いたようなものになっている。これは，チャク・チュウ・ニィアン・コミューンが「模範的」なものとして，MOSAVYから紹介されたことを考えれば納得がいく。おそらく事前に，「こうあるべき」という教示は行われていたであろう。そして，コミューンの人々は規則通りに活

III 社会再統合とソーシャルキャピタル

動を行い,それがSCの成功事例として語られているのである。

しかし,現実のSCは人間に中心が据えられているので,機能は複雑である。血縁者を束ねるまではいいが,地縁・血縁というつながりの内部には葛藤も生み出され,さらにその絆が外部を排除していく閉鎖性も当然見られる。仲間や集団を形成していくと,今度は情報がその仲間間にのみ共有され,外部者との間に溝を生み出すことにもなる。そうした歪みは必ず引き起こされるものではないが,SCは常にそうした揺らぎの中にある。たとえば当事者にのみ認識されるが,他者には感知できない感情がある。それは疎外されている者の口を通してしか聞き取れない微弱なものであり,さらに,そこで発せられる言葉は聞き取る側の解釈に大きく委ねられる。しかし,そうした言葉をすくい上げて検証していくことによって,チャク・チュウ・ニィアン・コミューンの像はいっそう明確になるだろう。この点は今後のさらなる調査に委ねたいと思う。

一方,「社会再生モデル」に沿って生活困窮者,障害者が生計を立てられるよう雇用へとつなげていくプロセスは,国(MOSAVY)の後押しと海外のNGO,そして何より立地(首都近郊)があって初めて可能となったものであり,チャク・チュウ・ニィアン・コミューンと同じような条件のコミューンには今後も普及が可能だろう。

ひとつのコミュニティの成長過程を,とりわけ人という資源を育成,活用していく経緯を通して本章では考察してきたが,今後のカンボジアの地域社会の発展にとっての小さな,しかし重要な第一歩を記すことができたのではないだろうか。

結　論

　本書は，CVAP の成否がどのような要因連関によって導き出されるのかを明らかにすることを目的に，三つの検証課題を設定し，議論を展開してきた。それらは，① CVAP が課せられた課題を達成しているか否かというマクロな政策課題達成の面からの検証，② CVAP の支配システムとしての機能の面からの検証，そして，③ CVAP のミクロレベルの政策目標である社会再統合の検証である。方法論として，組織社会学の戦略分析理論に基づいて CVAP を武装解除，動員解除，社会再統合の三水準としてとらえ，仮説を導き出し，次のように検証を行った。

　まず三水準の関係を，上位水準が下位水準を規定するという方向から検証する方法である。つまり，上位水準の成否が下位水準の成否に一定の規則性をもたらすものであるという視点からの検証がこれにあたる。規則性であるから「傾向的」と本書では定義した。次に視点を転換させて，上位水準が下位水準を必ずしも規定しないという方向からも検証した。以上から次のような結論を導くことができた。

1　政策課題達成の検証

　CVAP が一定の課せられた課題を達成しているか否かという政策課題達成の面から考察してみよう。

　CVAP のマクロな政策課題とは，増大する軍事費の削減による経済的効果の実現である。兵士数が減少すれば，当然経済効果は期待できると考えられていた。しかし，実際には軍事費の推移でも確認してきたように，兵士数の削減による経済的効果は得られなかった。この事実に焦点を絞れ

ば明らかな政策課題の失敗と結論づけられる。ではなぜそのようなことが起こったのだろうか。

　まず除隊兵士は公募制をとっていたが，結果として「カテゴリー2（高齢・障害・傷病）」に分類される兵士が除隊兵士の8割を占めるものとなった。これは支援ドナー国・機関の支援趣旨である「障害のある兵士の自立支援と地域再統合」に沿うものではあったが，このことが逆にCVAPの計画段階での失敗へとつながる要因となった。すなわち，ドナー国・機関が除隊による社会的弱者，貧困層支援という概念にとらわれ過ぎ，弱者および貧困層支援が強調されるあまりに，計画段階ですでにカンボジア政府の財政能力をはるかに超える非現実的な恩給・年金支給が約束されることになったからである。

　動員解除の段階ではドナー国・機関は資金援助をしており，社会再統合過程での物資の支給に参画しているが，ドナー国・機関が去った後に行われることになった年金支給はカンボジア政府の負担に任される。年金は動員解除時の除隊パッケージのような一時的な支援ではなく，永続的な支援である。「カテゴリー2」の除隊兵士が8割を占める動員解除の段階で，否，さらにそれより前の武装解除の段階で，将来的な出費の予測とそのための財源の確保は計画されていなければならなかったはずである。無策ともいい得る大きな誤算である。以上から，本来の意図，すなわち「カテゴリー2」の兵士（この文脈では職務をこなし得ない兵士と定義する）が軍に在籍し給与をもらい続けるという財政上の無駄を省くことをはるかに超える規模で国家財政が圧迫されることになり，かえって財政の非健全化を招くことになったのである。

　もう一つの政策課題は，ミクロの部分にあたる除隊された兵士たちの社会再統合である。この問題を議論するために，本書では先行研究を踏まえ現地調査を行ってきた。そこから得られた経験的データに基づき，「カテゴリー2」に重点がおかれた政策であるがゆえに，何よりもディマンドサイド（支援の受け手）の要求をすくい上げて政策に反映すべきであったとした。しかし聞き取り調査からは，政策の意図を理解し社会資源（土地・家屋・家畜・家族・親族など）にも恵まれた除隊兵士たちは，政策通りの自立生

活を可能にしているという結果も得られ，政策がそれなりに効果をあげている事実も確認された。その成否が家族・親族等のつながりに基づくボンディングなSC（ソーシャル・キャピタル）に由来するという結論は，ある意味当然過ぎるほど当然であったといえるかもしれない。

では，ボンディングなSCを持ち得ない除隊兵士たちのディマンドサイドの要求に対して，どのような救済策が講じられたのだろうか。少なくとも貧困に陥る可能性のある兵士が多く存在することは明白であった。つまり，CVAPは策定された当初からこの不特定多数の逸脱者を予測しており，その救済のために，地域でのRSによる支援プログラムを内在化させていたと言える。ただその施行において，CVAP策定時には想定されていなかった問題が生じることになった。それは，CVAPが除隊兵士の地域生活支援であり，その財源も除隊兵士の救済のために用いられる目的限定性があったが，カンボジア政府（JICAが資金援助）の貧困者政策をも担わされることになったという点である。したがってRSを実質的に遂行するCDAFは，除隊兵士の生活支援を担保する責務と同時に，除隊兵士とその地域に居住する一般の困窮者をいかに差別することなく救済するかといった「公正さ」の二律背反に常に晒されなければならなくなったのである。結果として，RSの基準に基づき，各州で生活困窮者と除隊兵士の両者の救済が遂行された。これは，RSの制度が元来カンボジアで慣習のように行われていた福祉行政制度を母体とするものであったため違和感なく受け入れられたからであるが，日本のCVAP撤退とともにRSが終了しても，10項目の困窮の判断基準などの知見は地域の福祉行政制度に継承されていくことになった。RSをカンボジア政府とともに遂行してきた日本の確かな貢献であったと言えよう。

社会再統合という政策課題全体の成否に関しては，1万5000人の除隊兵士の悉皆調査がないこともあり結論を急ぐことを控えたい。しかし以上からは，今後の政策課題とも言うべき，地域社会において相互扶助する地域協働体制の構築が浮上してくることになった。コミューンの存在がそれにあたる。それはもはや単なる行政区としてのコミューンではなく，困窮する人々にとってのセーフティネットとして，まさに一つの政府に近い重

要な役割を担うものである。まだ萌芽段階ではあるが，CVAPの活動を一つの知見としてカンボジアにそうした自生的なコミューンが生まれてきている事実は，CVAPの残滓，否，成果の一つとして評価されていいのではないだろうか。

2　CVAPの支配システムの検証

　支配システムの貫徹という視点からCVAPを検証してみるとどうであろうか。支配システムとは，上位にあるシステムが下位のシステムを制御する動きである。ここからは，上位（マクロなレベル）の問題が結果として下位のシステムの動きを制御し齟齬を生み出している事実，すなわちレジティマシーギャップ（制度上の問題）と呼び得る問題が見られた。具体的にはそれは制度改革の遅れおよび政府の腐敗や汚職の問題と絡んでおり，本来なら政府の機能破綻ともいい得るものである。ここからは，CVAPの失敗が偶発的なものではなく明らかに「傾向的」なものであることが理解された。

　まず，CVAPの動員解除過程に着目するとそこで与えられる除隊パッケージは一時金（240ドル），生活必需物品，STP（技能訓練）受講証，そして年金（カテゴリー2のみ）であった。当初は，動員解除と同時に年金の支給と技能訓練の受講が行われる予定であった。しかし年金の支給は遅れ，それをあてにして除隊した多くの除隊兵士たちは，当座の一時金こそあるもののある者は生活費の工面のため除隊パッケージを売り払い，またある者は障害や傷病の治療のために土地や家畜を売り払い，いっそう困窮した状態に追い込まれることになった。8割もの「カテゴリー2」の除隊兵士を認定しておきながら，年金の支給の遅れを放置していたカンボジア政府の責任は重く受け止められるべきだろう。さらに，世銀とカンボジア政府の確執によって社会再統合過程でのSTPの開始も遅延することになった。こうしたレジティマシー・ギャップを生みだすに至った背景について，IOM（国際移住機関）で調査にあたっていた東は次のように証言している。「IOMの調査資金は日本政府の無償資金供与であるが，現地大使館から

CDAF〔動員解除委員会〕口座に送金されプールされたあと，IOM に支払われるという経路をとった。そのため CDAF は半年以上も資金を銀行の定期口座に寝かせ，その利子を稼ぐといった姑息な手段」を取っていた（東 2004: 345）。同様の指摘は，JICA の専門家として STP の施行や RS 活動に従事していた多田の証言にも見られる。

カンボジア政府の財政面に関する疑念は，ドナー国大使館からカンボジア政府に送金された供与金が，上部組織を通して CDAF に流れていく過程においても，「いつの間にか減額されていく」という不祥事にも向けられていった（多田氏から聞き取り）。

しかし世銀が最も強く懸念を示したのは，CDAF の事務局長が「16 歳の少女を妾とし，嫉妬した妻がボディガードとともに殴る蹴るの暴行を加えた挙句，塩酸を頭からかけ全身に大火傷を負わせるという傷害罪を起こして」いたにもかかわらず，CVAP における要職に就任し続けているという，モラルの崩壊にあった（東 2004: 345）。

プノンペンポスト紙やカンボジアデイリー紙にはこうしたニュースが連日のように写真入りで報道されており，以上はほんの一部に過ぎないが，かねてより，カンボジア政府のガヴァナンス能力に不信感を募らせていた世銀は，ついに CVAP からの撤退を決め，他のドナー国や機関も次々と撤退していくことになった。こうして，国際協力の賜物であった CVAP は存亡の危機に立たされることになったが，何よりも大きなダメージを受けたのは，その支援をあてにして待つ多くの除隊兵士たちであり，世銀の撤退は彼らを窮地に追い込むことにつながっていったのである。

STP の開始の遅延は多くの問題の引き金となった（多田 2009: 18-21）。除隊後，確かな情報もなく待機させられていた除隊兵士たちは，その間に死亡，高齢化，予期せぬ出費という生活者としての過重負担を経験し，それゆえに多くの除隊兵士は STP に参加する機会や意欲を失うことになった。つまり，下位システムとしての社会再統合過程は STP が中心となるが，それを遂行しようにも，上位にあるシステムが一時機能停止状態に陥り再開のめどが示されないままに動員解除だけが行われていったのである。除隊兵士は地域にどんどん帰還してくるが，彼らの社会再統合を保障する

技能訓練は動かない。制度の崩壊であった。

　上位システムが動き出し年金支給とSTPが再開されたのは2005年になってからであるが，失われた3年余のダメージは計り知れない。再開時，STPのスタッフらが直面したのは，多くの兵士のSTPへの参加意欲の喪失，とりわけ土地がなく生産手段もない除隊兵士たちにとって，帰還地域にとどまるインセンティブがもはやなくなってしまっているという事実であった。少なからぬ数の除隊兵士が帰還地域を離れたため，社会再統合過程での支援に必要不可欠な居住地域の把握は困難をきわめた。ようやく技能訓練が開始されても参加者は7割弱に止まり，不参加者へのフォローもできない結果を招いた。

　上位システムの不備は，人的資源にも影響を与えることになった。STPとそれに続くRS活動では経験の浅いカンボジア側のスタッフの育成も兼ねて，ドナー国・機関側が協同で活動を行う予定であった。しかし，開始が大幅に遅れたため，ドナー国・機関側の人的資源は僅少となり，もはやこうした役割を効果的に遂行できない状態であった（多田 2009: 18-21）。人的資源の減少は，先に述べた世銀の撤退と連動して他のドナー国・機関（日本以外）も撤退を決めたことによるものであるが，このように計画の遅延の原因が，物質的あるいは制度的なものだけではなく政府間の信頼に起因するところに，開発途上国支援の困難さがあるといえよう。

　問題を支配システムにもどせば，本書で調査した地域のSTP参加率は67パーセントであった。何パーセントの参加率をもってその政策の遂行が成功裡に終わったといえるのか明確な指標はないが，以上に見てきたような遅延の影響を考えれば，CVAPの支配システムの不備が，CVAPの計画全体に深刻なダメージをもたらすことになった，と結論しても大きな誤りにはならないだろう。

3　社会再統合の検証

　CVAP の政策目標である社会再統合を,持続的な社会福祉の実現という視角から検証してみよう。除隊兵士 61 名へのアンケート調査の結果からは,除隊兵士の多くが軍隊をネガティブにとらえ,除隊を望んでおり,STP を受講して将来設計をたてているという結果が得られた。この結果にのみ着目すれば,CVAP の描くシナリオはうまく機能していると理解される。また個別の聞き取り調査でも,家族・親族,そして近隣の支援によって,自立生活を実現している除隊兵士の存在が確認されている。しかし,一方で 126 名の STP 受講生の調査においては,将来的に貧困に陥る可能性の高い除隊兵士たちの存在が確認されている。本書では貧困に陥る除隊兵士に共通して見られる要因を分析し,まず土地所有の有無,働き手を失った女性世帯主世帯の問題,傷病・障害のある除隊兵士のその後の闘病生活の問題,そして学齢期の子どもを抱える若い世帯の貧困問題を挙げた。そして,こうした問題の解決にはボンディングな SC,すなわち家族・親族による密な相互扶助のみでは限界があること,より社会性の高いブリッジングな SC へ,すなわち地域社会との協働による小規模政府の対応へと展開させていかなければならないと指摘し,第 10 章で具体的な事例を挙げて論じた。

　社会再統合のもう一つの大きな論点は兵士の脆弱性の問題である。ここでいう兵士とは,下位システムにおける意思を持ったミクロレベルの主体である。このことに関して多田 (2009) は,除隊兵士が何年も何十年も離れていた故郷で新参者として地域に帰還し,生活基盤となる耕作地を得るために借金を重ね,長期的生活確立のために与えられた動員解除パッケージ支援物品を売却し,社会保障として与えられた年金受給権さえも他者に売却しなければならなかったのは,「土地がなく借金を背負い,心身の障害,高齢,疾患等の問題を抱えて」いたからである,と指摘している (多田 2009: 18-21)。そのような途方に暮れる除隊兵士は,容易に周囲からその弱さにつけこまれ利用される存在でもある。本書では,期待効用理論に

基づいてこの問題を分析し，困窮した除隊兵士が現金を得るために「容易に」支援パッケージ物品や年金受給権を手放すのは，彼らが「脆弱」なのではなく，むしろそうすることに彼らの「合理性」が反映されているのだととらえてきた。そしてバンテアイ・チェス小学校での聞き取り調査からこの点を検証し，兵士の脆弱性は明らかに政策上の欠陥を意味するものであるという結論を導き出した。

　脆弱性は東の詳細なデータにも見られるように，「身体的」な面からも考察される。CVAPにおける「カテゴリー2」の兵士に偏った除隊認定はドナー国の救済支援の意図には適っていたが，社会再統合計画を計画通りに遂行していくには除隊兵士の多くは肉体的に「脆弱」であった。それにもかかわらず社会再統合計画は「自立支援」を標榜し，職業訓練に重点が置かれていた。職業訓練の内容も鶏・豚の飼育に偏っていた。多くの兵士が四肢損傷や慢性的な疾患を抱えている現状を踏まえれば，その兵士たちに向けた自立支援はどうであるべきかということは，計画策定に際して議論されなければならなかったはずである。本書ではその視点の欠落を指摘し，それが齟齬を生む原因になったと結論した。

4　開発途上国に内在する課題

　社会再統合過程において，国の統治に関する課題としてつけ加えておかなければならないいくつかの点が，調査の結果からさらに浮かび上がってきた。

　まず一つは，利権に群がる悪徳業者の存在である。除隊兵士はおかれている環境に危ういものがあり，それはとりわけ貧困で重度の障害者の場合に顕著である。彼らは容易に利権をねらう業者のターゲットになるからである。聞き取り調査においてもこうした障害者に群がる裏社会の存在が指摘できる。それを法による規制へとつなげ新たな政策を築いていくことが，今後のカンボジアにとって，「良き統治（グッド・ガバナンス）」を行う上で不可欠な視点であることは言うまでもない。

　二つ目は，支援ドナーの問題である。途上国支援は先進諸国にとって国

結　論

の威信をかけて行う課題であるが，その支援が果たしてどれほど被支援国の国情を加味した内容になっているのだろうか，という点を指摘しておきたい。ドナー国・機関の支援が被支援国の国情とかけ離れたもの，多くの場合「豪華」な内容であった場合，当該社会に不公平感を煽る原因となることが考えられる。

　支援ドナーによる援助の途中放棄，あるいは停止の問題も大きな課題として挙げられる。CVAPにおいては，この問題はカンボジア政府の腐敗や汚職が原因であったが，同様の事態は内戦終結後のシビリアンコントロールがうまく機能していない国々においても起こり得る。しかし，仮にそうであっても支援の途中放棄あるいは援助停止という制裁は，まだ継続的に援助を必要とする除隊兵士にとってどれほどのダメージになるかは想像に難くない。このことのもつ重大性がドナー国・機関にどれほど認識されていたのだろうか。本論にもどせば，ポストコンフリクト国が政治的にも経済的にもダウンサイドリスク国であるからこそ，放棄するのではなく，むしろ場合によっては国際機関をあげての介入が必要だったと言えるだろう。「良き統治」路線の構築は内発的な力にばかり求めても得られない。外部からの継続的な支援と内部の厳しいチェック体制が不可欠であったのではなかったかと思われる。

　一方，ドナー国・機関の強い働きかけでCVAPが遂行されたことによる有利な面もある。20年以上の内戦で，国内のあらゆるインフラが破綻していたカンボジア政府にとって，外部からの支援がなければ，孤児，浮浪者，障害者などを公的に救済するという発想は育たず，さらに外部からの援助資金を申請することも困難をきわめる問題であった。しかし「障害を負った除隊兵士の自立支援」は，紛争終結国の普遍的な課題でもあるだけに支援の対象となりやすい。こうしたことから世銀など外部ドナーの協力を得てCVAPを履行できたこと，とりわけ「障害者」「除隊兵士」「自立支援」を標榜して政策を遂行できたことは，カンボジアの「良き統治」を国際的に知らしめるプロパガンダとなり，実際に世界の耳目が除隊兵士の「処遇」にも向けられることになった。逆に，もしCVAPがなければ，増大する軍事費の削減のために「カテゴリー2」にあたる兵士たちは何の

保障もなく任務を解かれていたかもしれない。国全体が貧しいために，その窮状が注目されるということもなかったのではないだろうか。

　三つ目はセーフティネットの問題である。カンボジアでは除隊兵士だけではなく，地雷被害者や先天性の障害者など多くの障害者の存在が知られているが，そうした人たちは公務員や除隊兵士でない限り年金もなく公的支援もない。外部資金（日本の場合はJICAなど）は，明確な目的，対象が示せない限り供与されることはまずない。したがってRSの活動でも述べてきたように，NGOや寺院などが対象者を限定して支援しているのが現状である（第8章第3節）。その実態からは，救済の財源が不安定であること，さらにその判断も，RSの知見が生かされているとはいえ未だ支援ドナーの恣意的な判断に任されている点など，多くの課題点が指摘できた。機能はしているが，制度というには不完全過ぎるものだ。

　では単純に，公的支援を全国的に行うようにすればいいのだろうか。もしそうであれば，対象となる障害者をどのような基準で認定するのか，さらに，そもそもどうやって実態を調査するのかがまず問題になるだろう（除隊兵士の場合は，一応，登録リストがある）。さらに，本書で調査した126名の除隊兵士のアンケートからもわかるように障害者も多様である。貧困度一つとっても調査は困難であり，世帯に働き手や世話をする家族がいる場合は，必ずしも障害者が最貧困あるいは脆弱な環境におかれているわけではない（多田氏，コン・チャン氏，チア・ノル氏から聞き取り）。このように貧困問題には国内の複雑な「格差」が絡んでおり，正解と言える制度，方法論はないが，あえて提言するなら，その国にとって最も無理なく適応可能な方法を政府と国民が模索するということに尽きるだろう。

5　ソーシャルキャピタルの構築に向けて

　最後に，現代におけるSCの果たす役割を検証した。地域におけるネットワーク構築の重要性については今さら説明するまでもないだろう。しかし，それをさらに発展的に展開させていくには，今後少なくとも二つの方向からの支援が持続的に行われる必要があると考える。

結 論

　一つは,「良き統治＝グッドガバナンス」である。カンボジアの統治に関しては3つのギャップという視点から分析し,それぞれの課題を導いたが(第1章),とりわけレジティマシー・ギャップ(制度改革の遅れ,腐敗や汚職)の修復がカンボジアにとっての最重要課題となるだろう。

　もう一つは,SCの「組織能力」を強化するための外部からの支援である。この課題に関しては第10章でも検証したが,本書では一つの答えとして,地域社会の紐帯という確かな基盤の形成過程を取り上げ評価した。社会再統合をSCの視点から考察したチャク・チュウ・ニィアン・コミューンの事例がそれである。そこでとりあげたCBVDの活動は,SCの原初的な形態とされるボンディング(結束型)を超えたブリッジング(接合型)なSCと位置づけられるものである。さらに,地域社会での「貧困の発見」,生活に困窮しているか否かを問わずより豊かな収入を目指す小規模企業家の育成など,その活動範囲は日常生活で観察される「非市場的」な機能を包摂したものでもある。坂田は,SCの議論の新しさは,社会制度が経済活動のパフォーマンスを支配しているという結論を超えて,蓄積,投資,減却という言葉でその形成,変化や制度間の補完関係などの説明を試みたことではないかとしているが,まさにその「社会制度の形成,変化や制度間の補完関係などの説明」が,チャク・チュウ・ニィアン・コミューンのCBVDで行われていることになる(坂田 2001)。

　コミュニティ型インフラ整備事業も有効な方法として再考される必要がある。たしかにCBVDの組織は整っているが,それをさらに見直し磐石なものにしていく作業が,このコミュニティ型インフラ整備事業には内在化されていると思われるからである。第10章では,一例として,地域内でのインフラ事業を計画し,執行,管理するプロセスを住民が担っていくことによって,住民間の人間関係が強固なものになるという効果を取り上げた。

　本書にとってさらに重要なことは,CBVDの活動が,「下」からの自生的な共助による発想であったという点である。それが政府や外部機関と多面的につながり,さまざまな支援を得て発展的に展開していくのだが,ここからは分析の方法論として設定した「合理性の調和」という知見が導か

れることになった。SC は，1980 年代初頭の P. ブルデューの定義以来，多様な定義や解釈を許してきたが，本書で整理してきたように，SC の位置づけはいまや開発途上国における外部ドナーの介入にとって，その政策の成否を左右するものとすらなっている。したがって，それをどう取り込んでいくのか，あるいはどのように操作していくのかが，上位システムと下位システムの傾向的失敗と成功の試金石となるのではないかと思われるのである。

あとがき

　ベトナム戦争が終結した後も，インドシナ半島は混迷の中にあった。しかし，多くの人々の関心は，もはやアメリカの今世紀最大の失敗から遠ざかりつつあった。そんなある日，カンボジアに侵攻したベトナム軍によってもたらされた衝撃の映像が世界を駆けめぐった。それは何千，何万，あるいは何十万とも知れない，半ば白骨化した死体の山であった。カンボジアの悲劇はこうして明るみに出ることになった。1978年5月のことである。

　深い闇に分け入るような作業が，この後，続いていくことになった。本書で検証した CVAP も，こうした背景を受けて，カンボジアを根本的に再生するために構築されたプロジェクトであったが，果たしてどこまでその目的を達し得たのであろうか。現在のカンボジアの経済成長，めざましい識字率の向上などに目を向ければ，少なくとも効果の一端を実感することはできるが，それが CVAP による効果だったのかどうかは今でもわからない。

　筆者は，2002年から首都プノンペンを中心に，カンダール州の農村部で医療保障・社会福祉制度の調査を行っており，その調査研究のさなかに，偶然 CVAP の活動を知ることになった。しかし，CVAP は，すでに述べてきたように政府や軍などと関わる国家的なプロジェクトであったため，一研究者には近づくことが困難な領域であった。それが可能となったのは，CVAP における社会再統合過程の問題が社会福祉政策という視点からの研究として意義があると MOSAVY（カンボジア社会問題・退役軍人・青少年更生省）に理解され支援が得られたことが大きい。さらに，日本政府（JICA）

の協力が得られたことも，具体的な地域での調査を実効性のあるものへと進展させてくれた。こうした確かな支援がなかったなら本書が世に出ることはなかっただろう。

　もとよりフィールド調査には危険が伴うが，それは身の危険というより，調査内容に関する受け入れ政府機関（本書ではカンボジア政府）の警戒からくる制限や内容の検閲であることが多い。MOSAVY が一研究者を受け入れてくれたということはリスクを伴う判断であったと思われる。この気持ちに応えるべく，調査者の側もフィールド調査で得られた情報を必要ならば開示し，文字化にあたっても，調査者側の偏ったフィルターを介在させない努力をする必要があった。そのため調査後も電子メール等で情報について確認する作業を続け，また理解が困難な内容についてはコメントをいただき，それをふまえてできるだけ中立的かつ時に批判的に事実を論じるよう心がけた。政府機関等に利害関係のない一研究者にとって，それこそが利点であるという信念を心の支えとした。

　本書の作成にあたっては，多くの方々の協力を得た。ここにその一端をお伝えしておきたい。JICWELS（国際厚生事業団）派遣の海外調査官としてはじめてカンボジアを訪れた筆者に，社会福祉事業に関わる主要な人々を紹介して下さった林民夫氏（当時カンボジア政府顧問），MOSAVY の青年局局長コン・チャン氏には，カンボジアでの調査に関してさまざまな便宜をはかっていただいた。それによって「除隊兵士調査」に必要な多くの人脈へとつながっていった。まだ政治・経済の基盤が未成熟な途上国ゆえのおおらかさだったのかもしれない。除隊兵士の年金額や年金受給権に関する制度の詳細については，国防省の軍事担当官のボア氏の協力によるところが大きい。年金担当官への直接の聞き取りによって得られた情報は貴重であり，それが可能となったことで，政策としての CVAP の全容がつかめたばかりでなく，調査内容の事前事後確認が確かなものとなり，研究の意義を深めることができた。

　JICA アジア第一課のご協力にも感謝したい。一研究者に過ぎない筆者の CVAP 調査の希望を快く聞き入れ，2007 年の多田眞規子氏の現地調査

あとがき

に同行する許可を与えていただいた。それによって除隊兵士の技能訓練の調査が可能となった。本文中でも述べているが，シアムリアプ州はCVAPの技能訓練の最後の地であり，この機会を逃せばあれだけの数の除隊兵士の一斉調査はあり得なかった。現地においては，陰に陽に筆者を支え励まして下さった多田氏に今でも頭の下がる思いである。多くの助言や研究上の資料の提供，そして調査地での手配や関係者への紹介など，ご自身の多忙な仕事にもかかわらず一研究者のためにご尽力いただいた。

シアムリアプ州の調査地では都市部の軍事関係者の方々にもお世話になった。2007年の大規模な技能訓練調査終了後もほぼ毎年現地を訪れ，主に障害・傷病の除隊兵士の医療問題に関する聞き取りや確認作業を行ってきたが，行政区域の再編や地名の変更などで混乱が生じることがあった。この部分に関しては，JST (Joint Support Team for Angkor Preservation and Community Development) のチア・ノル氏と建築家の小出陽子氏に発音や地理などを教えていただくことができ，基礎的な部分を確実なものにすることができた。

聞き取り調査，アンケート調査等に快く応じて下さった多くのカンボジアの人々の協力も忘れ難い。もし言葉が通じていたら共有できる感情はさらに広がり，筆者がもっとも理解したいと考えていた「敵対する者同士」の感情の理解が容易になったのではなかっただろうか。「憎しみ」に揺れ動く気持ちがやがて共生の感情へと昇華されていく経緯を，言葉や行動の中から読み取ることができたのではなかっただろうか。あるいは農村部の人間関係において，もっと親密な相互扶助の活動を知り得たかもしれない。この調査に関してだけでも，土とともに生きてきた人々から得られた知見は筆者の想像をはるかに超えるものだった。それをすべて本書に記載できなかったことが悔やまれる。

こうしたフィールド調査の中でも，本文中でも議論しているように，土地問題は錯綜しており理解に苦しんだものの一つである。「〔所有権は〕ある」という人が多かったが，それを証明するものを見せてほしいというと困惑した表情を見せる。帰国後，この点に関して四本健二先生（神戸大学）からカンボジア憲法に基づいた観点から「非所有」であるとのご指摘をい

ただいた。まだ土地登記法が制定されておらず，憲法に記載もされていないというのがその理由であった。ただ，筆者の聞き取りやカンボジア人であるチア・ノル氏の話からは，カンボジアの人々はみな土地の所有（自分が住んでいる土地は自分のものだという意識）を信じていると理解できた。「土地の所有権」に関するこうした齟齬も，時代の変化の激しさに民心が追いついていない証左であると思われた。

　本書は，このようにして得られた資料や現地調査を基に構成したものである。その過程では，高坂健次先生（関西学院大学名誉教授）に細部にわたって懇切丁寧にご指導いただいた。何よりも本書の基盤に社会学理論を据え，複数の仮説を立ててCVAPを検証する方向性をご教示いただいたことは，本書の分析に厚みを加えることとなった。また中村安秀先生（大阪大学名誉教授）からは，開発援助政策についての適切なご指導をいただくことができた。ともに得がたい幸運に恵まれた研究の時間であった。

　それぞれの章に該当する部分は，学会で発表し論文としてまとめる機会を持った。しかし深く読み込めば読み込むほど，現地調査での疑問点や見落とした点，言語として書きとめたものが持つ内容の違和感などに苦しむことが多かった。もっとも大きかったのは，この本を世に問う意味が果たしてあるのだろうかという漠然とした不安であった。あまりにも世界は急速に姿を変え，東南アジア諸国ももはや内戦，あるいは戦乱の後遺症をひきずる困窮する開発途上国としてではなく，疲弊する先進諸国の資本投機の対象国として語られるようになってきたからだ。こうした筆者の挫けそうになる気持ちを受け止め，励まし続けて下さった大村英昭先生（僧侶・大阪大学名誉教授）のお言葉の数々は，今思い出しても胸に迫るものがある。先生のご尽力がなかったら本書は完成することはなかったかもしれない。先生は本書の完成を見ることなく2015年9月に永眠された。それが今も心残りである。

謝辞

　本書の基盤となる研究は，大阪大学グローバルCOE個人研究助成（平成19年），文科省科学研究費特定領域研究基盤B研究（平成20-24年），（財）三菱財団研究助成プログラム（平成22年）の各支援を受けて行われました。大阪大学，文科省，そして三菱財団にこの場をかりて感謝致します。また本書の出版にあたっては，細部にわたる助言と一貫した綿密な編集体制で臨んで下さった世界思想社の大道玲子氏にあらためて感謝の気持ちをお伝えしたいと思います。

牧田満知子

註

●第1章

1) ダウンサイドリスクはもともと経済学の概念としてあり，A. センによって持ち込まれた。センはアジア，アフリカの飢餓の分析をふまえて，「欠乏からの自由」「恐怖からの自由」という二つのアプローチから説明される「人間の安全保障」にこの視点を持ち込み，復興プロセスにある国家の脆弱性を説明し得る知見として示した。この概念を用いて1997年のアジア通貨危機等を説明することが可能である（峯 2005b: 31-32）。
2) CVAP計画当初，ドナー側では1人当たり「1200ドル」という案が検討されていたが，カンボジア政府側が大量の水増し兵士数を申告するという事態を招き，危機感をいだいた世銀によって，ドナー会合で正式に否定され，最終的に240ドルになった（*Phnom Penh Post* Nov23-Dec6, 2001，および多田氏より聞き取り）。
3) 多田はJICA専門家としての立場上，事実のみ報告するに留まるが，それゆえにいっそうカンボジア政府への不信を強く感じる立場にあったといえよう。多田からの聞き取りによれば，国（日本政府）からカンボジアの財務省に供与されたCVAP運用資金は，その後，国防省（軍部），動員解除委員会と「下」っていくごとに，当初の金額からどんどん減っていったという。
4) 本書ではUNDPの『2005年人間開発報告』において紹介され広範な理解を得ている三つのギャップの分類をふまえて考察する。
5) 通訳のチア・ノル氏より。氏はポル・ポト政権時代8歳。父親（医師）と兄2人を殺害され，母と2人で日本に亡命した経験を持つ。
6) カンボジア社会福祉省（Ministry of Social Affairs, Veterans and Youth Rehabilitation, MOSAVY）幹部の証言。彼は当時プノンペンの小学校の教員だった。生徒の郊外研修でプノンペンを離れている時に政変がおきた。プノンペンに引き返し捕えられたが，農民だと言い続け強制農作業を続けながら生き延びてきたという。多くのMOSAVY幹部がこの時生き延びた人たちか，あるいはポル・ポト派だった（ポル・ポト派の上級幹部には早めにポル・ポト派を離脱し，うまく現政権に「寝返った」人が多いという）。
7) 東は2001年の時点で11万9千人のペイロード（軍人給与受給）にある正

規兵士のうち3万人の除隊が計画されていたとしている（東 2004: 329）。東が根拠にしているのは2001年の世銀レポートである。一方多田は13万8000人としている（多田 2009: 2）。なお2011年に筆者が調査を行った時にはすでに第二期の除隊が行われており，カンボジア政府は計画通りに3万人削減計画を実施していることが確認された。しかし後述の通り第二期の除隊は，本書で取り上げた第一期の除隊とは質的に大きな相違がある。

8) 2001年に世銀が中心となってまとめたDDR計画では，正規軍兵士数は2000年末の概算とはまた異なっており，2002年までに11万9000人と概算される兵士から約3万人を除隊させ，職業訓練を行い，社会復帰を図るというものであった。おそらくこの数値にはフンシンペック派やKR派が含まれていないと考えられる。

9) CDAFの不透明性に関しては多田も同様の見解を示している（筆者聞き取り）。

10) 小向（2001: 314-320）によれば，14万693人の登録兵士のうちカテゴリー2にあたる兵士は10.14パーセントである（内訳は，障害者5.93パーセント，慢性疾患者3.08パーセント，高齢者〔50歳以上〕2.03パーセント，1998〜1999年調査）。しかし小向はCVAPに先行して行われた1500人の兵士の除隊と地域再統合のパイロット・プロジェクトに関わっており，その結果から，たとえばバッタンバン州420名の除隊兵士中，カテゴリー2は294名であるとしている。この比率は70パーセントである。他のコンポントム州などもほぼ同様である。筆者がシアムリアプ州で行った調査でもカテゴリー2は80パーセントを超えており，また実際に2007年まで社会再統合に関わっていた多田の報告からも全除隊兵士の80パーセントがカテゴリー2であるとされている。小向の単純なミスなのか，あるいは登録時に虚偽の申請がなされていたのだろうか。

11) カテゴリー2の要件のうち「高齢者」の分類に関しては，資料により記述が分かれている。小向の報告では「50歳以上」（2001: 316）であるが，多田の報告では「56歳以上」（2007: 59）となっており6歳の開きがある。こうした相違が生じてくるのは，CDAFは誰が除隊するのかという疑問には答えず，データも示していない（東 2004: 332）というように，計画の策定に関わる中枢部分の隠蔽性によるものと考えられる。カンボジアMOSAVYのコン・チャン氏も55歳以上を高齢者としている。おそらく小向の調査の後，何らかの変更があったと考えられる。本書では多田の分類に従う。

12) 東はアダムスの『プノンペンポスト』の論考（Adams 2001）を基にこの説を展開している。東の場合，疫学的データに依拠しており，その意味で科学的である。多田は，支援ドナーは基礎情報となる兵士の登録と除隊対象兵

士選定には全く関与できない一方で，動員解除以降の過程においては，それら選定された除隊兵士に対して支援の責任を取らなければならなかったと指摘する（多田「JICA 専門家報告書」）。
13) 複数の兵士たちから給付書類のコピーを入手し，算定方法について聞き取りを行った（Appendix「4 除隊兵士 ID ／年金支給認定証」参照。受給者証の掲載に関しては本人が特定できないよう氏名は伏せ，また本人の同意を得ている）。比較対象としての地方公務員の給与に関しては，多田，および聞き取り調査の共同調査者がシアムリアプ州の地方公務員であるので，彼の話からも確証を得ることができた。一方四本によると，1980 年代には月額 2000～9000 リエルであったとされている（四本 2004a: 108）。しかし 1980 年当時でも 2000 リエルは 1 ドルにも満たない。それが月給であったというのは信じ難い調査結果であると思われる。
14) STP は一時的な技能訓練で小学校などを一定期間借りきって行われる。したがって訓練が終了すれば速やかに閉鎖される。その後の技能のメンテナンスや就業相談などは重要なことであるはずだが，受講生たちをフォローする制度はないのが現状である。ただ除隊兵士の技能訓練は現在は女性省に移管されており，シアムリアプ市の女性省では技能訓練の一部（コンピューターや散髪など）が行われている。しかし公共の交通機関がないため利用する者は限られている（女性省幹部からの聞き取りより）。
15) 多田によれば，計画ではモバイルによる受講や，一定数の受講生が集まった場合に講師が派遣される制度等も検討されていたが，リファラル・システム実施段階で外部ドナーが日本のみになってしまったこと等から，資金および人的資源の面で実行は困難になった。さらにその前の段階の動員解除において，年金支給などが遅れたため，パッケージとして支給された物品や権利を現金化したり居住地を離れたりする兵士も多かった。
16) 東によれば，一般のカンボジア人との疫学的調査の比較から，除隊兵士たち（とくに老兵）の多くは深刻な疾病をかかえ，非健常者と同等とみなされるという。
17) 本書では東の疫学的データや比較データを十分ふまえ，現場での聞き取り調査（構造化されたものと半構造化された集団におけるもの）から立証していく方法をとるが，東がそこから引き出した「内部の最悪部分」の「リストラ」という結論には与しない。さらに東の糾弾する CDAF の不透明性に関しては，多田の説明にも耳を傾け，総合的に判断したいと考える。
18) 世銀の方針はグッド・ガヴァナンスの国には援助を強化するが，そうでない国は援助を減らすというアセッシングエイドにおける「選別」の思想に基づくものである。しかし CVAP のケースでは，世銀は支援を減らすとい

239

うのではなく全面撤退を決めており，こうした「切捨て」に近いリアクションは，当然のことだがカンボジア政府に強い衝撃を与えることになった (2007 年，MOSAVY で筆者聞き取り)。
19) 山田は国連が PKO として実施する領域管理は「監督（監視）型」と「直接統治型」の 2 種類に大別できるとしている（山田哲也 2004: 90）。カンボジアは前者の例にあたり，これを行ったのが UNTAC である。つまりカンボジアには正統政府として最高国民評議会（SNC）が存在し，UNTAC はそこからの要請を受けて平和構築の権限を行使したのである。
20) 「カンボジアの『カンボジアにおける平和構築と包括的小型武器対策プログラム』に対する無償資金協力について」2003 年（平成 15 年）1 月 13 日付外務省 ODA 報告 (http://www.mofa.go.jp/mofaj/gaiko/oda/data/zyoukyou/h.14/030113_1.html)。日本の ODA 供与のうちわけ，および諸外国の対カンボジア経済協力実績の比較に関しては報告冒頭にある表を参照されたい。
21) 2000 年 8 月「国連平和活動検討パネル報告書」（ブラヒミ・レポート）。
22) 2003 年（平成 15 年）1 月 13 日付外務省 ODA 報告。紛争予防概念については「2000 年版国連事務総長年次報告書（United Nations Millennium Declaration）」を参照されたい。
23) DDR 事業は除隊兵士が効果的に市民社会に再統合された場合にのみ成功したと評価される（国際協力機構 2001: 315）。一方，効果が見えにくいことに関して本山は，経済一辺倒の視座ではなく社会サービス指標によってこそ，貧困の解消の効果的メカニズムは説明されるべきだとしている。本山はスリランカのパラドックスを例に挙げ，スリランカは 1 人当たりの GDP 比では最貧国の一つであるが，平均寿命では 69 歳と，所得水準が同じシエラレオネの 38 歳と比較するとはるかに良好なパフォーマンスを実現しているとし，スリランカ政府主導の社会サービスの質的効果こそが，何よりも貧困削減の実体的効果であると論じている（本山編 1995: 4）。
24) 本山の見解は，経済成長こそがその波及効果を通じて貧困を除去できるという立場では，貧困救済のための政府支出の肥大化が肝腎の経済成長力を減殺してしまって逆に貧困を加速する，という考え方に依拠するものである。これは効果が見えやすいとされる経済支援と比較すると顕著である。経済支援策によって市場が活性化すると，「トリックル・ダウン（trickle down）」効果（水が滴り落ちるように経済成長の恩恵が下層にもしみ渡ること）という形で国全体の経済成長がもたらされる仕組みである。実際には社会は複雑な要素（平均寿命，所得水準，教育など）から成り立っているので，単純には経済効果を前面に主張することはできないと思われるが，確かに経済が活性化することは平和構築実現の大きな要素である貧困削減に寄与することにつなが

る。

25) SEDP II (The Second Five Year Socio-Economic Development Plan) は2001 年から 2005 年までの国家開発計画で，経済成長と貧困削減を目標とし，①持続的な経済成長と公正な所得配分，②社会開発の促進と文化の振興，③持続的な自然資源の管理と環境問題への対応を主要な課題として開発が推進されてきた。2004 年 7 月にはフン・セン首相の提唱によって，「良き統治（グッド・ガヴァナンス）」を中核とした四辺形戦略（①反汚職法案の策定，②その他の各種法案の整備，③国家公務員の基本給の増加，④地方分権，業務分散化を記した組織法の制定）が策定され推進されている。

26) 小向は多くの DDR が紛争直後に取り組まれているにもかかわらず，カンボジアのように復興が相当進んだ段階で DDR が着手されるのはきわめて異例であると述べている（多田 2007: 60）。

27) 東（2004: 331-338）。たとえば 60 万ヘクタールの土地を退役軍人に与える等の計画も作られ，328 名が 6 カ月の職業訓練を受けることになっていたが，この除隊計画が発端となり CPP（カンボジア人民党）とフンシンペックの両派が兵員数の水増しを行い，不正に予算を獲得する事態へと発展していった（*Phnom Penh Post*, 15 October 1999）。また UNTAC 後の 1994 年には約 2000 人の将軍と 1 万人の大佐がいると報告された（Hallway 1994）が，その多くは KR からの投降兵を手厚くもてなし投降を奨励するために将軍・大佐ポストを増やし過ぎた結果であり，兵員数の水増しによって備品や装備具の購入経費の水増しも可能になり，彼らの給与を賄うためにさらなる水増しを行うという悪循環が繰り返された（Mead 2004）。2002 年 10 月の段階で，『カンボジアデイリー』は 1 万 5551 人の幽霊兵士とその 16 万 3346 人の子どもたちがいることが判明したとしている（*Cambodia Daily* 2003a ; Mead 2004）。

● 第 2 章

1) カンボジア現代史については複数の文献によった。主たるものはアジア開発銀行発行による *Cambodia: Enhancing Governance for Sustainable Development*, 2000 である（Kato et al. 2000）。その他，歴史学研究会編（1983），倉沢（1994），天川（2001b），桜井・石井（1985），国際協力機構（2001），吉田・山本（2007）等を参照した。

2) アンコール遺跡群をめぐる植民地時代のフランスの東洋学者の活動を記述した『オリエンタリストの憂鬱』の中で，藤原は，フランスの学術研究に

対する強い縄張り意識，占有意識は，「インドシナへのフランスの政治的介入を正当化するために用いられたものでもあった」(p. 454) としている。
3) MOSAVY において筆者聞き取り。1941 年にシハヌークが国王に即位した後，クメール・イサラクの一部勢力が王国政府軍に投降したと考えられている。国軍のうち少なからぬ兵士が，クメール・イサラクの元兵士だという説もある。
4) 強制退去はすでに内戦中の 1973, 74 年ごろから行われており，KR は都市や町を攻略すると住民を退去させ，住家を焼き払うことを繰り返してきた。彼らにとって強制退去は革命の敵が集結した「悪と腐敗」の巣窟たる都市を壊滅させるためのものだった。全国民を農民，労働者にし，生産に邁進させる。敵をバラバラにし，選別を容易にする。それが都市への憎悪と警戒心に基づいた彼らの基本戦略だった。
5) 山田祐史はカンボジア人民革命党の政権奪取とその後の混迷を，「党」組織活動に焦点をしぼり，五つの観点から議論している（山田祐史〔上智大学アジア文化研究所特別研究員〕東南アジア学会関東部会，2008 年 5 月 31 日）。それによれば，政権に就いた 80 年代には未だ指導層といえる層が質的にも量的にも不足しており（ポル・ポト時代の知識層の粛清による），またイデオロギー（マルクス・レーニン主義）に対する理解は，一般はおろか党員でも十分ではなく，党内には階層制が布かれるなど旧態依然としたものであったことがうかがわれる。
6) この中には反政府勢力であった KR 派投降兵約 3 万人が含まれていた（浜田 1999）。
7) ADB（アジア開発銀行）資料 *Cambodia: Enhancing Governance for Sustainable Development*（Kato et al. 2000: 3-5, 17）は 1997 年のものであるが，総支出のうち軍事関係費（Defense and Security）は 47.6 パーセントを占めている。内訳は軍事費 32.9 パーセント，国家安全対策費 14.7 パーセントである。年代ごとに見ると，この割合は 62 パーセント（1995 年）～52 パーセント（1998 年），そして 2005 年度（最新データ；ADB）は 23 パーセントと推移する。これは減少に転じたのではなく，GDP が増加しているため相対的に減少しているに過ぎない。

●第3章

1) ミッジリィは「社会開発の理論」(第三章)で,「社会開発は理論的諸概念の影響を強く受けたものであるが,社会開発の分析や理論の対象となる『基礎理論』は不明確である」としている。そして社会開発理論として「表象理論,解釈理論,規範理論」の三つを挙げている(ミッジリィ 2003: 95)。一方,宇佐美耕一「新興工業国・社会主義国における社会福祉制度分析の視角」は,ミッジリィの説明を記述的研究,規範的アプローチ,分析的研究とまとめている(2005: 12)。確かに表象的と解釈的は記述的とまとめた方がわかりやすいと思われる。
2) JICA は貧困を「政治的能力」「社会的能力」「経済的能力」「人間的能力」「保護的能力」の五つが欠けている状態であると規定し,それぞれの潜在能力を高める包括的アプローチが必要だとしている。そのアプローチとしてマクロ(国レベル),メゾ(地域社会レベル),ミクロ(貧困層レベル)と分類し,開発調査,技術協力プロジェクト,草の根技術協力をそれぞれ対応させている。
3) CVAP に関しては実務レベルでの報告書は多いが論文の蓄積は僅少である上,十分に議論され構造化されているとは言い難い。一般的に,このようなテーマを分析する手法として,グラウンデッド・セオリー・アプローチ(以下 GTA)が一つの選択肢として用いられることが多い。しかし GTA はデータに密着(grounded on data)して機能的に理論を展開させようとするアイデアに基づくものであり,この手法を用いる際の前提条件として,分析する対象(トピック)に関して十分な理論が存在せず,理論化を始めるには理解が浅過ぎる状況にあることが挙げられる。さらに GTA では「概念の生成」というプロセスが重要であるが(木下 2006: 58-65; 吉田・山本 2007: 12),その作業は本書で扱う CVAP の定性的調査を重視した調査には適合しない。
4) フリードベルグは自由な行為者としての個人が他者と向き合い,その力関係が動くことを「勢力」というキーワードで説明している。そこから彼は「ある個人の持つ勢力は,相手との関係において彼が制御できる『不確実性の領域』の重要さの関数」であるとしている(フリードベルグ 1989: 81)。
5) 舩橋は地方自治制度や財政制度という基本的枠組みの中で,一つの自治体が行う「まちづくり」や「むらおこし」の努力などがこれにあたるとしている。本書では地域レベルでのさまざまな支援活動ととらえている。
6) 「行為」と「結果」との関係が「意図しない結果」へと結びつく「合理性

の背理」のメカニズムは，R. K. マートンの「預言の自己成就」における潜在的機能を彷彿とさせるものである。舩橋はこのような下位水準の自律的な発想の生起を「合理性の調和」としている（舩橋 1990: 308-309）。
7）　筆者が議論の根拠としたのは JICA 報告書の多田による事業報告であった。しかしその後，多田は 2009 年の論文で，兵士の脆弱性だけでなく，CVAP の政策そのものにも問題があったと論じている（多田 2009）。したがってこの仮説は多田個人への反証というものではなく，広く一般的な意味で，CVAP の政策策定過程での問題点を問うものである。
8）　2008 年度の除隊兵士全般に関わる経費に関しても資料を得ることができた。ここからは，CVAP による除隊方法が軍事費の削減にはつながっていないことが確認された。
9）　この点に関しては，シアムリアプ州にある JST（Joint Support Team for Angkor Preservation and Community Development）の代表であるチア・ノル氏の協力に依った。しかし本文中でも述べているように，2009 年 1 月に大幅なコミューン等の改編や名称の変更があったこと，またカンボジア人であるノル氏の発音と既発表の論文の表記の相違等もあり難渋を極めた。本書では Siem Reap のみ天川・四本らの既発表論文（日本語）の表記「シアムリアプ」に従い，コミューンや村の日本語表記はノル氏の発音に従っている。
10）　すでに第 1 章註 11 でのべているように高齢者の定義に関しては時期による相違がある。このことに関しては第 II 部において事例を検証していく中で，本人が知らない，虚偽の申告など，その根拠を詳しく説明している。

●第 5 章

1）　リストラとは restructure を日本語的に簡易化したものである。本来「再建」という意味にあたり，採算の採れない部門を廃し新しく事業を建て直すという意味であるが，その際，往々にして人員整理が行われることから強制的な退職勧告という意味が一人歩きしている。本書で取り上げた東論文も同様に，カテゴリー 2 の除隊兵士が無理やり（本来は望まないにもかかわらず）辞職させられることを「リストラ」ととらえている。
2）　本節では ADB 資料に基づいて議論しているが，同様の分析は Carney（1990: 191-202）にも詳しい。なお四本は，1980 年代の自身による調査記録から，公務員（軍・警察要員は含まない）の給与が非常に低く月額 2000〜9000 リエルの給与が現金で支払われた他に米と灯油が支給されたが，それでも十分ではないため公務員のモラル低下を招いたとしている（四本

2004a: 108)。月額 2000〜9000 リエルは単純にドル換算すると月額 0.5〜2.25 ドルとなる。表 5-2 で取り上げた国家公務員の給与は，1990 年代には，30〜40 ドルで推移しており，また国際的な貧困基準が 1 日 1 ドルだということを考えあわせれば，信じがたいような低い数値である。

3) IOM (International Organization for Migration, 国際移住機関) は，2001 年に行われたカンボジア除隊兵士健康調査（GHA）を統括し，除隊フェーズにおいて医療ヘルス・スクリーニングに技術協力を行った。

4) 筆者は 2005 年に手林からカンボジアの DV に関して聞き取りを行った。手林によれば，「うつ状態」や，逆に極度に興奮した「ヒステリー状態」の女性患者が多く見られるということであったが，その正確な数値はデータで得られていない。JICA の 2001 年版報告書によれば，新政権樹立後のカンボジアで，全女性中，18 パーセントが寡婦か離婚した女性である。また既婚女性の 19 パーセントが家庭内暴力に晒されており，こうした背景には，識字率の低さや，内戦による障害者の介護負担，家・財産の喪失など複数の要因が絡んでいると考えられている（国際協力事業団 2001: 223）。

5) 調査対象の兵士たちの詳細は Appendix 1 参照のこと。一部の兵士は事務的な仕事に従事していた。また女性兵士 3 名は補助的な仕事であった。

6) 筆者がシアムリアプ州の社会省幹部リューク氏に直接聞き取りを行ったところ，除隊者の 99 パーセントが自発意志によるものだということであった。2009 年に行ったプノンペンの国防省年金課のボラ氏からの聞き取りからも，除隊者は公募制をとっており，したがって障害者であろうと応募しなければ残ることはできたという。

7) 第 7 章でも述べているが，こうした不正行為は常態化していた。「除隊兵士の数は，実際よりも少ないと思う。軍の上層部が幽霊兵士を作り上げ，その分の除隊一時金をとりあげている」（シアムリアプ州役人のリューク氏）。「除隊兵士の年金の権利を軍の役人が二足三文で買い取っているという話を何度も見聞きした」（多田氏から聞き取り）。「1996 年当初にドナー（特に世銀）から提案された除隊の方法はシンプルであった。それは一兵士当たり US$ 1,200 の退職金というインセンティブを与えて動員解除するというものである。しかし，（中略）人民党と独立・中立・平和・協力カンボジア党両派ともに，その退職金目当てに兵士数を更に水増しした。そのため，正確な兵員数は一層不明となり，それは除隊計画全般に大きな障害となった」（東 2004: 330）。

8) 本書の第 7 章では，除隊して地域にもどり生活している除隊兵士の聞き取り調査を行い，除隊パッケージや STP が除隊兵士の生活の持続にとってどのように役立っているのか，あるいはそうでないとすればどのような問題

が考えられるのかに関して検証している。

●第6章

1） 高利貸しの搾取の残酷さについて佐藤昭治（外務省総合外交政策局国連行政課企画官）は次のように述べている（第292回国連講演会「人間の安全保障」2004年3月11日）。
　　病気などで借りる典型的な緊急ローンの条件は，24日間で300～900パーセントの利息である。薬を買うために1万リエル（約280円）を借りた場合，高利貸しは24日間，毎日2500～4000リエル（約70～110円）を回収にくる。払えない場合には，まず家の設備の没収，子どもの誘拐（その後，売春組織などに売る）が行われるという。ここでは語られていないが，年金受給権の没収も手段に含まれるだろう。そして最後の手段として家が売り払われる。

2） 国家公務員の軽犯罪を黙認する国の無策に関しては，『プノンペンポスト』や『カンボジアデイリー』によって連日報道されている。筆者はMOSAVYに所属するユニセフの関係者（S. R氏，2009年）および多田からの聞き取りによった。
　　多田は，動員解除の時点で，すでにカンボジア各省庁が機能不全に陥っているとし，次のように報告している。
　　　除隊時のパッケージ支給に関して，ドナーの中心となった世界銀行（以下世銀）は，カンボジア政府に対して資金利用における透明性，説明責任を強く求めた。このため，世銀は機材などの調達についてはCDAFGS（動員解除評議会事務局）に会計監査コンサルタントを派遣して，資金運用を厳格に管理するシステムを採用した。それにも拘わらず，モーターバイク調達に関して不正入札疑惑がもたれた。（中略）この事態は2004年12月末になってさらに暗転した。世銀は今後一切除隊兵士支援を行わないと正式に表明し，同時に不正疑惑が持たれた280万ドルの資金の返還をカンボジア政府に要求した。
　　(2007年多田眞規子JICA専門家報告書〔内部資料p.1。筆者はJICAアジア第1課で閲覧した。同報告書はJICAに帰属するものである〕)

3） 英国国際開発省（Department for International Development, DFID）http://www.dfid.gov.uk/aboutdfid/

4） 地域ネットワークについては後述し議論していくが，ここではあくまで原初的な地縁，血縁に根ざした相互扶助ととらえている。一般にカンボジア

人は金銭感覚がきわめてシビアであるといわれている(チア・ノル氏，多田氏から聞き取り，2009年)。父母，兄弟姉妹，親戚にもお金を払って土地を借りるのは当然で，たとえ母親の土地でも，除隊兵士である息子が住んでいるような場合，息子は母親に土地代を払うのが慣習となっている。

5) これまで見てきた事例のように，年金受給権を現金化しなければならない合理的理由，たとえば「治療費」「当面の貧困緩和の生活費」「葬儀代」などが挙がっているのは一部(7番男性「一方の脚を切断」「治療のため」)。周りの生活水準との比較から貧しさを意識して，それを補塡するためという理由が考えられる。

6) 悪徳高利貸しの実態については，聞き取りから多くの証言が得られているが，あくまで聞き取りである。20〜35パーセントという考えられない利率であった。先行研究としては，粟野晴子の，クロマの織子とその仲介者の社会関係の調査から得られた高利貸しの調査が，筆者が活字化されたものとして確認できた唯一の記録である(粟野2001)。粟野によれば，お金のない織子たちが資金を調達するためには，富裕な高利貸しからお金を借りるという方法しか実際には残されていない。その利率は15〜20パーセントである。粟野の論文では「悪徳」という表現は用いられていないが，その利率の異常さはわかる。本書では，多くの兵士への調査から，あるはずの年金受給権が一部の地域でこれほど失われている(たとえば，シアムリアプ・コミューンでは50パーセントの喪失率)という事実から，返済できずに財産を失ってしまうという事実を示すにとどめる。

7) 自立支援の定義は日本の生活保護における「自立」の3理念(根拠法「社会福祉法」第3条 福祉サービスの基本的理念)による。元来，自立支援とは，アメリカで1960年代後半に重度の障害者が大学に入学し，その学生生活を保障しようとしたことをきっかけに生まれた自立生活運動を発祥としている。この運動が全米各地に広がり，有料介助者の紹介・派遣，ピア・カウンセリング，権利擁護サービス，自立生活技術訓練などを中心的なサービスとした，障害者自身の運営による自立生活センター(Independent Living Center)の設立へと展開した。

8) 筆者が2007年にシアムリアプ州の女性省で調査した結果では，まず女性省の運営を軌道に乗せることが目標とされ，NGOなどからの寄付金は，設備費，消耗品など主にハード面での使用に限られていた。

9) 「都市部」とはカンボジア政府統計局によると，①人口密度が1平方キロメートルあたり200人以上，②男性の農業従事者の割合が50パーセント未満，③コミューンの総人口が2000人以上，という規定を満たすものである。

10) それによってゴム・プランテーション開発などの大規模な植民地産業が

活発化することになったとする（Greve 1993: 6）。
11） 四本は一方，1989年のカンボジア国憲法第15条において「土地の私的所有」自体は認められたとしている（四本 2002: 63）。
12） 筆者はカンボジアの農村での聞き取りから，CVAPにおいて土地（耕作地）が何らかの形で貸与，供与されるべきだったのではないかと考えている。カンボジア政府も当初の計画に土地を入れており，またこの視点は多田も共有している。しかし世銀や日本政府などのドナーは，カンボジア政府が除隊兵士に家を建てるための土地を与えたがっているのだと読み違えていた（多田氏から聞き取り，2009年）。除隊兵士は除隊にあたって，あくまで一応ではあっても各自の登録地を指定したので，支援ドナーは除隊兵士がそれらの登録地に住める見込みがあるのだろうと考えていたところに齟齬があったと見るべきだろう。

● 第7章

1） 本調査における事例はすべて仮名とし，調査内容の公表に関しては写真の掲載を含め被調査者の同意を得ている。現地通貨（リエル）は500リエルを約3円（2007年調査時点当時）として計算している。カンボジア側から提供される資料（除隊兵士関連）はリエル表示かドルベースの表示であることから，本書でもリエルとドルの併記としている（1ドルを約4000リエルと計算）。
2） 本調査に同行。本職はシアムリアプ市の地方公務員であるが，CVAPのSTPの担当も兼ねており，臨時調査員として活動していた。しかし手当は交通費のみの，ボランティアワークである。
3） 牛は農村部ではこのように生活手段である。CVAPの当初の計画では除隊パッケージとして牛を供与する案が出されていたが，1万5000人分の牛の調達は不可能ということで頓挫し，代わってオートバイになったという経緯がある。
4） 除隊時の一時金は240ドルなので，そのほとんどすべてにあたることになる。
5） シアムリアプ州の西バライはカンボジアでも有数の水の豊かな地域である。自給自足を旨としていたポル・ポトは，雨季と乾季という厳しいカンボジアの気候下で継続的に農業効果を挙げるために，灌漑用水路の建設に力を注いでいた。西バライからの水は用水路を経て各地に送られる計画であった。
6） STPの「鶏・豚飼育コース」では終了時に鶏と豚がつがいでもらえる。

それを繁殖させて自活の道とすべく策定されているが，貧困に陥る多くの事例はこのような慣れない飼育の失敗である。

7) ACLEDA（カンボジア地場経済開発機関協会）は1993年ILOの支援を受けて設立された。農村部におけるマイクロ・クレジットプログラムを実施しており，その貸付残高はカンボジアのマイクロ・クレジット貸付残高全体の7割を占めている。当初は「農村の貧困削減を目的とする」農村における所得機会創出のためのグループ貸付が主であったが，2011年調査時には中小企業育成を目的とする貸付にその重点をシフトさせていた。中小企業育成へのシフトは前者，すなわち農村部のグループ貸付を縮小させる結果となったが，中小企業の育成は賃金ベースの雇用機会の少ない農村において機会の創出につながるものであるので，貧困削減という目的と相反するものではないとされている。しかし筆者が2011年に聞き取りを行ったところでは，ローンや利子の支払い等をめぐってトラブルが多く，必ずしも本来の目的に沿う結果にはなっていないという（JASA，チア・ノル氏から聞き取り）。一方銀行業務では，ACLEDAはカンボジアの経済に重要な役割を占めている。

8) 娘の縫製工場の仕事も息子の建設工事の仕事も，シアムリアプを背後に控えているので景気はよく，収入は毎月安定して得られている。さらに障害年金の額も，カンボジアの地方公務員給与とほぼ同等レベルの月額約30ドルである（給与額自体がかなり低いのだが）。つまり安定的な収入が保証されていることが，サムオルさんの生活にプラスの循環を与えていると考えられる。

9) また，第二次世界大戦後帰還したアメリカ兵は，集団で行動することに違和感がなく，逆にそれによってトラウマなどの精神的疾患が緩和されるなどの効果が見られた。

10) 佐藤昭治，第292回国連講演会「人間の安全保障」2004年3月11日。佐藤の報告では授業料もかかるということであったが，2011年に筆者が聞き取りを行ったところでは，教科書，授業料は無料化されているということであった。

11) カンボジアは近年，急増する初等教育のニーズに合わせて師範学校の拡充に力を入れている。筆者は2011年にスラクラームにあるシアムリアプ州師範学校で調査を行った。小学校課程（中学校課程のある師範学校は全国で5カ所である）で4専攻を備えており，在校生は509名（うち女性318名）である。同じような規模の学校が全国に18校ある。入学資格は高校卒業（地方では中学卒業後もある）の学力を備えていることで，2年の教育期間の後教員免許が与えられる。授業料は無料で志願者は多いが，教員給与の低さが卒業生のモチベーションを低下させている。この点が目下の課題だという。

12) シアムリアプ州都市部の中心にある「子ども病院」は，スイス系 NGO によって運営されている無料の子ども専用病院である。ここには前日から病気の子どもを抱えた家族が長い列を作り，野宿する風景が現在でも見られる。
13) Oxfam America ホームページ，佐藤真美（2010 年 5 月 15 日カンボジア市民フォーラム）。また天川は，サマキ村，ピンプン村（カンダール州）での調査で，「子どもの病気」「妻の病気」「夫の病気」などで多額の現金が必要なため，土地を売ったり貸し出したりする事例をあげている（天川 2001d: 200-211）。
14) 天川は 1995, 1996 年にカンダール州のピンプン村とサマキ村を調査し，結婚後早い時期に親世帯から子世帯への土地の贈与が行われている実態を明らかにしている（天川 2001d: 179-183）。
15) CVAP 策定にあたって，当初カンボジア政府は除隊兵士へのパッケージに「土地」を入れるよう要請していたが，事務手続きの煩雑さと某大な経費が予想される上，支援ドナー国・機関からも拒否されるという結末に至っている（多田氏から聞き取り）。
16) 粟野（2001）。地域コミュニティの結びつきが強ければ強いほど社会的排除を招く可能性のあることが示唆されている。
17) 1999 年の CSES（カンボジア社会・経済調査, Cambodia Socio-Economic Survey）では，1 人 1 日 2470 リエル（プノンペン），2093 リエル（その他の都市），1777 リエル（農村部）である（国際協力銀行 2001）。2008 年には基準が 1.25 ドル以下に改定された。

●第 8 章

1) 多田（2007）より。紛争と開発援助が二面性を持つ（持たざるを得ない）経緯について，同様の指摘が黒澤・小向によってなされている（黒澤・小向 2005）。
2) どの政党が支配権を握るかで支援ドナーの資金繰り，ひいては存亡にも関わってくるためである。とりわけ支援ドナーの 4 割にあたる NGO は，一度得た既得権益をなくすまいと一様に政権交代を危惧している。したがって支援ドナーは，自らに有利な政党（たとえばシアムリアプ州の場合は CPP）を支持する被推薦者を選ぶことになる。なお，カンボジアの選挙およびそれに係る混沌とした現況に関しては東の論文（東 2012）に詳しい。
3) 州退役軍人委員会事務局（Provincial Veterans Committee Executive Secretariat, PVC ES）は，CVAP 遂行のために暫定的に関係各省庁（社会事

業省，農村開発省，労働訓練省，女性省，農業省），州事務所から原則1名ずつ任命されている。PVC ES のメンバーは，所属省庁での業務を行いながら，CVAP の業務を優先的に遂行することになっている（多田 2007）。

4) RS に関わった外部者は多田のみであり，RS に関しての多田の報告書はそうした意味から貴重である。しかし，RS に対する日本政府の認識が低く十分な資金援助が得られなかったことなどから，この試みがタケオ，コンポンチャムの2州のみで終了してしまったことは惜しまれる。さらにカンボジア政府も，その後この方法を独自に展開することはなかった。本章は主に多田の報告書，および調査地において多田本人から直接聞き取った内容から構成している。

5) 地域によって偏りがある場合もあるが，平準化は行われない。また項目の優先度の基準はない。該当する数が同じ場合には，被推薦受益者世帯の支持政党が大きな要因となる（多田氏，およびシアムリアプ州女性省のテック氏から聞き取り）。

6) カンボジアの家族構成は平均 5.1 人（2004 年）である。1998 年の新政権発足当時の 5.2 人に比較してもほぼ変わらない。2006 年は 5.0 人となっている。一方，貧困率は家族数が多いほど高くなる傾向がある。

7) なお，タケオ州，コンポンチャム州における STP は 2006 年 8 月に完了している。

8) 2007 年，多田氏からの聞き取り。「高齢者」という表現は誤解を招くが，聞き取りの限りでは同様の指摘が多い。そこで語られる高齢者は，ポル・ポト政権時代を生き抜いた人々であり，村長などの要職からはほど遠い人々であったと考えられる（高橋 2001: 247-248，同様の内容は多田氏からも聞き取り）。村落に限らず，政府の重要なポスト等においても，ポル・ポト政権時代の知識人の大量粛清による人材の枯渇問題は多くの識者から指摘されている（元カンボジア政府アドヴァイザー林氏，漆原氏などから聞き取り）。寺院などもドナーとして名を連ねているが，昨今は政治色が強く，政治性が受益者の採択に大きく関わってきているという（チア・ノル氏から聞き取り，2009 年）。

9) 多田は任務遂行上 RS を試行した。「実際に技能訓練が開始されたのは 2006 年 5 月以降です。この 2005 年初頭から 2006 年 3 月までの間に中央レベルの CDAF GS から活動についての指示や予算がこず，何も STP の活動ができない PVC ES メンバーを訓練し RS を試行し」た。「RS を試行したのは PVC ES メンバーの人数や PVC ES チーフの活動意欲など，条件が整っていた2つの州だけです。まずタケオ州全10郡で先行して 2005 年 4 月に RS の活動を全郡で開始しました。続いてコンポンチャム州の半分の8郡でまず開始（全部で 16 郡と多かったので），それから残り半分の8郡で活動を順次開

始しました」(多田氏本人からの聞き取りおよび「JICA 専門家報告書」2007 年)。
10) 仏教再興に関してはサンガ（出家者集団）の政治的な処遇問題も重要であるが，本書では RS との関係から貧困救済のシステムを議論することを主眼としており，割愛した。
11) 2011 年，筆者はシアムリアプ州のワット・プーでこのことに関して聞き取りを行った。小乗仏教国においては救済されることへの願望が強くあるため，どんなに政体が変わろうと潜在的な仏教寺院へのニーズはあり続けたという。

●第 9 章

1) 稲葉は，公害の場合，排出者に課税したり逆に補助金を出して排出を止めさせたりする例や，電車などで好意から席を譲られた人がそのことに対して謝礼を払う必要はなく，また譲った側もそれを要求しない例などを挙げている（稲葉 2008: 13-19）。
2) 稲葉はある意味で介護も「思いやり」という無償の労働力で行われるものであり，それが望ましい場合もあるというスタンスから述べている。
3) スティグリッツは 1992 年の論考において，開発経済学は外部性や収穫漸増という内容以上のより豊かで複雑性をはらんだものであると指摘しているが（Stiglitz 1992: 15-38），すでにこの時に，開発途上国における SC の持つ計測し難いが，確実に経済に寄与し得る財としての効果を意図していたとも考えられよう。
4) 聞き取りから。ここから筆者はアメリカの資金援助，ノウハウの援助を受けて現在模範的に活動していると言われる「チャク・チュウ・ニィアン・コミューン」を紹介してもらうことになる。

●第 10 章

1) アウトリーチもエンパワメントも現在ではさまざまな分野で用いられているが，元来は社会福祉分野で用いられる支援の方法論である。
2) 本書のこれまでの調査は，シアムリアプ州を中心に行われてきた。それは，シアムリアプ州が除隊兵士の技能訓練が行われた最後の州であった（したがって筆者にとって最後の機会であった）ことに由来している。しかし今回の「社会再生モデル」は，CVAP の最終段階である社会再統合が地域でど

のように展開されているのか（あるいは，いないのか）を調査するものであるため，それが機能しているカンダール州に調査地を移動させることに問題はないと判断した。
3） 国防省退役兵士年金課のボラ氏から聞き取り（2009年2月）。筆者は2009年2月に同コミューンでの調査を行ったが，同様の除隊兵士支援活動を行っているコミューンは，プノンペン周辺にはまだ2,3あるということであった。
4） 資料提供はMOSAVYとカンダール州のDOSAVYである。MOSAVYは2003年に社会省の福祉部門と労働部門とが分割されるとともに，福祉部門に退役軍人に関する業務が付加されて設立された。DOSAVYはその地方局である。
5） JSC FCUは1961年に創設され，ヒューストンのジョンソン航空宇宙センター（Johnson Space Center）の従業員向けに設けられた出自を持つためJSC FCUと総称されている。
6） マイクロクレジット，マイクロファイナンス，マイクロビジネスなどといわれるが，これらは同義である。融資の主体，方法によって結果には大きな相違が生まれる。その意味でリスクを持つが，本来なら起業する機会さえない貧困層のポテンシャルを生かし，綿密で持続的な支援体制によって自立的な貧困克服を促す方法として広く推奨されている。
7） オーストラリアの救済・慈善サービスのNGOであり，「障害者雇用」を条件とした寄付金などの財源を基に設立された。小さな菓子工房のような作業所には，健常者に交じって10名の身体障害者が雇用されていた（2007年8月取材）。
8） 調査時（2011年）には，農村の小規模金融を扱うグラミン銀行と同様の仕組みのアクレダ銀行が農村にもできはじめ順調に規模を広げているが，2001年の除隊時から筆者らが調査を行っていたころにはそうした銀行は除隊兵士の住む農村部にはなく，NGOなどによる散発的な支援に専ら頼る状態であった。アクレダ銀行の貸付残高はカンボジアのマイクロクレジット貸付残高全体の7割を占めると言われている。しかし近年は中小企業向け貸付にシフトしつつあるという批判もある（国防省年金課での聞き取り調査）。
9） 『貧困アセスメント』（Ministry of Planning, 1999）においてもカンボジア人の貧困は指摘されてきたが，そこで語られるヴァルネラビリティ（vulnerability）とは，戦傷による障害，傷病，孤児，土地や資本などの基本的資産へのアクセスができないなど，経済成長のプロセスに十分参加できない人々の存在である。本書でもこうした層の除隊兵士の存在を現地調査で取り上げ，社会再統合過程において彼らをどのように受け入れることができ

るのかという視点から，RS, SC へと議論を展開してきた。そこからは，（本人の）自立（自営）だけでなく，彼らに地域，社会の側がはたらきかける仕組み作りが必要とされるという結論を導き出すことができる。

10) 吉田・山本 (2007: 46)。インフラとはインフラストラクチャー（社会基盤）の略語であり，人々が望む好ましい状態に至ることを目的に，公益性の高いサービスを生み出す制度や組織の総体である。1994 年の世銀の定義ではインフラは経済インフラと社会インフラに分類して論じられることが多い。コミュニティ型インフラは社会インフラである。

11) 小笠原，2010 年 7 月 3 日第 4 回カンボジア研究会発表草稿（京都大学アジア・アフリカ研究所）。小笠原が調査したのはコンポンチャム州の村である。

12) CMAC は 1992 年 6 月に UNTAC の全面的支援の下でカンボジア最高国民評議会 (SNC) により，同国内の任意団体として設立されたが，1993 年 UNTAC 撤収後，11 月勅令により，カンボジア国政府機関として発足した。その主たる機能は，①地雷回避教育，②踏査，③地雷除去，④地雷除去のための研修であるが，活動の 90 パーセントは地雷除去に充てられている。

13) 1994 年国連開発計画 (UNDP) の『人間開発報告書』で取り上げられた概念。飢餓や病気などの脅威から解放され，民族や主義などの違いで抑圧されることのない個々の人間に対する安全保障の意。UNDP では，食糧，健康，環境，個人，地域社会，政治，経済の七つの概念に分けている。

14) NGO などの非政府組織が行うマイクロクレジットは政府から黙認されているが，法律による具体的規定がなく，いわば非合法である。このため住民らからの預金集めができず業務拡大が困難となるなど多くの課題を抱えている。

参考文献

Adams, B. (2001) Demobilization's House of Mirrors, *Phnom Penh Post*, November 23-December 6.

Ahmed, R, M. Kulessa, and K. Malik eds. (2002) *Lessons Learned in Crises and Post-Conflict Situations: The Role of UNDP in Reintegration and Reconstruction Programmes*, New York: UNDP.

鮎京正訓 (2005)「開発における法の役割——法と開発：その理論と展望」『アジア経済』46(4): 78-88。

天川直子 (1997)「1980年代のカンボジアにおける家族農業の創設——クロムサマキの役割」『アジア経済』38(11): 25-49。

——— (1999)「カンボジア／土地所有の制度と構造——ポルポト後の再建構築過程と現状」『アジ研ワールドトレンド』44: 91-92。

——— (2001a)「農村開発」国際協力事業団 (2001), 285-306。

——— (2001b)「ポルポト政権崩壊後の上座仏教の復興過程」天川直子編 (2001), 275-288。

——— (2001c)「貧困問題」国際協力事業団 (2001), 56-62。

——— (2001d)「農地所有の制度と構造——ポルポト政権崩壊後の再構築過程」天川直子編 (2001), 151-211。

——— (2001e)「カンボジアにおける国民国家形成と国家の担い手をめぐる紛争」天川直子編 (2001), 21-65。

——— (2003)「カンボジアの人種主義——ベトナム人住民虐殺事件をめぐる一考察」武内進一編『国家・暴力・政治——アジア・アフリカの紛争をめぐって』アジア経済研究所, 109-145。

——— (2004)「カンボジア農村の収入と就労——コンポンスプー州の雨季米作村の事例」天川直子編 (2004), 327-377。

———編 (2001)『カンボジアの復興・開発』アジア経済研究所。

———編 (2004)『カンボジア新時代』アジア経済研究所。

荒神衣美 (2004)「カンボジア農村部絹織物業の市場リンケージ」天川直子編 (2004), 223-273。

アンサール, P. (2004)「コンフリクトと変動〈バランディエ，トゥレーヌ〉」

山下雅之監訳『社会学の新生』藤原書店。

Asian Development Bank (ADB)

(1997) Cambodia: Enhancing Governance for Sustainable Human Development.

(1999a) Key Indicators of Developing Asian and Pacific Countries.

(1999b) Country Assistance Plan, 2000-2002.

(1999c) Fighting poverty in Asia and the Pacific: Poverty Reduction Strategy of the Asian Development Bank.

(2000) Second Socioeconomic Development Plan, 2001-2005 (SEDP2).

(2001) Legal Empowerment: Advancing Good Governance and Poverty Reduction, ADB Press. Manila.

(2004) Country Assistance Program Evaluation for Cambodia.

(2005) Country Strategy and Program (2005-2009) Kingdom of Cambodia, Asian ADB Press.

(2007) Key Indicators of Developing Asian and Pacific Countries, ADB Press.

Amnesty International

(1992) STATE OF CAMBODIA: Update on Human Rights Concerns (ASA 23/04/1992).

(1999) Cambodia: No Solution to Impunity: the case of Ta Mok (ASA 23/05/1999).

粟野晴子(2001)「社会関係資本の『負』の側面」『アジ研ワールド・トレンド』67: 16-19。

綾部恒雄 (1996)『国家のなかの民族』明石書店。

――――編 (2003)『文化人類学のフロンティア』ミネルヴァ書房。

東佳史 (2003)「東チモールにおける国際連合の平和維持活動」広島市立大学広島平和研究所編『人道危機と国際介入――平和回復の処方箋』有信堂高文社, 201-226。

―――― (2004)「カンボジア国際隊兵士の人口学・疫学的調査結果に関する一考察」『東南アジア研究』京都大学東南アジア研究所, 42(3): 328-353。

―――― (2009)「低開発国での社会調査に関する予備的考察――カンボジア国除隊計画追跡調査から」『人文コミュニケーション学科論集』茨城大学人文学部, 7: 181-193。

―――― (2012)「カンボジア選挙：変容する『矢を投げる』意味――1993年UNTAC総選挙から2008年総選挙まで」『人文コミュニケーション学科論集』茨城大学人文学部, 12: 87-102。

Bagshaw, Dale, and Elisabeth Porter eds. (2009) *Mediation in the Asia-Pacific Region: Transforming Conflicts and Building Peace*, New York: Routledge.

Bainbridge, Bill (2001) Money Talks: ACG Check List, *Phnom Penh Post*, June 8-21.

Ball, N., with T. Halevy (1996) *Making Peace Work: The Role of the International Development Community*, Washington, D. C.: Overseas development Council.

Barron, P., and D. Madden (2002) *Violence and Conflict Resolution in 'Non-Conflict' Regions: The case of Lampung, Indonesia*, Jakarta: World Bank.

Berdal, Mats R. (1996) *Disarmament and Demobilisation after Civil Wars: Arms, Soldiers and the Termination of Armed Conflicts*, Routledge.

Bhalla, S. S. (2002) *Imagine There's No Country: Poverty, Inequality and Growth in the Era of Globalization*, Washington D. C.: Institute for International Economics.

BICC (2000) Disarmament and Conflict Prevention in Development Cooperation.

Bourdieu, P. (1986) The forms of capital, in Richardson, J. G. ed., *Handbook of Theory and Research for the Sociology of Education*, New York: Greenwood Press, 241-258.

Boutros-Ghali, B. (1992) *An Agenda for Peace, Preventive Diplomacy, Peacemaking and Peace-Keeping*, Report of Secretary-General pursuant to the statement adopted by the Summit Meeting of the Security Council on 31 January 1992.

――― (1995) *An Agenda for Peace 1995*, second edition, New York: United Nations.

Burt, R. S. (2002) Bridge Decay, *Social Networks* 24(4): 333-363.

――― (2005) *Brokerage and Closure: An Introduction to Social Capital*, Oxford: Oxford University Press.

Callan, Tim and Brian Nolan (1991) Concepts of Poverty and the Poverty Line, *Journal of Economic Surveys* 5(3): 243-261.

Cambodia Daily

(2003a) Demobilized Soldiers Receive Motorbikes, by Nhem Chea Bunly and Matt McKinney, January 22.

(2003b) Demobilized Soldiers Get Severance Packages, by Phann, Ana,

February 19.

(2003c) Gov't Demobilization Contact Faces Scrutiny, by Daniel. Ten, Kate and Kay Kimsong, July 14.

Cambodia Development Resource Institute (CDRI)

(1999) Economy Watch, *Cambodian Development Review* 3(3).

(2000) Prospects for the Cambodian Economy, *Cambodian Development Review* 4(1): 8-10.

Caplan, R. (2002) A New Trusteeship?: The International Administration of War-torn Territories, Adelphi Papers, No. 341. Oxford: The International Institute of Strategic Studies (IISS).

Carney, T. (1990) The Heng Samrin Armed Forces and the Military Balance in Cambodia, in Ablin, D. A. and M. Hood eds., *The Cambodian Agony*, London: M. E. Sharp, 180-212.

Chandler, D. P. (1993) *A History of Cambodia*, second edition, Chiang Mai: Silkworm Books.

Coleman, J. S. (1990) *Foundations of Social Theory*, Cambridge, Massachusetts: Harvard University Press.

Collier, P., and A. Hoeffler (2000) *Greed and Grievance in Civil War*, Policy Research Working Paper 2355, Washington, D. C.: World Bank, Development Research Group.

―――― (2002) Aid, Policy and Peace: Reducing the Risks of Civil Conflict, *Defence and Peace Economics* 13(6): 435-450.

Council for the Development of Cambodia (2000) A New Development Cooperation Partnership Paradigm for Cambodia. Phnom Penh: Council for the Development of Cambodia.

Council of Ministers (2000) National Program for Administrative Reform-Situation Report.

Crocker, C. A. and F. O. Hampson, with P. Aall eds. (1996) *Managing Global Chaos: Sources of and Responses to International Conflict*, Washington, D. C.: United States Institute of Peace Press.

大門毅 (2003)「貧困／目標の実現可能性」『アジ研ワールド・トレンド』9 (4): 10-13。

デルヴェール, J. (2002)『カンボジアの農民――自然・社会・文化』石澤良昭監修, 及川浩吉訳, 風響社。

Deng, F. M., and I. W. Zartman eds. (1991) *Conflict Resolution in Africa*, Washington, D. C.: Brookings Institution.

参考文献

DFID (Department for International Development 英国国際開発省)
　(1997) Eliminating World Poverty: A Challenge for the 21st Century, White paper on International Development, PDF.
　(2002a) Managing Fiduciary Risk When Providing Direct Budget Support.
　(2002b) Conflict Reduction and Humanitarian Assistance. http://www.gsdrc.org/does/open/ss4.pdf
　(2007) DFID (HP) http://www.dfid.gov.uk/aboutdfid/
Diprizio, R. C. (2002) *Armed Humanitarians: U. S. Interventions from Northern Iraq to Kosovo*, Baltimore: The Johns Hopkins University Press.
Doyle, Michael W., and Nicholas Sambanis (2006) *Making War and Building Peace: United Nations Peace Operations*, Princeton, N. J.: Princeton University Press.
Ebihara, May M. (1968) Svay, Khmer Village in Cambodia, Ph. D., dissertation, Colombia University, Ann Arbor, MI : University Microfilms.
EBRD (2000) Annual Report EBRD.
EC
　(2001) Communication from the commission on Conflict Prevention, COM.
　(2002) ECHO at a Glance, ECHO (European Commission Humanitarian Aid Office).
Edstrom, J. (2002) *Indnesia's Kecamatan Development Project, Is It Replicable ?: Design Considerations in Community Driven Development*, Washington, D. C.: World Bank.
EIB (2002) *The EIB Group Activity Report 2001*, Luxemburg: European Investment Bank Group.
　(2003) *The EIB Group Activity Report 2002*, Luxemburg: European Investment Bank Group.
絵所秀紀 (1998)「経済開発理論の展開と国際機関」東京大学社会科学研究所編 (1998), 47-170。
―――― (2005)「貧困削減戦略／プログラムに人間の安全保障の観点を組み込む」国際協力総合研修所 (2005a), 25-30。
絵所秀紀・山崎幸治編 (1998)『開発と貧困――貧困の経済分析に向けて』アジア経済研究所。

Esman, M. J., and R. J. Herring eds. (2001) *Carrols, Sticks, and Ethnic Conflict*, Ann Arbor, Mich.: University of Michigan Press.
エスピン-アンデルセン,G.(2001)『福祉資本主義の三つの世界——比較福祉国家の理論と動態』岡沢憲芙・宮本太郎監訳,ミネルヴァ書房。
Etcheson, Craig (2005) *After the Killing Fields: Lessons from the Cambodian Genocide*, Westport, Conn.: Praeger.
フィッツパトリック,T.(2005)『自由と保障——ベーシック・インカム論争』武川正吾・菊地英明訳,勁草書房。
Forman, S., S. Patrick and D. Salomons eds. (2000) *Recovering from Conflict: Strategy for An International Response*, New York: New York University (Center on International Cooperation).
フーコー,M.(1986)『性の歴史 I　知への意志』渡辺守章訳,新潮社。
フリードベルグ,E.(1989)『組織の戦略分析——不確実性とゲームの社会学』舩橋晴俊／クロード・レヴィ=アルヴァレス訳,新泉社。
藤原帰一(1998)「ナショナリズム・冷戦・開発」東京大学社会科学研究所編(1998)。
藤原貞朗(2008)『オリエンタリストの憂鬱』めこん。
深町宏樹・小田尚也(2001)『国家存立の危機か——アフガニスタンとパキスタン』アジア経済研究所。
福島秀夫(2002-03)「東ティモール便り——国造りの現場から」外務省政府開発援助ODAホームページ・東ティモール民主共和国　ODA現地レポート　http://www.mofa.go.jp/mofaj/gaiko/oda/hanashi/sekai/asia/index.html#e_timor
福武慎太郎(2005)「拡散する紛争と難民——グローバリゼーションは地球共同体を構築しうるのか?」『アジア経済』46(5): 57-65。
Fukuyama, F. (1995) *Trust: The Social Virtues and the Creation of Prosperity*, New York: Free Press.
舩橋晴俊(1990)「社会制御の三水準——新幹線公害対策の日仏比較を事例として」『社会学評論』41(3): 305-319。
外務省
　(1999)『政府開発援助に関する中期政策』。
　(2001)『ODA白書』。
　(2006)『カンボジア国別調査報告書』。
　(2012) ODA報告「カンボジア国別調査報告書」
　　　　http://www.mofa.go.jp/mofaj/area/cambodia/kankei.html
外務省国際協力局評価室(2000)『カンボジア国援助実施体制評価調査報告書』。

外務省経済協力局民間援助支援室 (2003)『ODA と NGO——政府と NGO 間の連携・支援・対話』。
外務省国際社会協力部 (2003)『人間の安全保障委員会報告書』国際連合広報センター。
外務省経済協力局編 (2005)『政府開発援助国別データブック 2005』。
外務省総合外交政策局 (2005)『紛争予防——その現実と未来』外務省総合外交政策局国連政策課。
General Assembly Security Council (2000) Report of the Panel on United Nations Peace Operations (Brahimi Report), UN, Rule of Law Unit, New York. http://www.un.org/en/events/pastevents/brahimi_report.shtml
General Assembly (2000) 55/2. United Nations Millennium Declaration, Fifty-fifth session Agenda item 60 (b). http://www.unic.or.jp/news_press/messages_speeches/sg/1455/
後藤勝 (1999)『カンボジア・僕の戦場日記』めこん。
Gottesman, Evan (2003) *Cambodia after the Khmer Rouge: Inside the Politics of Nation Building*, New Haven: Yale University Press.
Greve, Hanne Sophie (1993) *Land Tenure and Property Rights in Cambodia*, Phnom Penh: mimeo.
Grootaert, C. (1998) *Social Capital: The Missing Link ?*, Social Capital Initiative Working Paper No. 3, Washington D. C.: The World Bank.
Günther Schlee (2010) *How Enemies Are Made*, New York: Berghahn Books.
Hallway, J. (1994) Australian Diplomat's Cambodia Analysis, *Phnom Penh Post*, November 4-17.
浜田哲郎 (1999)「援助の氾濫に対するカンボジアの開発行政の課題」『国際協力研究』15(2): 43-53。
林行夫 (1998)「カンボジアにおける仏教実践——担い手と寺院の復興」大橋久利編『カンボジア——社会と文化のダイナミックス』古今書院。
Heder, Stephen with Brian Tittemore (2004) *Seven Candidates for Prosecution: Accountability for the Crimes of the Khmer Rouge*, Phnom Penh: Documentation Center of Cambodia.
平野健一郎編 (1994)『講座現代アジア 4 地域システムと国際関係』東京大学出版会。
平岡公一 (2004)「福祉社会学の理論的展開」『福祉社会学研究』1: 37-49。
広井良典・駒村康平編 (2003)『アジアの社会保障』東京大学出版会。
Hoffmann, S. (2002) Clash of Globalizations, *Foreign Affairs* 81(4),

July/August 2002.

星野俊也（2002）「『平和強制』の合法性と正統性――『集団的人間安全保障』の制度化を目指して」『国際法外交雑誌』101(1)：77-100。

―――― （2004）「紛争・復興と国際的介入」稲田十一編『紛争と復興支援――平和構築に向けた国際社会の対応』有斐閣。

宝月誠・大村英昭・星野周弘編（1986）『リーディングス日本の社会学13 社会病理』東京大学出版会。

Huntington, S. P. (1993) The Clash of Civilizations ?, *Foreign Affairs* 72(3): 22-49, Summer 1993.

IDC (International Development Committee, House of Commons) (2000) The Effectiveness of EC Development Assistance, Session 1999-2000, Ninth report.

池端雪浦編（1994）『変わる東南アジア史像』山川出版社。

IMF (International Monetary Fund) (2000) Cambodia: 2000 Article IV Consultation and First Review Under the Poverty Reduction and Growth Facility.

IMF and IDA (2001) Assessment of Interim Poverty Reduction Strategy Paper.

今川幸雄（2000）『カンボジアと日本』連合出版。

稲葉陽二（2007）『ソーシャル・キャピタル――「信頼の絆」で解く現代経済・社会の諸課題』生産性出版。

―――― （2008）「ソーシャル・キャピタルの多面性と多様性」稲葉陽二編『ソーシャル・キャピタルの潜在力』日本評論社，11-30。

稲田十一編（2004a）『紛争と復興支援――平和構築に向けた国際社会の対応』有斐閣。

―――― （2004b）「開発・復興における『人間の安全保障』論の意義と限界」『国際問題』530：28-43。

―――― （2004c）「ODA政策にみる戦後日本外交の『規範』」長谷川雄一編『日本外交のアイデンティティ』南窓社，73-109。

International Commission on Intervention and State Sovereignty (2001), *The Responsibility to Protect*, Ottawa; International Development Research Centre.

石井米雄・桜井由躬雄編（1999）『東南アジア史1 大陸部』山川出版社。

五百旗頭真（2001）『日本の近代6 戦争・占領・講和』中央公論新社。

―――― 編（1999）『戦後日本外交史』有斐閣。

ジョンソン，N.（1993）『福祉国家のゆくえ』青木郁夫・山本隆訳，法律文化

社。
梶田孝道 (1979)「紛争の社会学――『受益圏』と『受苦圏』」『経済評論』28 (5): 101-120。
金光淳 (2003)『社会ネットワーク分析の基礎――社会的関係資本論に向けて』勁草書房。
加藤朗 (1999)『21世紀の安全保障――多元的紛争管理体制を目指して』南窓社。
Kato, Toshiyasu, Jeffrey A. Kaplan, Chan Sophal and Real Sopheap (2000), *Cambodia: Enhancing Governance for Sustainable Development*, Manila, Philippines: Asia Development Bank.
勝俣誠編 (2001)『グローバル化と人間の安全保障――行動する市民社会』日本経済評論社。
川端清隆 (2002)『アフガニスタン――国連和平活動と地域紛争』みすず書房。
川田順造他 (1997)『岩波講座開発と文化3 反開発の思想』岩波書店。
川村暁雄 (1998)「アジアにおける人権・発展に関わる課題――カンボジアの社会発展と人権状況」アジア・太平洋人権情報センター編『アジアの社会発展と人権』現代人文社。
―――― (2005)『環境社会配慮における人権配慮』国際協力機構国際協力総合研修所。
Keohane, R. O. (2002) Governance in a Partially Globalized World, *Power and Governance in a Partially Globalized World*, London: Routledge.
Kiernan, Ben (1996) *The Pol Pot Regime*, New Haven: Yale University Press.
菊地英明 (2006)「ヨーロッパにおけるベーシック・インカム構想の展開」『海外社会保障研究』国立社会保障・人口問題研究所, 157: 4-15。
Kim Sedara (2002) Agrarian Situation in Contemporary Cambodia: Overview of case Studies in Cambodian Villages, *Cambodia Development Review*, 6(2): 5-8.
木下康仁 (2006)「グラウンデッド・セオリーと理論形成」『社会学評論』57 (1): 58-73。
Klugman, J. (1999) *Social and Economic Policies to Prevent Complex Humanitarian Emergencies: Lessons from Experience*, Helsinki: United Nations University World Institute for Development Economics Research.
Klugman, Jeni, Bilin Neyapti and Frances Stewart (1999) *Conflict and Growth in Africa: Kenya, Tanzania and Uganda*, 2: OECD

Development centre.
国際協力銀行
　(2001)「貧困プロファイル要約・カンボジア王国」国際協力銀行.
　(2003)（開発金融研究所）『紛争と開発：JBIC の役割——平和構築に資する開発援助の理論と手法』日本紛争予防センター.
国際協力事業団（機構）(JICA)
　(1995a)『国別 WID 情報整備調査』国際協力事業団企画部.
　(1995b)『参加型開発と良い統治——分野別援助研究報告書』国際協力総合研修所.
　(1996)『内戦終結国におけるグッド・ガバナンスの促進』国際協力総合研修所.
　(2000)『モザンビーク国除隊兵士再定住地域村落開発計画調査事前調査報告書』.
　(2001)『カンボディア国別援助研究会報告書——復興から開発へ』国際協力総合研修所.
　(2002a)『調査研究「効果的な復興・開発支援のための援助の枠組みの検討」報告書——今後の平和構築支援に向けて』国際協力事業団企画評価部.
　(2002b)『カンボジア王国「除隊兵士自立支援計画」プロジェクト形成調査報告書』国際協力事業団アジア第一部.
国際協力事業団（機構）国際協力総合研修所(2001)『事業戦略調査研究「平和構築」報告書』国際協力総合研修所.
　(2005a)『貧困削減と人間の安全保障』.
　(2005b)（国際協力機構人間開発部）『アフガニスタン・イスラム共和国除隊兵士の社会復帰のための基礎訓練プロジェクト実施協議報告書』国際協力総合研修所.
　(2007)（国際協力機構人間開発部）『アフガニスタン・イスラム共和国基礎職業訓練プロジェクト（旧：除隊兵士の社会復帰のための基礎訓練プロジェクト）終了時評価調査報告書』国際協力総合研修所.
国連難民高等弁務官事務所(UNHCR)
　(1999) The Security, and Civilian and Humanitarian Character of Refugee Camps and Settlements, Exective Committee of the High Commissioner's Programme, Standing Committee, 14th Meeting. UN Doc. EC/49/SC/INF.2.
　(2001)『世界難民白書——人道行動の 50 年史』時事通信社.
国連開発計画（UNDP）(2006)『人間開発報告書 2005——岐路に立つ国際協

力：不平等な世界での援助，貿易，安全保障』国際協力出版会。
小向絵理（2001）「地雷除去・被災者支援・除隊兵士支援」JICA（2001），307-320。
古藤晃（2002）『世界の「紛争」ハンドブック——いつでもどこでも読める』研究社。
河野雅治（1999）『和平工作——対カンボジア外交の証言』岩波書店。
高坂健次（2004）「頻ニ無辜ヲ殺傷シ——幸福と不幸の社会学序説」先端社会研究編集委員会編『先端社会研究』創刊号，関西学院大学出版会。
——— （2006）「社会学における理論形成」『社会学評論』57(1)：25-40。
———編（2000）『日本の階層システム6 階層社会から新しい市民社会へ』東京大学出版会。
——— （2008）『幸福の社会理論』放送大学教育振興会。
高坂健次・厚東洋輔（1998）『講座社会学1 理論と方法』東京大学出版会。
倉沢愛子（1994）「第二次大戦と日本軍政」土屋健治編『講座現代アジア1 ナショナリズムと国民国家』東京大学出版会，81-110。
黒崎卓（1998）「貧困とリスク——ミクロ経済学的視点」絵所秀紀・山崎幸治編『開発と貧困——貧困の経済分析に向けて』日本貿易振興会アジア経済研究所，161-202。
——— （2005）「リスクに対する脆弱性と貧困」国際協力機構国際協力総合研修所（2005a），163-178。
黒崎卓・山形辰史（2003）『開発経済学——貧困削減へのアプローチ』日本評論社。
黒澤啓・小向絵理（2005）「平和構築と良い統治」内海成治編『国際協力論を学ぶ人のために』世界思想社，278-298。
Lancaster, C. (2000) *Transforming Foreign Aid: United States Assistance in the 21st Century*, Washington, D. C.: Institute for International Economics.
レヴィ=ストロース，C.（2000）『親族の基本構造』福井和美訳，青弓社。
Ligon, E. and L. Schechter (2003) Measuring Vulnerability, *The Economic Journal* 113: C95-C102.
——— (2004) *Evaluating Different Approaches to Estimating Vulnerability*, Social Protection Discussion Paper, No. 0410, Washington, D. C.: The World Bank.
Lin, N. (2001) *Social Capital: A Theory of Social Structure and Action*, Cambridge: Cambridge University Press.
Linton, Suzannah (2004) *Reconciliation in Cambodia*, Phnom Penh:

Documentation Center of Cambodia.

Luttwak, E. N. (1999) Give War a Chance, *Foreign Affairs* 78(4): 36-44, July/August 1999.

MacPherson, Stewart, and J. Midgley (1987) *Comparative Social Policy and the Third World*, Brighton: Wheatsheaf Books.

Madge, J. (1967) *The Origins of Scientific Sociology*, New York: Macmillan Publishers.

牧野久美子（2006）「南アフリカにおけるベーシック・インカム論」『海外社会保障研究』国立社会保障・人口問題研究所，157: 38-47。

牧田満知子（2007）「戦後日本の社会福祉政策の特質」『兵庫大学論集』12: 141-153。

──── (2008a)「除隊兵士の自立支援政策の考察――カンボジア国軍 CVAP の検討」『東北亜細亜文化叢書』東北アジア文化学会, 17: 733-751。

──── (2008b)「愛他主義，互酬」『看護・介護・福祉の百科事典』糸川嘉則総編，朝倉書店。

──── (2009)「ポストコンフリクトの社会政策」2008 年度三菱財団研究助成報告論文『WPD 論叢』アジア福祉政策開発協会。

──── (2010a)「カンボジア・フィールド・ノート」『兵庫大学論集』15: 119-147。

──── (2010b)「コンフリクトから地域共生へ――カンボジアにおける国軍除隊兵士の自立支援政策の分析を通して」『南方文化』37: 115-129。

──── (2011)「自立支援とソーシャルキャピタル」『コンフリクトの人文学』3: 95-124。

松永達（1991）「1930 年代朝鮮内労働力移動について」『経済論叢』147 (1-3): 39-61。

──── (1994)「NAFTA と GATT 体制の変容」『世界経済評論』38(7): 46-55。

Mead, D. (2004) Reforming the Royal Cambodian Armed Forces: Leadership is the Key, *Phnom Penh Post*, January 30-February 12.

ミッジリィ，J.（2003）『社会開発の福祉学――社会福祉の新たな挑戦』萩原康生訳，旬報社。

Ministry of Economy and Finance (2000) Economic and Financial Developments: Report for 1999, Department of Planning and Health Information: Phnom Penh.

Ministry of Health (1999a) Health Situation Analysis 1998 and Future Direction for Health Development 1999-2003, Phnom Penh;

Department of Health Planning and Information.
Ministry of Planning
  (1998) A Poverty Profile of Cambodia 1997, Royal Government of Cambodia.
  (1999) Cambodia Human Development Report 1999: Village Economy and Development.
  (2008) General population Census of Cambodia 2008.
三神万里子 (2004)「地雷の谷を人間の大地へ」『世界』727: 99-107。
峯陽一 (1995)「開発における NGO の役割」本山美彦編著『開発論のフロンティア』同文舘出版, 227-252。
——— (2005a)「モザンビークにおける人間の安全保障」国際協力機構国際協力総合研修所 (2005a), 105-119。
——— (2005b)「人間の安全保障とダウンサイド・リスク」国際協力機構国際協力総合研修所 (2005a), 31-38。
峯陽一・畑中幸子編 (2000)『憎悪から和解へ――地域紛争を考える』京都大学学術出版会。
宮本太郎 (2004)「就労・福祉・ワークフェア――福祉国家再編をめぐる新しい対立軸」塩野谷祐一・鈴村興太郎・後藤玲子編『福祉の公共哲学』東京大学出版会, 215-234。
モース, M. (2009)『贈与論』吉田禎吾・江川純一訳, ちくま学芸文庫。
MOFA (JAPAN) and UNDP (Evaluation Office) (2002) *Post-Conflict Assistance of the Government of Japan through UNDP in Kosovo and East Timor*, New York; UNDP.
MOSALVY (2000) Discussion Paper: Social Sector Needs Ministry of Social Affairs, Labour, Vocational Training and Youth Rehabilitation, Phnom Penh.
本山美彦編 (1995)『開発論のフロンティア』同文舘出版。
Mugumya, G. (2005) *Exchanging Weapons for Development in Cambodia: An Assessment of Different Weapon Collection Strategies by Local People*, Geneva: United Nations Institute for Disarmament Research (UNIDIR).
Murdoch, James C., and T. Sandler (2002) Economic Growth, Civil Wars, and Spatial Spillovers, *Journal of Conflict Resolution* 46(1): 91-110.
中村安秀 (2005)「保健医療」内海成治編『国際協力論を学ぶ人のために』世界思想社, 223-240。
National Institute of Statistics

(2000) Report on the Cambodia Socio-Economic Survey 1999.
(2002) General Population Census of Cambodia 1998 Final Census Results.
Narayan, D. (1999) *Bonds and Bridges: Social Capital and Poverty*, Washington, D. C.: Poverty Division, PREM, The World Bank.
納家政嗣 (2003)『国際紛争と予防外交』有斐閣。
ノイマン, J. フォン／O. モルゲンシュテルン (2009)『ゲームの理論と経済行動』阿部修一・橋本和美訳, ちくま学芸文庫。
人間の安全保障委員会 (2003)『安全保障の今日的課題——人間の安全保障委員会報告書』朝日新聞社。
西川潤編 (1997)『社会開発』有斐閣。
西谷佳純 (2001)「ジェンダー」国際協力事業団 (2001), 62-77。
———— (2002)「変容するカンボディア女性の地位と村落社会——UNTAC後の経済変化の狭間で」草野孝久編『村落開発と国際協力——住民の目線で考える』古今書院。
野邊節 (2004)「カンボジア『住民参加型農村地域基礎教育改善計画』評価報告」JICA 開発パートナー事業『教育と開発リサーチペーパー』7, シャンティ国際ボランティア会。
野田真里 (2005)「社会開発と草の根からの人間の安全保障」国際協力総合研修所 (2005a), 207-224。
野上裕生 (2005)「開発経済学からみたエンパワーメント」佐藤寛編『援助とエンパワーメント——能力開発と社会環境変化の組み合わせ』アジア経済研究所, 181-199。
野口裕二・大村英昭編 (2001)『臨床社会学の実践』有斐閣。
ヌルクセ, R. (1967)「後進諸国の資本形成」G. ハーバラー編『世界経済の均衡と成長』河村鎰男他訳, ダイヤモンド社。
ナイ, J. S., Jr. (2003)『国際紛争——理論と歴史』田中明彦・村田晃嗣訳, 有斐閣。
OECD
(1999) Development Co-operation Report, 1998: Efforts and Policies of the Members of the Development Assistance Committee.
(2000a) Geographical Distribution of Financial Flows to Aid Recipients: 2000 Edition.
(2000b) Guidelines for Multinational Enterprises: Global Instrument for Corporate Responsibility.
(2001a) Helping Prevent Violent Conflict.

(2001b) The Well-being of Nations: The Role of Human and Social Capital.

(2002) Development Co-operation Report 2001.

OECD/DAC (1997) Conflict, peace and Development Co-operation on the Threshold of the 21st Century.

O'Hanlon, M. E. (2003) *Expanding Global Military Capacity for Humanitarian Intervention*, Washington, D. C.: Brookings Institution Press.

大村英昭（1980）『非行の社会学』世界思想社。

―――（2003）『臨床仏教学のすすめ』世界思想社。

―――編（2000）『臨床社会学を学ぶ人のために』世界思想社。

大村英昭・宝月誠（1979）『逸脱の社会学――烙印の構図とアノミー』新曜社。

大野泉（2000）『世界銀行――開発援助戦略の変革』NTT出版。

大沢真理編（2004）『アジア諸国の福祉戦略』ミネルヴァ書房。

大内穂（2001）「社会関係資本概念の系譜」『アジ研ワールド・トレンド』7 (4): 4-7。

Phnom Penh Post

(1999a) The Dedicate Challenge of Downsizing RCAF, by Post Staff, April 13-29.

(1999b) Donors See Pluses and Minuses, by Post Staff, June 11-24.

(1999c) Why Security Sector Reform Is a Key Priority, by Dylan Hendrickson, June 11-24.

(1999d) Squabbling Donors See Demobilization at Standstill, by Sara Stephens, October 15.

(2000a) Unfair Elections Feared from CPP Bias, by Stephen O'Connell, September 15-28.

(2000b) Sitha Made Threat in Call to Samarina, by Stephen O'Connell and Lon Nara, September 15-28.

(2000c) The Day After Demob: Old Soldiers Find Themselves Left High and Dry, by Anette Marcher and Vong Sokheng, November 10-23.

(2001a) Clear Sailing Expected for Tokyo CG, by Bill Bainbridge, June 8-21.

(2001b) Demobilization's House of Mirrors, by Brad Adams, November 23-December 20.

(2002) Justice for Khmer Rouge Crimes Is There for the Taking, by Brad

  Adams, September 13-26.
 (2003) Former Enemies Bound by Poverty and Disability, by Vong Sokheng, March 14-27.
 (2004) Reforming the Royal Cambodian Armed Forces: Leadership is the Key, by Colonel D. Mead, January 30-February 12.
Portes, A. (1998) Social Capital: Its Origins and Applications in Modern Sociology, *Annual Review of Sociology* 4: 1-24.
Prescott, N. and Menno Pradhan (1997) A Poverty Profile of Cambodia, World Bank Discussion Paper No. 373, Washington D. C.: The World Bank.
Pugh, Michael C. ed. (2000) *Regeneration of War-torn Societies*, New York: St. Martin's Press.
パットナム, R. D. (2001)『哲学する民主主義——伝統と改革の市民的構造』河田潤一訳, NTT 出版。(*Making Democracy Work: Civic Traditions in Modern Italy*, Princeton, N. J.: Princeton University Press, 1993.)
——— (2006)『孤独なボウリング——米国コミュニティの崩壊と再生』柴内康文訳, 柏書房。(*Bowling Alone: The Collapse and Revival of American Community*, New York: Simon and Schuster, 2000.)
Putnam, R. D. (1995) Bowling Alone: America's Declining Social Capital, *Journal of Democracy* 6(1): 65-78.
Putnam, R., with Robert Leonardi and Raffaella Y. Nanetti (1993) *Making Democracy Work: Civic Traditions in Modern Italy*, Princeton, N. J.: Princeton University Press.
歴史学研究会編 (1983)『アジア現代史 4 解放の意味を問う時代』青木書店。
Rosenstein-Rodan, P. N. (1943) Problems of Industrialization of Eastern and South-Eastern Europe, *The Economic Journal* 53.
Royal Government of Cambodia
 (2000a) Socio-Economic Development Requirements and Proposals.
 (2000b) Interim Poverty Reduction Strategy Paper.
 (2001) First Draft of the Second Five Year Socio-Economic Development Plan, 2001-2005.
Royal Government of Cambodia Ministry of Planning (2006) "A Poverty profile of Cambodia 2004".
坂田正三 (2001)「社会関係資本概念の系譜」『アジ研ワールド・トレンド』67: 4-7。
——— (2007)「社会関係資本と開発」佐藤寛編 (2001) 11-34。

桜井由躬雄・石井米雄（1985）『東南アジア世界の形成』講談社。
佐藤寛（2005）『開発援助の社会学』世界思想社。
─── 編（2001）『援助と社会関係資本──ソーシャルキャピタル論の可能性』アジア経済研究所。
佐藤郁哉（1992）『フィールドワーク』新曜社。
佐藤奈穂（2005）「女性世帯主世帯の世帯構成と就業選択」『アジア経済』46(5): 19-43。
佐藤昭治（2004）「人間の安全保障」第292回国連講演会，2004年3月11日。
Save Cambodia's Wildlife (2006) *The Atlas of Cambodia: National Poverty and Environment Maps*.
世界銀行（1994）『東アジアの奇跡──経済成長と政府の役割』白鳥正喜監訳，東洋経済新報社。
セン，A.（2002）『貧困の克服』大石りら訳，集英社新書。
───（2007）『不平等の再検討』池本幸生他訳，岩波書店。
千田善（2002）『なぜ戦争は終わらないか──ユーゴ問題で民族・紛争・国際政治を考える』みすず書房。
下村恭民他（1999）『ODA大綱の政治経済学──運用と援助理念』有斐閣。
下村恭民編（2006）『アジアのガバナンス』有斐閣。
新川敏光（2002）「福祉国家の改革原理──生産主義から脱生産主義へ」『季刊社会保障研究』国立社会保障・人口問題研究所，38(2): 120-128。
篠田英朗・上杉勇司編（2005）『紛争と人間の安全保障──新しい平和構築のアプローチを求めて』国際書院。
Sirirath, Sisowath (2001) Demobilization's house of mirrors, *Phnom Penh Post*, Issue 12/6, March 14-27.
Soesastro, H., and L. H. Subianto eds. (2002) *Peace Building and State Building in East Timor*, Jakarta: CSIS.
総務省（2003）『カンボジアの行政』総務省大臣官房企画課。
総務省統計局「カンボジア2008年人口センサス（国勢調査）支援」
http://www.stat.go.jp/info/meetings/cambodia/census08.htm
Stevenson, J. (2000) *Preventing Conflict: The Role of the Bretton Woods Institutions*, Adelphi Papers, No. 336, Oxford: International Institute for Strategic Studies (IISS).
Stiglitz, J. E. (1992) Comment on 'Toward a Counter-Counterrevolution in Development Theory' by Krugman, World Bank Economic Review and World Bank Research Observer.
─── (2000) Formal and Informal Institutions, Dasgupta, P., and I.

Serageldin eds., *Social Capital: A Multifaceted Perspective*, Washington D. C.: The World Bank, 59-68.
スティグリッツ, J./カール. E. ウォルシュ (2006)『スティグリッツ ミクロ経済学 (第3版)』藪下史郎ほか訳, 東洋経済新報社。
Stouffer, Samuel A., et al. (1949) *The American Soldier: Adjustment During Army Life*, Vol. 1, Princeton: Princeton University Press.
末廣昭 (1994)「アジア開発独裁論」中兼和津次編『講座現代アジア2 近代化と構造変動』東京大学出版会, 209-238。
─── (1998a)「開発主義・国民主義・成長イデオロギー」恒川恵市他編『岩波講座開発と文化6 開発と政治』岩波書店, 31-52。
─── (1998b)「発展途上国の開発主義」東京大学社会科学研究所編 (1998), 13-46。
菅正広 (2009)『マイクロファイナンス』中公新書。
菅原鈴香 (2005)『貧困解消に向けての社会調査の重要性, 可能性と困難性』国際協力総合研修所。
多田眞規子 (2007)「カンボジア国際隊兵士自立支援プログラム連携 郡内支援協力ネットワーク構築の試み」『国際協力研究』23(2): 50-60。
─── (2009)「カンボジア王国におけるDDR (武装解除, 動員解除, 社会再統合) 実施支援の検証と評価」『立命館大学国際平和ミュージアム紀要』10: 1-21。
高橋一生・武者小路公秀編 (2000)『激動の世界と途上国──紛争と開発』国際開発高等教育機構。
高橋美和 (2000)「カンボジア仏教は変わったか──コンダール州における仏教僧院復興過程の諸側面」『人間文化研究紀要』愛国学園大学人間文化学部, 2: 73-89。
─── (2001)「カンボジア稲作農村における家族・親族の構造と再建──タケオ州の事例」天川直子編 (2001), 213-274。
高橋由紀 (2006)「『カンボジア・ジェンダー統計の分析』研修の2年間を振り返る」『国立女性教育会館研究ジャーナル』10: 113-129。
武内進一編 (2000)『現代アフリカの紛争──歴史と主体』日本貿易振興会アジア経済研究所。
田中明彦 (1994)「第二次世界大戦後のアジアと戦争」平野健一郎編『講座現代アジア4 地域システムと国際関係』東京大学出版会, 251-271。
手林佳正 (1999)「途上国における精神保健活動の実際──カンボジアのフィールドから」『響き合う街で』やどかり出版, 10。
─── (2003)「カンボジアにおける伝統仏教がはたしている治療援助機能

——21 寺院の調査から」『こころと文化』2(1): 37-46。
Tomaševski, K. (1997) *Between Sanctions and Elections: Aid Donors and Their Human Rights Performance*, London; Washington D. C.: Pinter.
富永健一 (2004)『戦後日本の社会学』東京大学出版会。
東京大学社会科学研究所編 (1998)『20世紀システム4 開発主義』東京大学出版会。
豊田俊雄 (1995)『開発と社会——教育を中心として』アジア経済研究所。
上田広美・岡田知子編 (2006)『カンボジアを知るための60章』明石書店。
上村泰裕 (2004)「東アジアの福祉国家」大沢真理編『アジア諸国の福祉戦略』ミネルヴァ書房, 23-66。
UN (United Nations)
  (1995) An Agenda for Development.
  (1999) Report of the Group of Experts for Cambodia established pursuant to General Assembly resolution 52/135.
  (2000) Population and Development Strategy for Cambodia, A Working Paper Prepared for United Nations Population Fund.
  (2002) Resolution adopted by the General Assembly: Khmer Rouge trials, General Assembly Resolution A/RES/57/228, 18/Dec.
UNDP (United Nations Development Programme)
  (2000a) Draft Second Country Cooperation Framework for Cambodia 2001-2005.
  (2000b) Sharing New Ground in Post Conflict Situations: The Role of UNDP in Support of Reintegration Programmes.
UNDP (Evaluation Office) (2002) Post-Conflict Assistance of the Government of Japan through UNDP in Kosovo and East Timor.
ユニセフ
  (2003)『世界子供白書2003』平野裕二・日本ユニセフ協会広報室訳, 日本ユニセフ協会。
  (2005)「危機に晒される子どもたち」『世界子供白書2005』, 104-117。
  (2006)「存在しない子どもたち」『世界子供白書2006』, 98-107。
  (2007)『世界子供白書2007』。
宇佐美耕一 (2005)「新興工業国・社会主義国における社会福祉制度分析の視角」『新興工業国の社会福祉』アジア経済研究所, 5-36。
USAID (The United States Agency for International Development)
  (2001) Guide to Program Options in Conflict-Prone Settings, September 2001, Office of Transition Initiatives.

US Department of State (2002) Migration and Refugee Assistance: Fiscal Year 2003.
内海成治・中村安秀・勝間靖編 (2008)『国際緊急人道支援』ナカニシヤ出版。
Van Evera, S. (1999) *Causes of War: Power and the Roots of Conflict*, Ithaca, N. Y.: Cornell University Press.
Van Parijs, Philippe (1992) Competing Justifications of Basic Income, P. Van Parijs ed., *Arguing for Basic Income: Ethical Foundations for Radical Reform*, London: Verso, 3-43.
和田仁孝 (2003)「アジアにおける紛争処理研究の課題と展望」小林昌之・今泉慎也編『アジア諸国の紛争処理制度』アジア経済研究所, 15-40。
ウォーラーステイン, I. 編 (1999)『転移する時代』丸山勝訳, 藤原書店。
Wang, J. (1996) *Disarmament and Conflict Resolution Project — Managing Arms in Peace Processes: Cambodia*, United Nations Institute for Disarmament Research (UNIDIR).
渡辺昭夫・土山實男編 (2001)『グローバル・ガヴァナンス──政府なき秩序の模索』東京大学出版会。
Woolcock, M. (1998) Social Capital and Economic Development: Toward a Theoretical Synthesis and Policy Framework, *Theory and Society* 27: 151-208.
―――― (2000) *The Place of Social Capital in Understanding Social and Economic Outcomes*, Washington, D. C.: The World Bank.
World Bank
  (1993) Developing the Occupied Territories: An Investment in Peace.
  (1994) Governance: The World Bank's Experience.
  (1998) Assessing Aid: What Works, What Doesn't, and Why.
  (2000a) A Country Assistance Strategy for the Kingdom of Cambodia.
  (2000b) World Development Report 2000/2001; Attacking Poverty.
  (2002a) *Empowerment and Poverty Reduction: A Sourcebook*, Deepa Narayan ed.
  (2002b) Report on the World Bank Group Task Force on Low-Income Countries Under Stress.
  (2003a) *Breaking the Conflict Trap: Civil War and Development Policy*, A copublication of the World Bank and Oxford University Press.
  (2003b) Low-income Countries Under Stress: Implementation Overview, IDA Operation Policy and Country Services.
  (2004a) Social Development in World Bank Operations: Results and

Way Forward.
(2004b) Post-Conflict Fund: Annual Report Fiscal Year 2004, Conflict Prevention and Reconstruction Unit, Social Development Department.
(2004c) World Development Indicators.
(2006) Cambodia-Halving Poverty by 2015？: Poverty Assessment 2006.
山田寛（2004）『ポル・ポト〈革命〉史――虐殺と破壊の四年間』講談社。
山田裕史（2008）「カンボジア人民党の特質とその変容に関する検討」東南アジア学会関東部会例会発表，2008年5月31日。
山田満（2003）『「平和構築」とは何か――紛争地域の再生のために』平凡社新書。
山田哲也（2001）「人道的介入論と東ティモール」『国際問題』493: 63-75。
――――（2004）「国連による平和構築とその課題」稲田十一編（2004a）。
山根裕子（1997）『経済交渉と人権――欧州復興開発銀行の現場から』中公新書。
矢野暢編集責任（1991）『講座東南アジア学9　東南アジアの国際関係』弘文堂。
依田博（2000）『紛争社会と民主主義――国際選挙監視の政治学』有斐閣。
吉田恒昭・山本康正（2007）『紛争終結国の平和構築に資するインフラ整備に関する研究』国際協力機構国際協力総合研修所。
四本健二（1999）『カンボジア憲法論』勁草書房。
――――（2001）「カンボジアの復興・開発と法制度」天川直子編（2001）111-150。
――――（2002）「カンボジアにおける司法改革」小林昌之・今泉慎也編『アジア諸国の司法改革』アジア経済研究所，59-90。
――――（2004a）「カンボジアにおける近代的行政機構の発展と行政改革」『関西大学法学研究所研究叢書 29　アジア法文化と国民国家2』関西大学法学研究所，95-136。
――――（2004b）「カンボジアにおける社会問題と法――トラフィッキング取締法制の展開を中心に」天川直子編『カンボジア新時代』アジア経済研究所，177-222。
――――（2006）「ポスト紛争国家における国民和解――カンボジアにおけるクメール・ルージュ問題」マイノリティ研究班『関西大学法学研究所研究叢書 34　アジアのマイノリティと法Ｉ』関西大学法学研究所，41-65。
ユヌス，M.（2008）『貧困のない世界を創る――ソーシャル・ビジネスと新しい資本主義』猪熊弘子訳，早川書房。

Appendix

1　シアムリアプ州バンテアイ・チェス小学校・聞き取り調査　調査結果の詳細

仮説(1)のシアムリアプ州バンテアイ・チェス小学校 (Bantheay Ches Primary School, Bantheay Ches Village Sla Kram Khum) における，戦闘に関わった除隊兵士61名（男性：58名〔全員に戦闘経験がある〕，女性：3名〔うち2名は調理場勤務，1名は秘書〕）への半構造化された聞き取り調査の詳細。

なおこの調査の結果ではイニシャルを記載している。研究以外の目的には使用しないこと，被調査者（除隊後）に不利益にはならないことを口頭で説明し，全員の了承を得ている。

Q1　軍隊生活で辛かったこと（複数回答可）
　A／激しい戦闘，B／水・食料の不足，C／けがや病気，D／ホームシック，E／家族の不在，F／軍隊が嫌，G／給料の低さ，H／自分のやりたいことができない，I／その他，J／辛くなかった

Q2　軍隊を辞めた理由（複数回答可）
　A／病気・けがなど健康状態の悪化，B／高齢，C／軍隊に貢献できない，D／軍隊が嫌，E／除隊パッケージがほしい，F／農業やその他の仕事がしたい，G／家族と暮らしたい，H／理由なく解雇された，I／その他

Q3 鶏・豚飼育コースに参加した理由（複数回答不可）
　A／経済的に自立するため鶏・豚飼育を学ぶ，B／鶏・豚飼育の経験がある，C／このコースを終えると鶏・豚がもらえる，D／このコースしか参加できるものがなかった，E／その他

Q4 コース終了後にこのスキルをどう生かしていくのか（複数回答不可）
　A／スキルを生かして自分で鶏・豚飼育をやっていく，B／このスキルを家族（子ども）に継承する，C／このコースではなく今までの仕事をやり続ける，D／全く新しい仕事をはじめる，E／その他

名前（年齢）	Q1	Q2	Q3	Q4
C. C (46)	B1, E2	A	B	B
T. P (68)	H	A	A	B
S. S (57)	A	B	B	C (Motor Taxi)
K. S (70)	G	A	A	B
K. D (38)	C	A	A	D（家畜飼育）
Y. K (41)	A1, B2	A	C	C (Motor Taxi)
N. T (?)	A1, C2	A	A	C (Tuk Tuk taxi)
C. S (63)	A1, C2	B	C	A
M. D (36)	E1, B2	F	A	A
N. S (47)	A	A	B	A
O. C (48)	H1, E2	A	B	A
G. S (63)	A1, B2	B1, A2	A	B
L. C (45)	A	B	A	A
S. P (53)	E1, B2	G	B	A
P. H (57)	A	A	A	A
D. S (72)	B1, G2	B	E（子育て希望）	B
H. B. T (44)	F	A	A	A
P. C (65)	F	B	A	B
G. N (55)	A1, E2	G	B	B
K. B (61)	H	B	A	A
S. K (40)	A	A	A	A
K. S (46)	B	C	D（電気修理）	C（販売員）
E. S (50)	A	A	A	C（建設労働）
S. H (68)	A1, E2	B	A	A
D. S (78)	B1, A2	B	A	A
C. S (59)	A1, B2	B	A	B
D. M (82)	J	B	E（コミューンに招聘された）	B

Appendix

H. E (48)	A1, B2	A	A	B
N. K (69)	A1, B2	B	A	C (建設労働)
I. R (66)	G1, A2	B	A	A
S. R (41)	A1, B2, E3	A	A	A
B. C (50)	I (仕事が辛い)	A	A	D (正規雇用職)
K. B (47)	A1, B2, E3	H	A	A
I. S (57)	I (諜報の仕事で敵陣に侵入)	B1, A2	A	C (フランスパン売り)
C. S (43)	B1, G2	A	A	A
S. T (？)	C	A	B	A
S. M (64)	A	B	A	A
T. S (49)	J	A	A	A
P. P (55)	A1, B2	A1, B2	B	A
P. M (51)	C1, A2	B	A	C (農業，鶏飼育)
C. K (41)	I (無理やり軍に入隊)	A	A	A
H. H (37)	I (仕事が辛い)	A	A	C (農業)
H. M (68)	A	A1, B2	A	B
S. P (48)	A1, B2, E3	A1, B2, D3	E (村長になるよう招聘)	C (自転車修理)
S. N (62)	A1, E2	B	A	A
T. K. T (43)	I (仕事が辛い), B2	A	A	A
S. L (45)	A1, B2, G3	A	A	C (農業)
H. B (50) 調理場勤務・女性	J	H 解雇された理由不明	A	A
M. D (56)	G1, B2, A3	B	E (友人の勧め)	B
K. S (44)	B1, A2, E3	A1, F2	B	A
T. V (49)	A1, E2	A	A	C (Motor Taxi)
K. C (41)	A	A	A	C (Motor Taxi)
C. C (48)	A1, B2, E3	A	A	B
M. C (34)	A	A	A	A
P. P (56)	A1, B2	A	A	C (アンコールワットの警備員)
H. S (49) 秘書・女性	G	H 解雇理由不明	A	B
K. P (43)	A1, B2, E3	A	A	C (建設労働)
S. S (42) 調理場勤務・女性	J	H 解雇理由不明	A	A
K. K (51)	A1, B2, E3	A	A	B
O. E (43)	A1, B2, E3	A	A	B
D. H (51)	A	A	A	B

注：複数回答の場合は，順位を示すため，選択肢を表す文字の後に上位のものから「1」「2」「3」の数字を付した。

2　2009年度国防省の全国統計

2008年度調査／24州・特別区における除隊兵士の現況

対象者の種別	数（人）	父	母	配偶者	両親	子ども	メイド	月額給付金（リエル）
1　死亡兵士（戦闘による死亡）	50,874	24,632	33,195	35,976	12	72,852		873,302,900
2　傷病による死亡兵士（軍務中に死亡）	2,500	8	12	25	2	5,422		41,894,000
3　障害のある兵士（戦闘による障害）	28,649			26,568		68,370	1,689	3,324,877,005
4　退役した兵士	4,977			4,252		9,531		641,086,200
5　身体障害兵士（傷病による障害）	1,078			876		2,012	16	134,624,022
合　計	88,078	24,640	33,207	67,697	14	158,187	1,705	5,015,784,127

Phnom Penh, Dec 24, 2008
Director of Department of Veteran Pension Mr. HEM BORA
Chief of Document Control and Statistic Planning SO SOPHEA

3　外務省（日本）によるカンボジア国調査

外務省総合外交政策局国連政策課『紛争予防――その現実と未来』2005 年

　以下は日本の外務省がアジアの紛争終結国 4 カ国で行ったもののうちカンボジアの調査結果を取り上げたものである。外務省の調査の意図は，カンボジア国民が現在自国をどう認識しているのか，何が必要と感じているのか，そしてそこから日本の貢献をどう評価しているのかを探ることにあるが，本書では 24 項目中「元兵士の武装解除・動員解除と社会復帰」が CVAP に対する評価であることから，ここに取り上げた。

Appendix

　調査は 2004 年 10 月 1 ～ 11 日に首都プノンペンで行われた個人面接調査である。調査対象者の総数は 170 名（有効回答 102 名）で，調査機関は(株)日本リサーチセンターである。カンボジアの識字率はまだ高くなく，また質問内容の理解という面も勘案してか，調査対象はカンボジアでは比較的高度な教育を受けた人々に限定されている。回答者が 20 代，30 代のこの国のエリート層に偏ることになっているのがその証左であろう。

　以上のような偏りを意識するなら，ポル・ポト政権時にまだ生まれてもいない若年層が「元兵士の武装解除・動員解除と社会復帰」に対して低い評価を与えているのは容易に理解できる。しかし本書中でも繰り返し述べてきたように，たとえ CVAP の計画内容および運用に多くの問題点があったとしても，日本政府の紛争終結国への DDR 支援は今日のカンボジアの基盤形成に十分寄与するものであったことは事実である。もっと高く評価されてもよかったのではないかと残念である。

「ポストコンフリクト国調査」
- 性別：男性／81 人，女性／21 人
- 年代：20 代／34 人，30 代／52 人，40 代／11 人，50 代以上／5 人
- 宗教：仏教／100 人，その他／2 人
- 最終学歴：小学校卒／0 人，中学校卒／1 人，高等学校中退／1 人，高等学校卒／7 人，大学中退／8 人，大学卒／68 人，その他／15 人
- 職業：農業，工事，観光，工芸，物品販売，飲食販売はいずれも 0 人，公務員／22 人，教員／6 人，経営者／3 人，民間給与所得者／71 人

I．国が直面している問題の重要度（24 項目中，上位 10 項目を示す。以下同）
  1．自由・公正な選挙の実施（93 人）
  2．法の整備と裁判所などの再建と人材の育成（89 人）
　　　女性・子どもなどの弱者やマイノリティへの抑圧解消（89 人）
  4．教育施設・設備の復旧，開発と人材の確保（87 人）

5．医療・保健施設・設備の復旧・開発と人材の確保（84人）
6．歴史的遺産（遺跡など）の修復・保護（83人）
7．鉄道，道路，港湾などの復旧・開発（81人）
8．農地や灌漑設備，生産設備の復旧・開発（80人）
　　海外からの投資誘致（80人）
10．地雷・不発弾などの除去と被災者の支援（78人）
　　人間の基本的人権の確保（人種・宗教・社会的地位に関係なく）（78人）
※　「元兵士の武装解除・動員解除と社会復帰」（33人）は最下位から5番目であった。

Ⅱ．国連や諸外国からの支援・援助の必要性
 1．鉄道，道路，港湾などの復旧・開発（76人）
 2．自由・公正な選挙の実施（75人）
 3．法の整備と裁判所などの再建と人材の育成（63人）
　　医療・保健施設・設備の復旧・開発と人材の確保（63人）
 5．地雷・不発弾などの除去と被災者の支援（61人）
 6．農地や灌漑設備，生産設備の復旧・開発（59人）
 7．女性・子どもなどの弱者やマイノリティへの抑圧解消（57人）
　　教育施設・設備の復旧，開発と人材の確保（57人）
 9．歴史的遺産（遺跡など）の修復・保護（56人）
10．海外からの投資誘致（55人）
※　「元兵士の武装解除・動員解除と社会復帰」（14人）は最下位から3番目であった。

Ⅲ．日本の援助・支援活動への評価
 1．上水道・水供給施設の復旧・整備（87人）
 2．発電所維持管理技術指導（82人）
 3．農村開発の専門家や協力隊の派遣（76人）
　　対人地雷対策の無償援助や専門家の長期派遣（76人）
　　灌漑施設の復旧（76人）

6．農業機械の供与（73人）
7．農業技術指導（72人）
8．人道的地雷除去センター設立計画策定（71人）
9．学校建設計画（65人）
　　選挙支援（65人）
※　<u>「兵員削減計画支援のための専門家派遣」（17人）</u>は最下位であった。

4　除隊兵士ID／年金支給認定証

除隊兵士ID〈見本〉

Kingdom of Cambodia
Nation Religion King

Council for the Demobilization of Armed Forced General Secretariat

Demobilized Soldier Identification Card

Name:......■
Range:............Second Lieutenant..
Marked:........Black spot about 2cm under the right ear.................
Address:..Slogram..village/group..Slogram..commune/sangkat...Siem Reap....district/khan
...........Siem Reap.................................province/municipality
Demobilization site:.......Siem Reap..
Date of demobilization:..........12ᵗʰ November, 2007.......phase:...I....

Date of Birth:..1955..ID:..●●●●●●
Unit:..Military Region 4..........Height:...1,67 cm

06501

Photo

Finger Print

Finger Print

12ᵗʰ November, 2001
Council for the Demobilization of Armed Forced General Secretariat

Chairman
Signature and Official Stamp
■
■

Appendix

Kingdom of Cambodia
Nation Religion King

Disabled and Disability Soldier Recognition Letter

- Mr. ■■   ID: ●●●●●●
- Date of Birth: 12th February, 1955
- Place of Birth: Krasaing village, San Kor commune, Kampong Svay district, Kampong Thom province
- Military Service Started Date: 07th January, 1979
- Rang when injured: Lieutenant Colonel
- Position: Commander of Regiment 2
- Place of Injury: O' Smach
- Reason of Injury: Fierce Battle
- Part of Injury: broken 1/3 of right forearm & injured the soft part below
- Place of Unit: Headquarter of Military Region 4
- Checked by his Unit on his injury: He is really a disabled soldier

26th November 1999
Signature and Official Stamp
Brigadier-General ■■

Kingdom of Cambodia
Nation Religion King

Brief Profile

- My name is: ■■   Sex: M Date of Birth: 12 February, 1955
- Disabled soldier category:........................class:..........................battle fought: O'Smach
- Operating Unit: Military Region 4 Air defend
- Kind of Injury: Broken 1/3 of right forearm & injured the soft part bellow
- Wife name: ■■   Date of Birth: 02 December, 1960
- Profession: Soldier
- Children:
  1. Name: ■■   Sex: F Date of Birth: 10 January, 1992 Job: under family support
  2. Name: ■■   Sex: M Date of Birth: 15 November, 1995 Job: under family support
  3. Name: ■■   Sex: F Date of Birth: 20 November, 1999 Job: under family support
  4. Name: ■■   Sex: M Date of Birth: 15 January, 1999 Job: under family support
  5. Name: ....
  6. Name: ....
  7. Name: ....
  8. Name: ....

- Present Address: Traing village, Slokram commune, Siem Reap district, Siem Reap province.
- Father Name: ■■   Year of Birth: 1919   ~~Dead~~ or Alive   Job: Old age
- Mother Name: ■■   Year of Birth: 1921   Dead or ~~Alive~~   Job:
- Present Address: ....
....
....

The above information is the truth, if contrary to this I will be responsible with the law.

24th September, 1999
Signature or finger print

Seen and Agreed
26th November, 1999
Signature and Official Stamp
Brigadier-General ■■

Appendix

カテゴリーII除隊兵士年金支給認定証〈見本〉

Kingdom of Cambodia
Nation Religion King

Ministry of National Defend
No......087/..Pr. K....02......

Prakas
on
Setting the Royal Cambodian Armed Forces Retirement
Joint Ministers of Nation Defend

- Referring to the constitution of the Kingdom of Cambodia;
- Referring to the Preah Reach Kret No NS/RKT/1198-72 of November 30, 1998 on the nomination of the **Royal Government of Cambodia**;
- Referring to Preah Reach Kram No. 02/NS/94 of July 20, 1994, promulgating the law on **the organization and functioning of the Council of Ministers**;
- Referring to Preah Reach Kram No. NS/RKM/0196/07 of January 24, 1996, promulgating the law on the establishment of the **Ministry of National Defend**;
- Referring to Preah Reach Kram No. 07/NS/94/ of October 28, 1994 promulgating the law on retirement and disability pension for the RCAF;
- Referring to the Sub-Degree No. 65 ANK.BK of September 14, 2000 on the organization and functioning of the Ministry of National Defend;
- Pursuant to the request from the **Armed Forced Service General Secretariat**

Decided

Article 1: the following soldier of the RCAF was set to retirement:
53   Second Lieutenant   ■   ID: ●●●●●●   Position: Common Soldier
                                          Unit: Military Region 4

Article 2: the retirement soldier as mention by name in article 1 above shall receive the amount of first allowance equal his last total salary multiply by 8 month.

Article 3: Mr. ■   Try will receive his monthly pension as the following:
- Pension 80%   112,240.00 x 80%   = 89,792.00 R
- Will receive   the lowest ranging soldier salary   = 105, 840.00 R

Phnom Penh, 18 October, 2002

Appendix

カテゴリーII除隊兵士障害認定証〈見本〉

Ministry of National Defend
Council for Evaluation of Disabled Category
Military Region 4
No. 149/99 MR 4

Kingdom of Cambodia
Nation Religion King

Disabled Category Certificate

Referring to the Joint Ministerial Sarachor No. 01 SRNAK of January 06, 1998 on the implementation of the Sub-Degree No. 46 ANKrB of November 18, 1996 of the Royal Government of Cambodia on the pension for died in action, dead, dead by incident, lost in action, and disabled soldiers.

The council for Evaluation of Disabled Category has the following participants:

1. Dr. ■	Director of Military Region 4 Hospital
2. Dr. ■	Department of Health Staff, Siem Reap Province
3. Mr. ■	Director of Department of Social Affair
4. Captain ■	Procurement Officer
5. Dr. ■	Operating Doctor
6. Dr. ■	General Practitioner
7.	
8.	

Photo

Checked on: 20 November, 1999 — Checking Site: Military Region 4 Hospital
For Mr. ■ — ID: ●●●●
Year of Birth: 1955 Range: Lieutenant Colonel — Position: Commander of Regiment 2
Unit: Military Region 4
Place of Birth: Krasaing village, San Kor commune, Kompong Svay district, Kompong Thom province

Present Address: Traing village, Slokram commune, Siem Reap district, Siem Reap province.
Date of Injury: 15 September, 1998   Place of Injury: O'Smach
Reason of Injury: Fierce Battle
- Checked on health document, reason of injury, and main injuries: broken 1/3 of right forearm & injured the soft part bellow.

Conclusion

Mr. ■   Age: 44   Categorized into:

- Disability: 40% (forty percent)
- Category: A III (three)
- Temporary or Permenent:..

Seen and approved   20 November, 1999
26 November, 1999   Director of the Council for Evaluation of Disabled Category
Commander of Military Region 4   *Major Dr.* ■ ■
Signature and Official Stamp
Brigadier-General ■ ■

290

著者紹介

牧田満知子（まきたまちこ）

兵庫県に生まれる。社会人類学者。博士（学術）
大阪大学大学院文学研究科博士後期課程単位取得退学。米ノースカロライナ州立大学大学院留学。北米先住民族（ズニ族）の調査研究に従事。JICWELS（国際厚生事業団）専門家海外派遣により、タイ、カンボジアで社会福祉、社会保障の調査研究を行う。現在は「安楽死・尊厳死」を歴史的に考察するため、欧州を中心に「死生観」の研究を行っている。

主な業績
論文
「タイにおける医療保障制度——医療保障制度の歴史的考察と現地調査による30バーツ政策の分析」『社会福祉学』第44巻第1号、2003年
「自立支援とソーシャルキャピタル——カンボジア国軍除隊兵士自立支援プログラム（CVAP）の事例分析を手がかりとして」『コンフリクトの人文学』第3号、大阪大学出版会、2011年
「カンボジアにおける伝統医療の一考察——シアムリアプ州における医療制度との比較を手掛かりとして」『南方文化』第38輯、2011年　など
共編著
『ソーシャル・キャピタルを活かした社会的孤立への支援』ミネルヴァ書房、2017年など

紛争終結後のカンボジア——国軍除隊兵士と社会再統合

2018年3月20日　第1刷発行　　定価はカバーに表示しています

著　者　牧田満知子
発行者　上原寿明

世界思想社

京都市左京区岩倉南桑原町56　〒606-0031
電話 075(721)6500
振替 01000-6-2908
http://sekaishisosha.jp/

Ⓒ M. Makita　Printed in Japan　　（印刷・製本 太洋社）

落丁・乱丁本はお取替えいたします。

JCOPY ＜(社)出版者著作権管理機構 委託出版物＞
本書の無断複写は著作権法上での例外を除き禁じられています。複写される場合は、そのつど事前に、(社)出版者著作権管理機構（電話 03-3513-6969、FAX 03-3513-6979、e-mail: info@jcopy.or.jp）の許諾を得てください。

ISBN978-4-7907-1714-0